本书受到教育部人文社会科学研究青年基金项目“高铁对城市群旅游流的影响及对策研究”（项目号：17YJCZH106）的资助

城市群旅游流
空间格局及演化研究

刘大均 / 著

CHENGSHIQUN LÜYOULIU
KONGJIAN GEJU
JI YANHUA YANJIU

西南财经大学出版社
中国 · 成都

图书在版编目(CIP)数据

城市群旅游流空间格局及演化研究/刘大均著.—成都:西南财经大学出版社,2022.4
ISBN 978-7-5504-4987-9

Ⅰ.①城…　Ⅱ.①刘…　Ⅲ.①城市旅游—旅游业发展—研究—中国
Ⅳ.①F592

中国版本图书馆 CIP 数据核字(2021)第 143630 号

城市群旅游流空间格局及演化研究

刘大均　著

策划编辑:李邓超
责任编辑:石晓东
责任校对:陈何真璐
封面设计:墨创文化
责任印制:朱曼丽

出版发行	西南财经大学出版社(四川省成都市光华村街 55 号)
网　　址	http://cbs.swufe.edu.cn
电子邮件	bookcj@swufe.edu.cn
邮政编码	610074
电　　话	028-87353785
照　　排	四川胜翔数码印务设计有限公司
印　　刷	四川五洲彩印有限责任公司
成品尺寸	170mm×240mm
印　　张	12.25
字　　数	227 千字
版　　次	2022 年 4 月第 1 版
印　　次	2022 年 4 月第 1 次印刷
书　　号	ISBN 978-7-5504-4987-9
定　　价	78.00 元

前　言

随着新型城镇化的推进，城市群逐渐成为我国区域经济发展格局中最具活力的地理单元之一。城市群作为新型城镇化战略的空间主体，其内部结构的合理有序发展，既可以支撑和引领区域社会经济发展，还可以对优化国土空间开发格局起到促进作用。发展城市群旅游在城市群建设过程中具有独特的优势，有助于推动城市群内部产业结构的优化与调整，推动城市群一体化进程。城市群旅游流作为城市群旅游发展的关键要素，直接关系到城市群旅游一体化建设，并影响城市群一体化发展进程与方向。然而，对城市群旅游流的研究尚未引起学术界足够的重视，有关城市群旅游流时空规律的相关研究并不多见。

本书遵循"问题意识—研究基础—实证研究—研究总结"的逻辑思路，在实证研究部分以"现状—过程—机理"为研究思路展开论述，以城市群这一特殊地理单元为研究区域主体，以长江中游城市群为案例研究地，基于互联网平台的旅游大数据，对网络文本数据进行挖掘，并运用地理信息系统（GIS）空间分析法、社会网络理论、扎根理论、分形理论等理论方法对城市群旅游流空间格局及其演化过程进行研究，揭示城市群旅游流时空规律，提出对城市群旅游发展及一体化建设的启示。本书在一定程度上可以丰富旅游地理学的研究内容，拓展旅游流、城市群旅游流的研究视角，具有较为重要的理论价值和现实意义。

本书共分为7章，第1章主要基于研究背景与问题的提出，对文献进行全面梳理；第2章对相关概念进行界定，对旅游空间结构理论、社会网络理论、空间相互作用理论等相关理论基础进行阐述；第3章对长江中游城市群旅游流的空间格局进行全面解析；第4章对长江中游城市群旅游流的地理分布演化特征、流向关系演化特征、网络结构演化特征等进行分析，总结旅游流空间格局的演化特征；第5章提出城市群旅游流空间格局演化模式的基本类型，对长江中游城市群旅游流空间演化模式进行深入分析；第6章归纳提炼城市群旅游流空间格局演化的影响因素，探究影响因素之间的互动关系及机理；第7章总结主要结论和创新点，提炼城市群旅游流规律以及对城市群旅游发展及一体化建设的启示。

本书得到了教育部人文社会科学研究青年基金项目“高铁对城市群旅游流的影响及对策研究”（项目号：17YJCZH106）的资助，在此表示感谢！在研究过程中，华中师范大学博士生导师胡静教授在研究思路、框架设计等方面提出了许多建设性建议，湖北师范大学许贤棠博士在编码方面提供了宝贵意见，武汉大学丁恒博士在网络文本数据获取方面给予了技术支持，在此一并感谢！

城市群是一个特殊的地理单元，本书只是作者在旅游地理研究领域的初步探索成果，由于作者学科背景与学术能力的局限，难免存在疏漏之处，恳请广大读者批评指正。

刘大均

2021年12月于成都

目 录

1 绪论

1.1 研究背景与问题

1.1.1 研究背景

（1）旅游流空间问题引发的思考。

旅游供给与旅游需求是旅游市场中对立统一的两个方面，旅游业就是在维持旅游供给与旅游需求动态平衡的过程中发展的①。我国旅游业起步较晚，旅游供给系统建设及发育程度尚不成熟，并且在空间上差异明显，集中性强。此外，我国人口的空间分布及经济社会发展表现出较强的集中性，旅游需求市场空间分布也较为集中。随着人民生活水平的不断提高，以及旅游需求市场规模的不断扩大，加之旅游供给与旅游需求之间信息的不对称，我国旅游供给与旅游需求之间的矛盾突出。旅游供需矛盾直接导致旅游的空间失衡，加上受我国假日制度的影响，旅游流空间问题突出。特别是在元旦节、清明节、端午节、五一国际劳动节、中秋节、国庆节等特殊时段，旅游景区景点游客爆棚、交通拥堵等现象较为严重，如华山游客滞留事件、九寨沟游客滞留事件、大明山游客滞留事件等。这些旅游流空间问题在影响旅游质量的同时，也给旅游目的地的社会经济发展及旅游者的生命财产安全带来了不利影响，引发了业界和学界的思考。我国旅游供需矛盾较为突出，旅游流空间问题亟待解决。

（2）旅游流空间格局的新态势。

近年来，随着国家社会经济发展战略的调整、人民生活水平的提升及旅游需求的逐渐转变，旅游流空间格局呈现出新的发展态势。国家发展战略及政策作用于旅游目的地的经济社会发展，并影响旅游流的空间流动格局。随着国家

---

① 牛亚菲. 旅游供给与需求的空间关系研究 [J]. 地理学报，1996，51（1）：80-87.

新型城镇化、“一带一路”建设、京津冀协同发展、长江经济带建设、精准扶贫等的实施与推进，社会经济发展的空间格局将随之调整，旅游流的空间流动格局也将呈现出新的发展态势。2015 年年初国家旅游局制定的“515”战略，旨在打破地区藩篱、推进区域旅游一体化发展，成为旅游发展的十大行动之一。同年，国家旅游局指出将统筹编制一系列跨行政区划的旅游经济带规划，如长江旅游经济带、珠江旅游经济带、东北旅游经济圈等①，这些区域旅游规划在促进旅游目的地发展的同时，也将进一步促进旅游流的空间流动。与此同时，随着旅游需求的逐渐转变，泛旅游逐渐成为旅游发展的新趋势。旅游活动空间的泛化，进一步扩大了旅游流的空间范围。旅游者在目的地的活动范围进一步扩大，不再局限于景区大门之内的景点，每个角落都有可能成为旅游活动空间②。旅游者逐渐由关注旅游景区景点开始转向关注目的地居民的日常生活空间，旅游目的地日常生活空间及环境的体验越来越受到旅游者的重视。随着人民生活水平的提升以及旅游发展方式的转型，旅游者更加注重在目的地的休闲体验。旅游流不再局限于传统的旅游景区景点空间，逐渐扩展到旅游目的地居民的生活空间。

（3）大数据为旅游流研究提供了新的机遇。

在互联网时代，大数据提供了大量的带有地理空间信息的数据，有助于社会科学家更加全面、精细化地研究各类社会科学的问题和现象，既为人文地理学研究的发展提供了新的机遇，也契合人文地理学人本主义的发展趋势③。当地理学碰上大数据后，人文地理学领域的研究如火如荼，城市地理、行为地理、旅游地理等基于“大数据”的研究案例纷纷呈现④。随着我国互联网普及率的不断提升，通过互联网平台获取、分享、交流信息已成为日常生活的重要组成部分。与此同时，相关政府部门、旅游企业通过网络平台加强宣传、发布旅游信息，并提供旅游服务；越来越多的旅游者通过网络获取、分享旅游信息，因此互联网平台上留下了大量碎片化的旅游大数据。旅游大数据为旅游研究提供了充足的数据来源，有利于研究者对旅游大数据进行有效甄别与筛选。该数据可以真实有效地反映在旅游发展中的各种现实问题，有助于揭示旅游现

---

① 中华人民共和国国家旅游局. 国家旅游局“515”战略［EB/OL］.（2015-1-16）［2021-11-20］. http://www.cnta.gov.cn/ztwz/515zl/52xjc/201505/t20150513_644. html.

② 吴必虎. 泛旅游需要更完善的旅游公共服务体系支持［J］. 旅游学刊，2012，27（3）：3-4.

③ 甄峰，王波. “大数据”热潮下人文地理学研究的再思考［J］. 地理研究，2015，34（5）：803-811.

④ 吴志峰，柴彦威，党安荣，等. 地理学碰上“大数据”：热反应与冷思考［J］. 地理研究，2015，34（2）：2207-2221.

象背后的规律，同时也有助于提出有针对性的旅游发展对策建议。对互联网平台的旅游大数据进行挖掘，是旅游业发展适应信息化的需要，也是旅游研究所面临的现实命题，为旅游研究提供了新的机遇与挑战。例如，大众在博客、旅游专业网站等网络平台发表了大量有关旅游活动的游览信息、旅游体验及旅游中的感受等文本数据，这些旅游文本具有真实性和可靠性。此外，这些文本信息包含了大量旅游者在旅游活动过程中的地理空间信息数据，可以反映旅游者在旅游活动中的空间流动轨迹，为旅游地理研究提供了丰富的素材，有助于对不同时空尺度的旅游流进行深入研究。

（4）城市群的战略主体地位日趋突出。

近年来，国家把城市群作为新的经济增长极，并将其提升为推进国家新型城镇化的空间主体，《国家新型城镇化规划（2014—2020年）》明确了城市群作为推进国家新型城镇化的主体地位[①]。同时，该规划也明确提出加快推进城市群一体化进程，发挥城市群对全国社会经济发展的支撑和引领作用，从而推动国土空间的均衡发展。城市群作为国家参与全球竞争与国际分工的全新地域单元，决定着21世纪世界政治经济发展的新格局，是世界经济重心转移的重要承载体，是"一带一路"建设的主阵地，是中国新型工业化和新型城镇化发展到较高阶段的产物，是中国走向世界的枢纽和世界进入中国的门户，在推进中国新型城镇化和经济社会发展中具有举足轻重的战略地位[②]。随着国家新型城镇化进程的进一步推进，城市群逐渐成为旅游发展赖以依存的区域主体，是一种特殊的旅游目的地类型[③]。旅游业在城市群建设过程中具有独特的优势，有助于推动城市群内部产业结构的优化与调整，推进城市群一体化进程。旅游流现象是现代大众旅游现象最外部化的特征，是现代旅游业发展所依赖的客观前提[④]。城市群是兼有旅游客源地与旅游目的地的复合体，一方面，城市群的经济社会发展水平相对较高，旅游需求量较大，是重要的旅游客源市场；另一方面，城市群旅游业较为发达，旅游基础设施以及服务设施较为完善，也是重要的旅游目的地。随着城市群一体化建设的推进，高速交通、信息技术的快速发展以及旅游消费的多元化与个性化，城市群旅游流将日趋复杂。

---

① 方创琳. 中国城市群研究取得的重要进展与未来发展方向［J］. 地理学报，2014，69（8）：1130-1144.

② 方创琳，毛其智，倪鹏飞. 中国城市群科学选择与分级发展的争鸣及探索［J］. 地理学报，2015，70（4）：515-527.

③ 陈浩，陆林，郑嬗婷. 基于旅游流的城市群旅游地旅游空间网络结构分析：以珠江三角洲城市群为例［J］. 地理学报，2011，66（2）：257-266.

④ 谢彦君. 基础旅游学［M］. 北京：中国旅游出版社，2011：314-315.

1.1.2 问题提出

随着新型城镇化的推进，我国城市群面临着产业结构调整、协同发展、优化升级等诸多问题。城市群作为一个特殊的地理单元，有助于推动城市群一体化进程。城市群旅游流是城市群旅游发展的关键要素，在城市群建设过程中，如何揭示城市群旅游流时空演化规律，直接关系到城市群旅游一体化建设，影响城市群一体化发展的进程与方向。科学合理地优化城市群旅游空间结构、推进城市群旅游一体化，已成为当前旅游地理学研究的时代课题之一。本研究基于互联网平台的旅游大数据，对网络文本数据进行挖掘，进而对城市群旅游流空间格局及其演化过程进行深入研究，重点回答以下几个问题：

（1）大数据时代，旅游者在互联网平台上遗留了大量地理空间信息数据，如何充分利用互联网平台的旅游大数据？特别是如何挖掘和利用网络文本数据中所包含的旅游者地理空间信息数据？

（2）旅游流在城市群这一特殊地理单元上具有怎样的空间流动特征？在不同闲暇时段或特殊时段，城市群旅游流空间格局有何差异以及变化规律？随着城市群建设的推进，城市群旅游流空间格局发生了怎样的变化？

（3）城市群旅游流空间格局受哪些因素的影响？如何全面归纳城市群旅游流空间格局的影响因素？影响因素之间的互动关系及作用机理是什么？主要影响因素对城市群旅游流空间格局演化的影响机理及其作用过程是什么？

（4）城市群旅游流时空规律是什么？城市群旅游流规律与旅游流之间的共性以及城市群旅游流规律是否能彰显出城市群这一特殊地理单元的个性？

（5）城市群旅游流时空规律对城市群旅游发展及一体化建设有哪些启示？在推进城市群一体化过程中应采取哪些应对策略和调控措施？

1.2 研究意义

对城市群旅游流空间格局及其演化进行研究，分析城市群旅游流空间格局的现状、演化过程以及影响机理，揭示城市群旅游流规律，有助于丰富旅游地理学研究内容，为优化旅游空间结构、促进城市群旅游一体化建设提供理论依据，具有较强的理论意义和实践价值。研究意义主要表现在以下几个方面：

1.2.1 有助于丰富旅游地理学研究内容

区域旅游流在不同发展阶段、不同空间尺度及不同区域主体的形态特征以及所表现出的空间格局往往具有差异性和多样性，是诸多因素共同作用的产物，呈现出动态变化的特征。不同影响因素对旅游流的作用形式也会呈现出动态变化的特征。本研究在对城市群旅游流空间格局进行动态分析的基础上，对城市群旅游流空间格局演化的影响因素及机理进行深入分析，如交通可达性、目的地知名度、旅游资源集聚度、旅游信息等因素对城市群旅游流空间格局的影响；揭示主要影响因素对城市群旅游流空间格局演化的影响机理及作用过程；多角度、多层次、有针对性地总结其对城市群旅游发展及一体化建设的启示。本研究除了揭示城市群旅游流规律外，还涉及旅游目的地建设、交通可达性、宣传营销、城市旅游、区域协同等内容，从理论上可以丰富旅游地理学的研究内容。

1.2.2 有助于拓展旅游流与城市群旅游研究视角

以互联网平台上的旅游大数据为基础，对网络文本数据进行深入挖掘与分析，有助于及时把握旅游发展动向，对旅游目的地建设、旅游流预测以及旅游宣传营销等具有明显的促进作用。本研究对互联网平台上的、以网络旅游文本为代表的旅游大数据进行深入挖掘，对网络旅游文本中旅游者在旅游活动过程中的地理空间信息进行提取，并构建城市群旅游流空间数据库；然后，对城市群旅游流空间的现状格局、演化过程及其影响机理进行深入研究，揭示城市群旅游流规律。同时，本研究还基于社会经济统计数据，对城市群旅游流空间特征和规律进行相互验证。此外，本研究以旅游者发表的网络旅游文本为原始资料，以旅游者的亲身经历及经验事实作为依据，扎根理论，从原始资料中挖掘和提炼旅游流的影响因素，有助于拓展旅游流研究视角。

1.2.3 有助于促进城市群旅游一体化建设

城市群的发展只有靠坚实而完善的产业体系去支撑，才能不断保持城市社会经济持续稳定发展，带动周边地区社会经济持续发展，增强城市群中心城市的竞争力与辐射力，进而促进整个区域社会经济的可持续发展①。城市群作为国家战略的空间主体，其内部结构的合理有序发展，可以支撑和引领区域经济社会发展，也可以对优化国土空间开发格局起到促进作用。以旅游业为核心，推动第三产业的发展，有利于优化和推动城市群产业经济结构转型②。因此，

---

① 姚士谋，李青，武清华，等. 我国城市群总体发展趋势与方向初探［J］. 地理研究，2010，29（8）：1345-1354.

② 虞虎，陈田，陆林，等. 江淮城市群旅游经济网络空间结构与空间发展模式［J］. 地理科学进展，2014，33（2）：169-180.

如何科学、合理地优化城市群旅游空间结构，关系到城市群旅游一体化建设以及城市群内部活力的提升。科学把握城市群旅游流时空演化规律及其影响机理，有助于把握城市群内部不同节点或地区在旅游发展过程中的角色与地位、优势与劣势，为城市群旅游空间结构优化提供科学依据，为政府旅游主管部门、旅游企业等相关利益主体制定科学、合理的发展措施提供参考，从而推动城市群旅游建设，更好地实现城市群旅游一体化的目标。此外，本研究对于践行国家旅游发展的“515 战略”、促进区域旅游一体化具有重要的实践意义。

1.3 研究进展

1.3.1 旅游流研究进展

1.3.1.1 国外研究

国外学者对旅游流的研究较早，在 20 世纪 60、70 年代已有所涉及。本文以 Google 学术搜索为检索来源，以“tourist flows”和“tourism flows”为篇名进行精确搜索，对国外旅游流研究文献进行整理和分析。国外旅游流研究在经历了起步阶段（20 世纪 60—70 年代）、成长阶段（20 世纪 80—90 年代），进入 21 世纪以来，发展十分迅速（见图 1.1）。纵观旅游流研究文献，其相关研究内容主要涉及旅游流的模拟及预测、旅游流的空间流动及模式、旅游流的影响因素等方面，研究成果较为丰富。

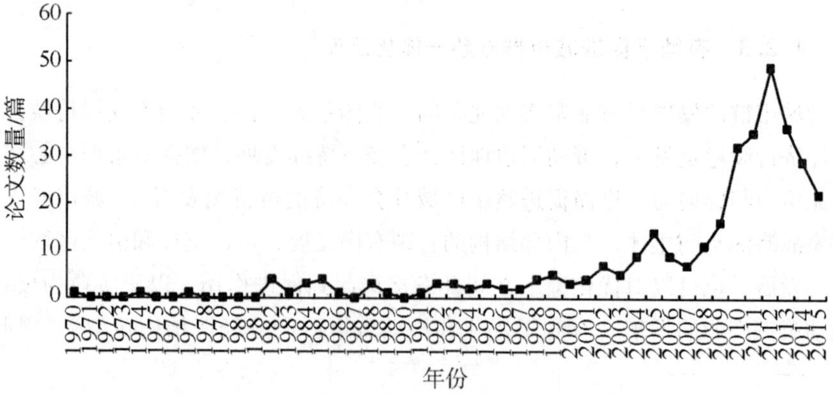

图 1.1 国外旅游流研究进程

（1）旅游流的流量模拟及预测研究。

对区域及目的地的旅游流进行模拟和预测，有助于旅游政府部门或管理部门提出有针对性的旅游发展措施，促进旅游地的可持续发展。国外学者较多运用时间序列模型（AR 模型、MA 模型、ARMA 模型等）以及误差修正模型等计量经济学方法，对旅游流进行模拟和预测研究，研究成果较为丰富。

对旅游流进行模拟及预测研究的早期，主要采用传统的回归分析，其中静态回归模型得到较多的使用①。20 世纪 90 年代后期以来，动态回归与误差修正模型等方法不断得到运用，计量经济学方法在旅游流模拟及预测研究中不断得到发展，旅游流预测模型及方法的运用表现出多样化的发展趋势，预测结果更加真实可靠。Kulendran 等（1997）运用误差修正模型、时间序列模型，预测并分析了澳大利亚、美国、日本、英国和新西兰等国家的旅游流，并比较了不同预测模型对旅游流预测的准确性②。Kim 等（2005）运用 ARIMA 模型、回归模型和哈维结构时间序列模型预测澳大利亚的国际旅游流，并讨论了不同预测方法的准确性③。Ghosh（2008）运用 ARIMA 模型预测了印度国际旅游流的月际变化，并提出对旅游基础设施建设的对策建议④。Gössling 等（2006）以坦桑尼亚桑给巴尔岛和以色列埃拉特为案例地，对全球变暖背景下的旅游流进行了预测分析⑤。

（2）旅游流的空间流动及模式研究。

20 世纪 60 年代后期，国外学者对旅游流空间流动的相关研究就已有涉及，并形成了较为丰富、成熟的研究成果，主要集中在旅游流的空间流动及模式、旅游流的网络结构方面。在旅游流的空间流动及模式方面，国外的相关研究主要以空间扩散理论、核心边缘理论、圈层结构理论、增长极理论等经典理论为基础，对旅游流的空间流动及模式进行深入研究⑥。在旅游流网络结构研

---

① SONG H, WITT S F. Forecasting international tourist flows to Macau [J]. Tourism Management, 2006, 27 (2): 214-224.

② KULENDRAN N, KING M L. Forecasting international quarterly tourist flows using error-correction and time-series models [J]. International Journal of Forecasting, 1997, 13 (3): 319-327.

③ KIM J H, MOOSA I A. Forecasting international tourist flows to Australia: a comparison between the direct and indirect methods [J]. Tourism Management, 2005, 26 (1): 69-78.

④ GHOSH S. Tourism infrastructure: forecasting of international tourist flows to India [J]. ICFAI Journal of Infrastructure, 2008, 6 (3): 34-41.

⑤ GÖSSLING S, HALL C M. Uncertainties in predicting tourist flows under scenarios of climate change [J]. Climatic Change, 2006, 79 (3-4): 163-173.

⑥ 钟士恩，张捷，任黎秀，等. 旅游流空间模式的基本理论及问题辨析 [J]. 地理科学进展，2009，28 (5)：705-712.

究方面，同时的相关研究主要运用社会网络理论及其方法对旅游流在空间上不同节点之间流动所形成的网络结构特征进行分析。

①旅游流的空间流动。

国外学者较多采用定量研究方法对旅游流的空间流动进行研究，侧重于对旅游流的空间流动特征及其规律的分析与总结，研究的空间涉及国家内部不同地区之间、国家之间以及各大洲之间。Verbeke 等（1995）运用强度指数、集中指数、客源指数等方法分析了欧洲主要国家之间旅游流的空间流动格局及其区域差异①。Rogerson 等（2006）对南非的入境旅游流来源进行了深入分析，并就不同入境旅游目的、组织方式的旅游流进行了分析和比较②。Furmanov 等（2012）对俄罗斯到欧盟国家的旅游流变化趋势以及旅游流强度的变化进行了深入研究③。Coshall（2000）运用单变量和双变量光谱分析法对国际旅游流的空间流动进行了深入分析④。

②旅游流的空间模式。

国外学者对旅游流空间模式的相关探讨相对较早，对不同空间尺度下的旅游流空间模式进行了深入的分析与总结，取得了较为丰富的研究成果，进而为旅游空间结构的研究奠定了理论基础。

在宏观尺度研究方面，国外学者主要侧重于对较大研究区域内的旅游流在客源地、目的地之间的流动模式进行研究。Campbell（1967）提出了游憩与度假旅游流空间模式，并将目的地分为三种类型⑤。Oppermann（1992）以马来西亚的旅游流为例，认为旅游流空间模式由客源地、目的地、旅游组织以及旅游目的等构成⑥。Baláz 等（1998）对中欧地区的日本旅游流的流动模式以及

---

① VERBEKE M J, SPEE R. A regional analysis of tourist flows within Europe［J］. Tourism Management, 1995, 16（1）: 73-80.

② ROGERSON C M, VISSER G. International tourist flows and urban tourism in South Africa［C］. Urban Forum. Springer Netherlands, 2006, 17（2）: 199-213.

③ FURMANOV K, BALAEVA O, Predvoditeleva M. Tourism flows from the Russian Federation to the European Union［J］. Anatolia An International Journal of Tourism and Hospitality Research, 2012, 23（1）: 17-31.

④ COSHALL J. Spectral analysis of international tourism flows［J］. Annals of Tourism Research, 2000, 27（3）: 577-589.

⑤ CAMPBELL C K. An approach to research in recreational geography［M］. Vancouver: Department of Geography, University of British Columbia, 1967. 85-90.

⑥ OPPERMANN M. Intranational tourist flows in Malaysia［J］. Annals of Tourism Research, 1992, 19（3）: 482-500.

游客的行为特征进行了分析①。Lundgren（1982）根据城市在区域旅游中的地位，提出了大城市之间的旅游对流模式、城市周围旅游地辐射模式、农村周围旅游地辐射模式以及边缘旅游地辐射模式四种旅游流空间模式（见图1.2）②。

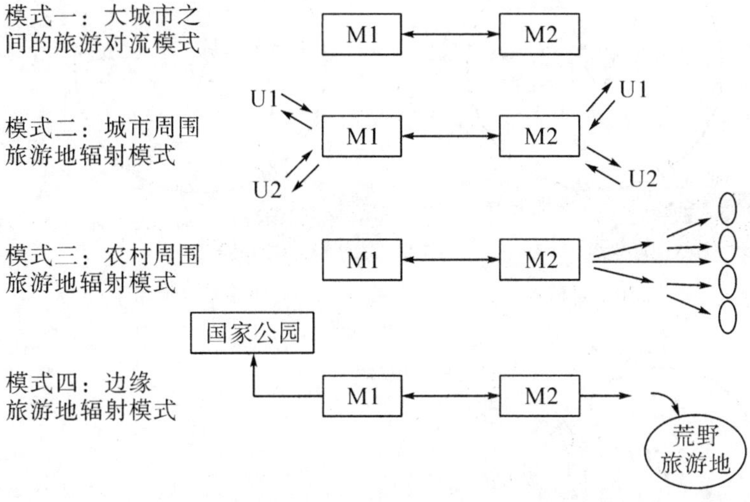

图1.2 Lundgren旅游流空间模式（据Lundgren，1982）

在微观尺度研究方面，国外学者主要侧重于旅游流在旅游目的地内部的流动模式研究、旅游目的地内部节点之间的相互关系及作用。Stewart等（1997）在分析美国密苏里州布兰森地区旅游流的基础上，提出多目的地旅游流空间模式③。Lew等（2006）对出游目的地内部的旅游流空间模式进行分析，提出点对点模式、环游模式、复杂模式三种旅游流空间模式④。Dredge（1999）根据旅游目的地的演化过程以及发展的阶段性特征，提出目的地空间发展模式的三种基本类型（见图1.3）⑤。

---

① BALáZ V, MITSUTAKE M. Japanese tourists in transition countries of Central Europe: present behaviour and future trends [J]. Tourism Management, 1998, 19 (5): 433-443.

② LUNDGREN J O J. The tourist frontier of Nouveau Quebec: functions and regional linkages [J]. Tourism Review, 1982, 37 (2): 10-16.

③ STEWART S I, VOGT C A. Multi-destination trip patterns [J]. Annals of Tourism Research, 1997, 24 (2): 458-461.

④ LEW A, MCKERCHER B. Modeling tourist movements: a local destination analysis [J]. Annals of Tourism Research, 2006, 33 (2): 403-423.

⑤ DREDGE D. Destination place planning and design [J]. Annals of Tourism Research, 1999, 26 (4): 772-791.

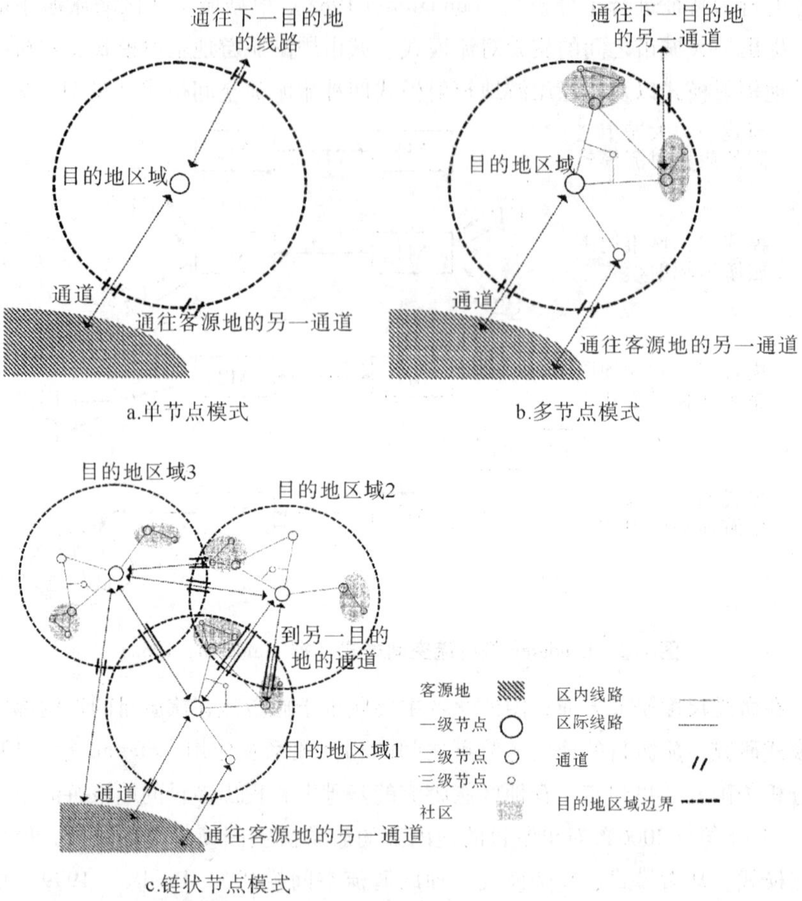

图 1.3 Dredge 旅游流空间模式（据 Dredge，1999）

③旅游流的网络结构。

国外学者对旅游流网络结构的研究主要以社会网络理论及其方法为基础，揭示旅游流网络结构特征。社会网络理论及其方法早已在 20 世纪 50、60 年代被广泛运用于社会学、心理学、管理学等学科领域①。进入 21 世纪以后，社会网络理论及其方法被广泛用于旅游地理学研究，已有成果主要集中在旅游发展过程中不同利益主体的关系研究、旅游流网络结构研究方面。国外学者对不同利益主体之间的网络关系研究尤为重视，侧重于政府部门、旅游企业以及酒

① 刘军. 社会网络分析导论［M］. 北京：社会科学文献出版社，2004.

店等利益主体的关系研究（Pavlovich，2003；Scott，2008）[①②]。在旅游流研究方面，国外学者对旅游流网络结构研究涉及相对较早，但相关研究成果较少，已有研究侧重于旅游流网络结构特征研究。Shih（2006）对台湾南投地区的自驾旅游流网络结构进行了研究，并对旅游基础设施的建设提出了建议[③]。Miguéns等（2008）对全球旅游流网络结构进行了深入分析[④]。

（3）旅游流的影响因素研究。

国外学者对旅游流的影响因素关注较早，研究成果较为丰富，且其对影响因素的研究重点逐渐由关注旅游目的地环境及要素、旅游者及需求转向对社会制度和政策的关注。

国外学者主要分析了旅游者及其需求、旅游目的地吸引力等对旅游流的影响。Uysal等（1984）采用多元线性回归对土耳其的国际旅游流进行分析，发现旅游者收入、旅游花费及汇率是影响入境旅游流的重要因素[⑤]。

进入21世纪后，国外学者侧重于研究目的地的历史文化、气候、影视等对旅游流的影响。Yahya（2003）分析了印度和新加坡之间旅游流的互动关系，并认为历史和文化联系对旅游流的影响较为明显[⑥]。Prideaux（2005）提出双边旅游流受外部政治、经济、私营部门以及政府职责等因素的影响[⑦]。Kim等（2007）认为韩国电视剧有助于增强旅游者入韩的旅游动机，并进一步研究了韩国电视剧对日本旅游流的影响[⑧]。Amelung等（2007）揭示了目的地

---

① PAVLOVICH K. The evolution and transformation of a tourism destination network: the Waitomo Caves, New Zealand [J]. Tourism Management, 2003, 24 (2): 203-216.

② SCOTT N, COOPER C, BAGGIO R. Destination networks: four Australian cases [J]. Annals of Tourism Research, 2008, 35 (1): 169-188.

③ SHIH H Y. Network characteristics of drive tourism destinations: an application of network analysis in tourism [J]. Tourism Management, 2006, 27 (5): 1029-1039.

④ MIGUÉNS J I L, MENDES J F F. Travel and tourism: into a complex network [J]. Physica A Statistical Mechanicss & Its Applications, 2008, 387 (12): 2963-2971.

⑤ UYSAL M, CROMPTON J L. Determinants of demand for international tourist flows to Turkey [J]. Tourism Management, 1984, 5 (4): 288-297.

⑥ YAHYA F. Tourism flows between India and Singapore [J]. International Journal of Tourism Research, 2003, 5 (5): 347-367.

⑦ PRIDEAUX B. Factors affecting bilateral tourism flows [J]. Annals of Tourism Research, 2005, 32 (3): 780-801.

⑧ KIM S S, AGRUSA J, LEE H, et al. Effects of Korean television dramas on the flow of Japanese tourists [J]. Tourism Management, 2007, 28 (5): 1340-1353.

气候变化对旅游流的影响，并强调气候对旅游流的季节性作用①。Lim（2004）指出收入、价格、汇率是影响韩国与澳大利亚之间旅游流的主要因素②。Zhang 等（2007）通过分析发现资源禀赋、基础设施等对国际旅游流具有明显影响③。

近年来，国外学者较为关注社会制度及相关政策对旅游流的影响。Kim 等（2012）认为韩国与日本之间大规模和长期的旅游流与双方政府给予的高度支持紧密相关④。Lunt 等（2012）就英国的医疗政策对旅游流的影响进行了深入研究⑤。Zhang 等（2014）分析了航空政策对旅游流的影响，认为限制性政策会对国家之间的旅游流产生负面影响⑥。

1.3.1.2 国内研究

国内学者对旅游流的研究始于 20 世纪 80 年代，虽起步晚，但发展快。本文以 CNKI 中国学术期刊网络出版总库为检索来源，以“旅游流”为关键词进行精确搜索，发现我国旅游流研究总体呈现出快速增长的发展趋势，特别是进入 21 世纪以来，国内旅游流研究得到迅速的发展（见图 1.4）。国内学者对旅游流的研究主要集中在旅游流的时序变化及等级规模结构、旅游流的空间分布及结构、旅游流的影响因素及动力机制、旅游流与区域环境或区域要素的关系及其耦合协同研究等方面。

---

① AMELUNG B, NICHOLLS S, VINER D. Implications of global climate change for tourism flows and seasonality [J]. Journal of Travel Research, 2007, 45 (3): 285-296.

② LIM C. The major determinants of Korean outbound travel to Australia [J]. Mathematics and Computers in Simulation, 2004, 64 (3-4): 477-485.

③ ZHANG J, JENSEN C. Comparative advantage: explaining tourism flows [J]. Annals of Tourism Research, 2007, 34 (1): 223-243.

④ KIM S, PRIDEAUX B. A post-colonial analysis of bilateral tourism flows: the case of Korea and Japan [J]. International Journal of Tourism Research, 2012, 14 (6): 586-600.

⑤ LUNT N T, MANNION R, EXWORTHY M. A framework for exploring the policy implications of UK medical tourism and international patient flows [J]. Social Policy & Administration, 2012, 47 (1): 1-25.

⑥ ZHANG Y, FINDLAY C. Air transport policy and its impacts on passenger traffic and tourist flows [J]. Journal of Air Transport Management, 2014, 34 (1): 42-48.

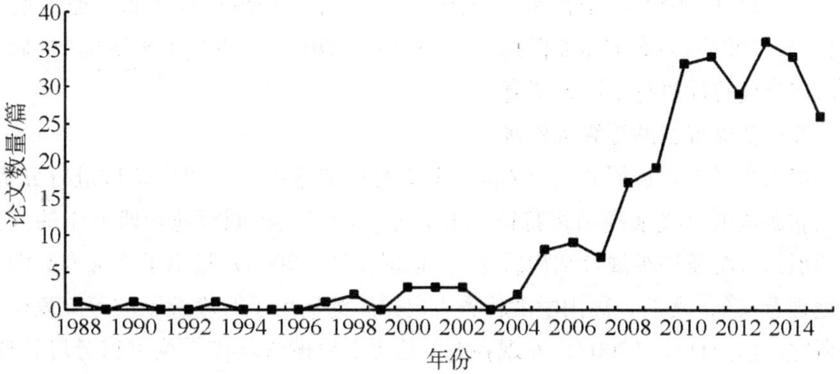

图 1.4　国内旅游流研究进程

（1）旅游流流量的时序变化、等级规模及流质研究。

①旅游流流量的时序变化研究。

旅游流时序分布进行研究对旅游目的地规划及景区容量管理等具有重要的意义，因此，对旅游流时序分布进行研究是旅游流的最基本问题之一①。国内学者主要采用季节性强度指数、年际变化强度指数、基尼系数、地理集中指数、小波分析等方法，对旅游流流量的时序变化进行深入分析，侧重于对流量时序变化的特征研究。

从空间尺度来看，国内学者对宏观、中观、微观空间尺度的旅游流时序变化研究均有涉及，对全国、省域、城市以及景区的旅游流时间变化都开展了丰富的研究。李志飞等（2013）指出自黄金周制度实行以来，我国“十一”黄金周旅游流呈稳步增长态势，且增长趋势符合拟合曲线②。丁正山（2004）对南京旅游流的时间分布特征及其变化进行了深入研究③。黄震方等（2008）对盐城麋鹿生态旅游区的省内旅游流和国内旅游流的时序变化进行了阶段划分④。

从目的地类型来看，国内学者十分重视不同类型旅游地的旅游流时序变化

① 吴晋峰，王赛，郭峰，等. 我国旅游流研究进展与展望［J］. 人文地理，2013，28（4）：20-26.

② 李志飞，夏磊. 中国特殊时段旅游流时空分布特征研究：以“十一”黄金周为例［J］. 旅游学刊，2013，28（10）：37-46.

③ 丁正山. 南京国内旅游流时空演变研究［J］. 旅游学刊，2004，19（2）：37-40.

④ 黄震方，袁林旺，俞肇元，等. 生态旅游区旅游流的时空演变与特征：以盐城麋鹿生态旅游区为例［J］. 地理研究，2008，27（1）：55-64.

研究。陆林（1994）对山岳型旅游地①、张捷等（1999）对观光型旅游地②、陆林等（2002）对海滨型旅游地③、卢松等（2010）对古村落旅游地④的旅游流时序变化特征进行了深入研究。

②旅游流流量的等级规模研究。

国内学者主要运用齐夫（Zipf）定律对旅游流的等级规模结构进行分析，揭示旅游流的等级规模结构特征。朱竑等（2005）将城市地理研究中的齐夫定律引入旅游流等级规模结构研究⑤。杨国良等（2006）指出了齐夫参数的旅游地理意义⑥。之后，国内学者将齐夫定律广泛运用于对旅游流的等级规模结构研究。杨国良等（2007）发现齐夫参数可对旅游流规模结构进行分段处理，并比较了齐夫参数、差异度、均衡度指标的优势与劣势⑦。杨国良等（2007）借助齐夫定律，证明了四川省国内旅游流和入境旅游流的流量位序—规模分布均满足齐夫法则⑧。庞闻等（2010）提出基于容量维、信息维的旅游流规模分布分形研究方法，并认为危机事件会对旅游流的等级规模结构产生影响⑨。

③旅游流的流质研究。

国内学者对旅游流的效益、质量进行评价，主要采用流质指数对旅游流的流质及效益进行表征，在研究空间尺度上主要侧重于对全国、省域地区旅游流的流质变化进行研究。李振亭（2012）首次提出旅游流流质的概念，并对旅游流的质量及效益进行评价，发现我国入境旅游流流质总体上偏低，但呈稳步

① 陆林. 山岳风景区客流研究：以安徽黄山为例［J］. 地理学报，1994，49（3）：236-246.

② 张捷，都金康，周寅康，等. 观光旅游地客流时间分布特性的比较研究：以九寨沟、黄山及福建永安桃源洞鳞隐石林国家风景名胜区为例［J］. 地理科学，1999，19（1）：49-54.

③ 陆林，宣国富，章锦河，等. 海滨型与山岳型旅游地客流季节性比较：以三亚、北海、普陀山、黄山、九华山为例［J］. 地理学报，2002，57（6）：731-740.

④ 卢松，陆林，王莉，等. 古村落旅游客流时间分布特征及其影响因素研究：以世界文化遗产西递、宏村为例［J］. 地理科学，2004，24（2）：250-256.

⑤ 朱竑，吴旗韬. 中国省际及主要旅游城市旅游规模［J］. 地理学报，2005，60（6）：919-927.

⑥ 杨国良，张捷，艾南山，等. 旅游流齐夫结构及空间差异化特征［J］. 地理学报，2006，61（12）：1281-1289.

⑦ 杨国良，张捷，刘波. 旅游流规模结构的 Zipf 特征与差异度对比研究：以四川省为例［J］. 南京大学学报（自然科学版），2007，43（3）：318-328.

⑧ 杨国良，张捷，刘波，等. 旅游流流量位序—规模分布变化及其机理：以四川省为例［J］. 地理研究，2007，26（4）：662-672.

⑨ 庞闻，马耀峰. 旅游流规模分布的分形与分维：以我国入境旅游为例［J］. 西北大学学报（自然科学版），2010，40（5）：905-909.

上升的趋势①。薛华菊等（2014）构建了“接待指数-流质指数”二维矩阵，发现我国省域入境旅游流质量总体水平较低，且极化现象较为显著②。阎友兵等（2013）发现我国国内旅游流的质量不高，属于较高规模、较低效益的旅游流③。

（2）旅游流的空间分布及空间结构研究。

旅游流空间分布及结构是旅游流流向研究范畴的热点，国内学者较为重视，研究成果颇为丰富。已有研究主要侧重于对入境旅游流的研究，国内旅游流和出境旅游流也有涉及。关于入境旅游流的研究成果较为丰富，主要得益于一批国家基金，如马耀峰主持的“中国旅游热点城市境外游客时空动态模式研究”“中国不同群体入境游客旅游行为模式研究”“中国典型区域入境旅游流东—西递进空间演化机理研究”；吴晋峰主持的“中国入境旅游流网络结构优化研究”；白凯主持的“基于客流跟踪的旅华游客目的地意象认知研究”。这些基金项目开展了大量调研，为入境旅游流的研究奠定了基础。

①旅游流的空间分布。

对旅游流空间分布的研究主要侧重于入境旅游流的空间分布特征，研究成果较多。就研究的空间尺度而言，对全国尺度的研究相对较多，主要入境口岸城市入境旅游流也有涉及。马耀峰等（2001）将我国入境旅游流划分为7大主要旅游流和5大基本旅游流区④。张红（2000）研究发现我国入境旅游流的空间分布形态呈辐射发散型和收敛聚集型⑤。王奕祺等（2013）对我国入境口岸城市——广州的入境旅游流空间分布进行了深入剖析，并认为我国入境旅游流在空间上的流动符合“二八定律”⑥。

就不同类型入境旅游流研究而言，国内学者对不同入境地域或客源市场、不同旅游组织方式、不同旅游目的旅游流空间分布开展了大量研究。在不同入境地域或客源市场方面，任瑞萍等（2013）、王金莹等（2013）分别对旅华美

---

① 李振亭，马耀峰，李创新，等．近20年来中国入境旅游流流量与流质的变化分析［J］．陕西师范大学学报（自然科学版），2012，40（1）：94-99.

② 薛华菊，马耀峰，黄毅，等．区域入境旅游流质量时空演变及特征研究［J］．干旱区资源与环境，2014，28（6）：171-176.

③ 阎友兵，贺文娟．国内旅游流流量与流质的时空演化分析［J］．经济地理，2013，33（4）：179-185.

④ 马耀峰，李永军．中国入境后旅游流的空间分布研究［J］．人文地理，2001，16（6）：44-46，35.

⑤ 张红．我国旅游热点城市境外游客旅游流空间分布特征分析［J］．人文地理，2000，15（2）：56-57，14.

⑥ 王奕祺，吴晋峰，任瑞萍，等．广州入境旅游流地理分布与网络特征［J］．陕西师范大学学报（自然科学版），2013，41（5）：91-97.

国旅游流、亚洲入境旅游流的空间分布特征进行了分析①②。在不同入境旅游组织方式方面，杨新菊等对旅华外国团队旅游流、旅华外国散客旅游流的空间分布特征进行了深入探讨③④。在不同入境旅游目的方面，唐澜等对我国入境商务旅游流、入境观光休闲旅游流的地理分布特征进行了分析⑤⑥。

此外，还有少数学者对国内旅游流、出境旅游流的空间分布进行了研究，但总体上已有研究相对较少。例如，钟士恩等（2009）发现我国约70%的农村居民国内旅游流集中在本省内部，多核非对称旅游系统已初步形成⑦。陈雪琼等（2010）对我国出境旅游流的空间分布进行了深入分析⑧。

②旅游流的网络结构。

国内学者对旅游流网络结构的研究相对较晚，但发展较为迅速。直到21世纪初，国内学者才将社会网络理论及其方法运用于旅游流研究⑨⑩。之后，旅游流网络结构研究不断受到国内学者的重视。国内学者主要采用社会网络分析中的网络密度、中心势、中心性、结构洞等指标对旅游流网络结构进行分析评价，研究涉及不同空间尺度、不同类型旅游流，成果较为丰富。

从空间尺度上看，研究对宏观、中观、微观空间尺度的旅游流网络结构均有涉及，如全国、省域、城市内部、跨界旅游区的旅游流网络结构研究。刘法建等（2010）对我国入境旅游流网络结构进行了深入研究，发现入境旅游流

---

① 任瑞萍，吴晋峰，王奕祺，等. 旅华美国旅游流地理分布和网络结构特征研究［J］. 地域研究与开发，2013，32（5）：144-150.

② 王金莹，吴晋峰，唐澜，等. 亚洲入境旅游流地理分布及网络结构特征分析［J］. 资源科学，2013，35（8）：1701-1709.

③ 杨新菊，吴晋峰，王金莹，等. 旅华外国团队旅游流地理分布和网络结构特征研究［J］. 资源科学，2013，35（4）：839-847.

④ 杨新菊，吴晋峰，唐澜，等. 旅华外国散客旅游流地理分布和网络结构研究［J］. 旅游学刊，2014，29（5）：87-96.

⑤ 唐澜，吴晋峰，王金莹，等. 中国入境商务旅游流空间分布特征及流动规律研究［J］. 经济地理，2012，32（9）：149-155.

⑥ 唐澜，吴晋峰. 中国入境观光休闲旅游流空间结构与流动特征［J］. 经济管理，2013，35（10）：130-142.

⑦ 钟士恩，张捷，周强，等. 农村居民国内旅游流空间集中性［J］. 地理研究，2009，28（6）：1562-1571.

⑧ 陈雪琼，吴水芳. 中国出境旅游流流向的空间结构优化研究［J］. 华侨大学学报（哲学社会科学版），2010（1）：30-36.

⑨ 陈秀琼，黄福才. 基于社会网络理论的旅游系统空间结构优化研究［J］. 地理与地理信息科学，2006，22（5）：75-80.

⑩ 杨兴柱，顾朝林，王群. 南京市旅游流网络结构构建［J］. 地理学报，2007，62（6）：609-620.

网络较为松散[①]。王永明等（2012）对我国入境旅游流多城市空间网络结构特征进行了深入分析[②]。张妍妍等（2014）基于旅游数字足迹，对西安旅游流网络结构进行了深入研究[③]。此外，跨行政边界的旅游区也是旅游流研究较为关注的空间范围。彭红松等（2014）对泸沽湖跨界旅游区的旅游流网络结构特征、内在机理、优化路径等方面进行了深入研究[④]。

从不同类型的旅游流研究来看，国内学者对旅游流网络结构研究以国际旅游流研究为主，特别是入境旅游流网络结构研究，对国内旅游流网络结构研究也有所涉及，但相对较少。吴晋峰（2014）对我国入境外国旅游流网络结构特征以及网络节点的类型进行了分析[⑤]。陈超等（2013）对我国农民旅游流网络结构进行了深入研究[⑥]。

值得一提的是，国内学者还对不同类型入境旅游流进行了细化研究，对不同地域或客源、不同入境口岸、不同组织方式、不同旅游目的等旅游流进行了研究，研究成果较为丰富。在不同入境客源市场旅游流方面，王金莹等（2013）、任瑞萍等（2013）对入境欧洲旅游流、旅华美国旅游流、入境亚洲旅游流的网络结构特征进行了分析[⑦⑧⑨]。在不同入境口岸旅游流方面，已有研究侧重于对北京、上海、广州三大入境口岸城市入境的旅游流网络结构分析。吴晋峰等（2010）对京、沪入境旅游流网络结构特征进行了定量研究[⑩]。

---

① 刘法建，张捷，陈冬冬．中国入境旅游流网络结构特征及动因研究［J］．地理学报，2010，65（8）：1013-1024．

② 王永明，马耀峰，王美霞．中国入境游客多城市旅游空间网络结构［J］．地理科学进展，2012，31（4）：518-526．

③ 张妍妍，李君轶，杨敏．基于旅游数字足迹的西安旅游流网络结构研究［J］．人文地理，2014，29（4）：111-118．

④ 彭红松，陆林，路幸福，等．基于社会网络方法的跨界旅游客流网络结构研究：以泸沽湖为例［J］．地理科学，2014，34（9）：1041-1050．

⑤ 吴晋峰．入境外国旅游流网络分布、性质和结构特征研究［J］．干旱区资源与环境，2014，28（7）：177-182．

⑥ 陈超，刘家明，马海涛，等．中国农民跨省旅游网络空间结构研究［J］．地理学报，2013，68（4）：547-558．

⑦ 王金莹，吴晋峰，唐澜，等．基于SNA的中国入境欧洲旅游流网络性质和结构特征研究［J］．人文地理，2013，28（6）：147-153．

⑧ 任瑞萍，吴晋峰，王奕祺，等．旅华美国旅游流地理分布和网络结构特征研究［J］．地域研究与开发，2013，32（5）：144-150．

⑨ 王金莹，吴晋峰，唐澜，等．亚洲入境旅游流地理分布及网络结构特征分析［J］．资源科学，2013，35（8）：1701-1709．

⑩ 吴晋峰，潘旭莉．京沪入境旅游流网络结构特征分析［J］．地理科学，2010，30（3）：370-376．

王奕祺等（2014）、杨新菊（2014）、王奕祺等（2013）分别对北京、上海、广州三大入境口岸城市的入境旅游流网络结构进行了深入分析①②③。在不同入境旅游组织方式旅游流方面，杨新菊等揭示了旅华外国团队旅游流、旅华外国散客旅游流的网络结构特征④⑤。在不同入境旅游目的旅游流方面，唐澜等对入境商务旅游流、入境观光休闲旅游流的网络结构进行了研究，发现广州位于我国入境商务旅游流网络的中心位置，而北京则位于我国入境观光休闲旅游流网络的中心位置⑥⑦。

③旅游流的空间聚散。

国内学者对旅游流的空间聚散开展了大量研究，研究成果较为丰富，特别是对入境旅游流空间聚散方面的研究较为突出，相关研究内容主要集中在旅游流的空间扩散、集聚与扩散研究等方面。

旅游流的空间扩散研究在研究方法上，主要通过旅游流转移态指数、竞争态指数、亲景度、转移密度指数等方法来揭示旅游流的空间扩散。在研究内容上，侧重于对旅游流的空间扩散特征、扩散路径以及动力机制等的研究。在研究的空间尺度上，主要表现为入境口岸城市旅游流向全国扩散、入境口岸城市或地区旅游流向西部地区扩散、典型区旅游流向西部地区扩散。具体而言，在入境口岸城市旅游流向全国扩散方面，张佑印等（2009）、王永明等（2011）、张佑印等（2012）对北京入境旅游流的空间扩散特征、扩散路径、扩散模式

---

① 王奕祺，吴晋峰，韩立宁，等. 北京入境旅游流地理分布与网络特征研究［J］. 干旱区资源与环境，2014，28（6）：202-208.

② 杨新菊，吴晋峰，王奕祺. 上海口岸入境外国旅游流的空间扩散和网络结构研究［J］. 浙江大学学报（理学版），2014，41（6）：696-702.

③ 王奕祺，吴晋峰，任瑞萍，等. 广州入境旅游流地理分布与网络特征［J］. 陕西师范大学学报（自然科学版），2013，41（5）：91-97.

④ 杨新菊，吴晋峰，王金莹，等. 旅华外国团队旅游流地理分布和网络结构特征研究［J］. 资源科学，2013，35（4）：839-847.

⑤ 杨新菊，吴晋峰，唐澜，等. 旅华外国散客旅游流地理分布和网络结构研究［J］. 旅游学刊，2014，29（5）：87-96.

⑥ 唐澜，吴晋峰，王金莹，等. 中国入境商务旅游流空间分布特征及流动规律研究［J］. 经济地理，2012，32（9）：149-155.

⑦ 唐澜，吴晋峰. 中国入境观光休闲旅游流空间结构与流动特征［J］. 经济管理，2013，35（10）：130-142.

以及动力机制进行了深入研究①②③。在入境口岸城市或地区旅游流向西部地区扩散方面，刘宏盈等（2008）通过旅游流转移态指数、竞争态指数、转移密度，对北京和上海入境旅游流向西扩散特征进行了深入分析④⑤。刘宏盈等（2008）、李馥利等（2009）、王永明等（2010）分别分析了东部三大地区入境旅游流向云南、陕西、四川空间扩散的特征及其规律⑥⑦⑧。在典型区旅游流向西部地区扩散方面，张佑印等（2008）总结了我国入境典型旅游区向西扩散的特征⑨。

旅游流的集聚与扩散研究通过构建旅游流空间转移态矩阵，对区域旅游流集散进行定量分析，揭示旅游流集散的地域结构及特征（李创新 等，2011；刘军胜 等，2013）⑩⑪。此外，国内学者还将物理学中的空间场理论运用于旅游流的集聚与扩散效应研究。章锦河等（2005）把空间场理论引入旅游流研究⑫⑬，之后空间场理论在国内旅游流研究中逐步得到深化。马耀峰等（2008）、王永明等（2010）、李创新等（2012）分别对四川省、上海市、丝路

---

① 张佑印，马耀峰，马红丽，等. 北京入境集聚扩散旅游流平衡点转移规律研究［J］. 旅游学刊，2009，24（12）：31-35.

② 王永明，马耀峰，王美霞. 北京入境旅游流空间扩散特征及路径［J］. 经济地理，2011，31（6）：1019-1024.

③ 张佑印，顾静，马耀峰，等. 北京入境旅游流分级扩散模式及动力机制分析［J］. 人文地理，2012，27（5）：120-127.

④ 刘宏盈，马耀峰. 北京入境旅游流西向梯度转移特征研究［J］. 城市问题，2008（5）：59-63.

⑤ 刘宏盈，马耀峰，白凯，等. 口岸入境旅游流扩散转移特征研究：以上海为例［J］. 社会科学家，2008（1）：99-103.

⑥ 刘宏盈，马耀峰. 基于旅游流转移视角的云南入境旅游发展历程分析［J］. 旅游学刊，2008，23（7）：23-27.

⑦ 李馥利，吴晋峰，马耀峰. 基于旅游流转移的陕西省入境旅游时空动态分析［J］. 干旱区资源与环境，2009，23（11）：156-160.

⑧ 王永明，马耀峰，李创新. 中国典型区域入境旅游流扩散转移研究：以东部三大旅游区向川流为例［J］. 干旱区资源与环境，2010，24（9）：156-160.

⑨ 张佑印，马耀峰，王春，等. 入境旅游流西向扩散特征及机理：以中国典型旅游区为例［J］. 社会科学家，2008（11）：88-92.

⑩ 李创新，马耀峰，郑鹏，等. 基于STMS的入境旅游流集散地域结构特征分析：以中国入境旅游六大典型区域为例［J］. 地理科学，2011，31（5）：620-626.

⑪ 刘军胜，马耀峰，李振亭. 1997—2010年中部六省入境旅游流集散时空动态分析［J］. 地理科学，2013，33（4）：450-456.

⑫ 章锦河，张捷，刘泽华. 基于场理论的区域旅游空间竞争研究［J］. 地理科学，2005，25（2）：249-256.

⑬ 章锦河，张捷，李娜，等. 中国国内旅游流空间场效应分析［J］. 地理研究，2005，24（2）：293-303.

东段典型区入境旅游流的场强、位势、地域结构进行了深入研究①②③。

④旅游流的空间模式。

国内学者对旅游流空间模式的相关研究较晚，研究成果相对较少。在研究早期，国内学者主要是在借鉴国外相关理论的基础上，进行旅游流空间模式的理论研究。吴晋峰（2001）在 Dredge 旅游流空间模式的基础上，提出了单结点模式、多结点模式和链状结点模式④。杨新军（2000）根据旅游者空间行为的差异性进行分类，认为旅游空间行为的模式包括单一目的地旅游、线形旅游、基营式旅游、环形旅游、链式旅游五种常见的空间模式（见图 1.5）⑤。

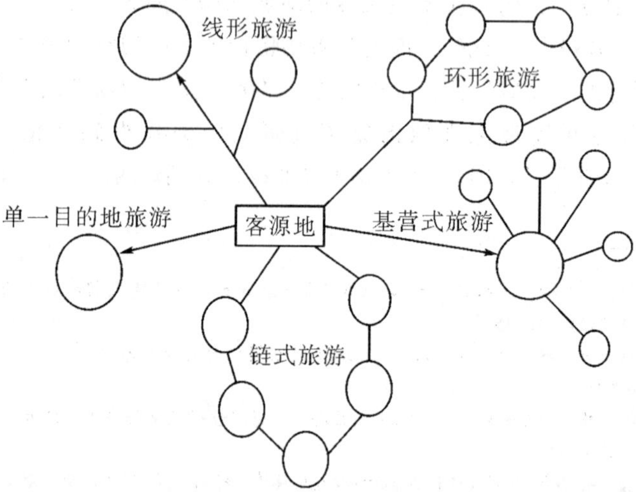

图 1.5　区域旅游行为选择的空间模式（据杨新军，2000）

近年来，国内学者对旅游流空间模式的研究逐渐由理论转向实证，并在进行实证分析的基础上，进一步提炼出旅游流的空间模式。张佑印等（2012）对入境旅游空间扩散进行了深入研究，并认为入境旅游流空间扩散是一个逐级

---

① 马耀峰，王冠孝，张佑印. 中国典型区域入境旅游流空间场效应实证研究：以四川省为例[J]. 资源科学，2008，30（11）：1747-1753.

② 王永明，马耀峰，王美霞. 上海入境旅游流对长江流域各省区空间场效应研究［J］. 经济地理，2010，30（5）：854-858.

③ 李创新，马耀峰，张颖. 时空二元视角的入境旅游流集散空间场效应与地域结构：以丝路东段典型区为例［J］. 地理科学，2012，32（2）：176-158.

④ 吴晋峰. 旅游系统理论与空间结构模式研究［D］. 南京：南京大学，2001.

⑤ 杨新军，牛栋，吴必虎. 旅游行为空间模式及其评价［J］. 经济地理，2000，20（4）：105-108，117.

递减的扩散模式（见图 1.6）①。靳诚等（2014）在对南京城市内部旅游流的空间流动特征、流动机制进行深入研究的基础上，提炼出三种类型的目的地结构，并认为旅游流的主要流动多存在于主要节点之间，次要流动多存在于主要节点和次要节点之间以及次要节点之间（见图 1.7）②。

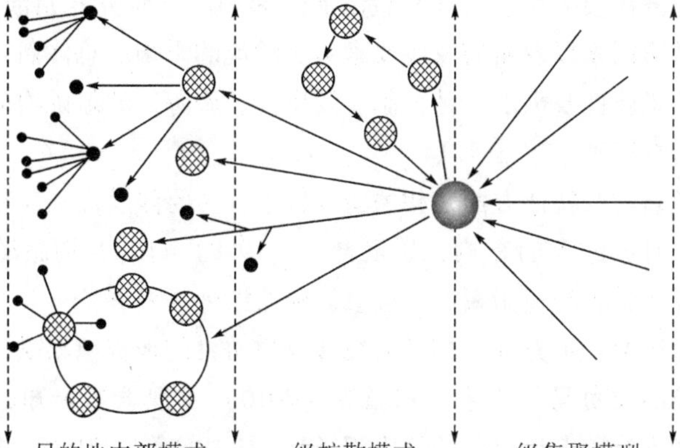

图 1.6　我国入境旅游流集聚扩散模式（据张佑印，2012）

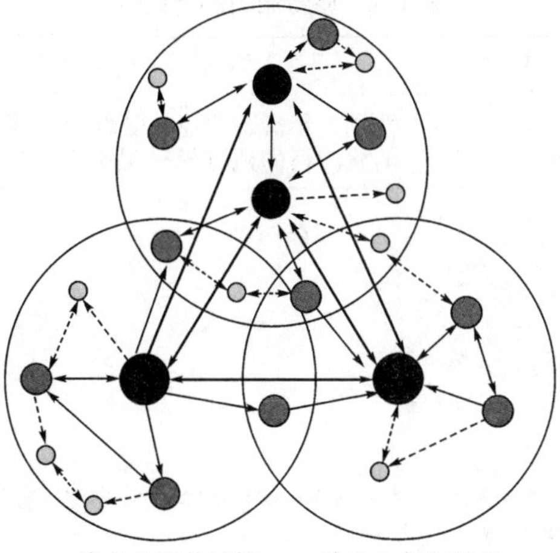

图 1.7　南京旅游目的地系统结构及旅游流空间模式（据靳诚，2014）

---

① 张佑印，顾静，马耀峰，等. 北京入境旅游流分级扩散模式及动力机制分析 [J]. 人文地理，2012，27（5）：120-127.

② 靳诚，徐菁，黄震方，等. 南京城市内部景点间游客流动特征分析 [J]. 地理学报，2014，69（12）：1858-1870.

（3）旅游流的影响因素及动力机制研究。

①旅游流的影响因素。

国内学者对旅游流影响因素的研究相对较早，在研究早期比较注重旅游者属性及特征对旅游流的影响。进入 21 世纪以来，特别是随着我国加入世界贸易组织以及经济社会的快速发展，旅游流的影响因素研究开始涉及社会制度、旅游目的地供给因素以及新的发展要素对旅游流的影响。总体而言，国内学者主要是从旅游者属性及需求、社会制度及事件、旅游目的地供给环境等方面探究旅游流的影响因素（见表 1.1）。

在旅游者属性及特征方面，相关研究较早，主要涉及性别、年龄、职业等人口属性特征对旅游流的影响。聂献忠等（1998）对九寨沟旅游者行为进行研究后，发现旅游者的行为属性特征会影响旅游流的发展①。

在旅游地供给环境方面，相关研究涉及旅游目的地资源禀赋、气候、旅游接待服务、经济及贸易等因素。郑鹏等（2010）发现求新求知、景区自身吸引力是美国来华旅游者最重要的拉力因子②。马丽君等（2011）指出气候不仅会影响客流量的年内变化，还会影响游客的空间分布③。孙根年等（2011）发现贸易是影响日本游客流在我国空间分布和目的地选择的首要因素④。

表 1.1 旅游流的影响因素

	影响因素	代表观点
旅游者属性	性别、年龄、职业等	性别、年龄、职业、受教育水平等因子影响旅游者的旅游目的地选择（吴必虎 等，1997）⑤

① 聂献忠，张捷，吕菽菲，等．九寨沟国内旅游者行为特征初步研究及其意义［J］．自然资源学报，1998，13（3）：249-255.

② 郑鹏，马耀峰，王洁洁，等．基于“推-拉”理论的美国旅游者旅华流动影响因素研究［J］．人文地理，2010，25（5）：112-117.

③ 马丽君，孙根年，马耀峰，等．气候舒适度对热点城市入境游客时空变化的影响［J］．旅游学刊，2011，26（1）：45-50.

④ 孙根年，张毓，薛佳．资源-区位-贸易三大因素对日本游客入境旅游目的地选择的影响［J］．地理研究，2011，30（6）：1032-1043.

⑤ 吴必虎，唐俊雅，黄安民，等．中国城市居民旅游目的地选择行为研究［J］．地理学报，1997，52（2）：97-103.

表1.1(续)

	影响因素	代表观点
旅游地供给	旅游资源、区位交通、旅游服务、旅游环境、天气等	旅游资源空间结构影响旅游者目的地选择和旅游流流量，旅游交通空间结构成为旅游流流向的重要限制因素（刘泽华 等，2010）① 旅游流除了受空间距离和交通因素影响外，与经济发展水平也密切相关（黄震方 等，2008）② 旅游资源因素、经济发展水平、对外联系度、空间距离是制约旅游者流动的因素，旅游服务水平、是否同一地区是影响旅游者选择旅游地的重要影响因素（刘法建 等，2010）③ 天气是旅游者选择旅游目的地的重要因素，雾霾天气已经显著影响城市居民对城市旅游目的地的选择(程励 等，2015)④
社会制度	休假制度、政治制度等	小长假时间的大幅度增加，将明显刺激与扩大近程旅游流所占比重（郭晓东 等，2008）⑤ 闲暇时间结构的改变会直接影响遗产地客流的年内时间分布（张朝枝 等，2007）⑥ 中美关系危机事件爆发时，入境客流量统计值、环比增长率和占出境旅游比例形成明显的“凹形谷”(王洁洁 等，2009)⑦

① 刘泽华，李海涛，史春云，等. 短期旅游流时间分布对区域旅游空间结构的响应：以云南省黄金周旅游客流为例 [J]. 地理学报，2010，65 (12)：1624-1632.

② 黄震方，袁林旺，俞肇元，等. 生态旅游区旅游流的时空演变与特征：以盐城麋鹿生态旅游区为例 [J]. 地理研究，2008，27 (1)：55-64.

③ 刘法建，张捷，陈冬冬. 中国入境旅游流网络结构特征及动因研究 [J]. 地理学报，2010，65 (8)：1013-1024.

④ 程励，张同颢，付阳. 城市居民雾霾天气认知及其对城市旅游目的地选择倾向的影响 [J]. 旅游学刊，2015，30 (10)：37-47.

⑤ 郭晓东，肖星，房亮. 新休假制度对国内旅游流时空结构及旅游开发的影响分析 [J]. 旅游学刊，2008，23 (5)：38-41.

⑥ 张朝枝，保继刚. 休假制度对遗产旅游地客流的影响：以武陵源为例 [J]. 地理研究，2007，26 (6)：1295-1303.

⑦ 王洁洁，孙根年，舒镜镜. 20 年来中美关系及危机事件对旅游流双向互动的影响 [J]. 旅游学刊，2009，24 (5)：12-19.

表1.1(续)

	影响因素	代表观点
事件	危机事件、突发事件、赛事等	当危机事件发生在旅游淡季，造成的客流量损失较小；相反，当危机事件发生在旅游旺季，造成的客流量损失就会很大（孙根年 等，2011）① 上海世博会对旅游客流的集聚效应要强于其对周边地区的空间辐射效应，世博会对客流的虹吸效应要高于其溢出效应（吕丽 等，2013）②

在社会制度方面，相关研究成果较为丰富，研究内容涉及国际政治关系及事件、休假制度等对旅游流的影响和作用。卞显红等（2011）分析了中韩关系及相关事件对两国旅游流的影响和作用③。李飞（2009）分析了新休假制度对“黄金周”旅游客流的影响④。

在事件对旅游流的影响研究方面，相关研究主要侧重于危机事件、突发事件、赛事等对旅游流的影响研究。王铮等（2010）以上海入境旅游为例，分析了1978—2008年重大事件对入境旅游流的影响⑤。田祥利等（2013）分析了2008年西藏“3·14”突发事件对入境旅游市场规模的影响⑥。

近年来，学术界开始关注新的发展要素对旅游流的影响，如雾霾、高铁等对旅游流的影响。胡静等（2014）分析了雾霾对旅游者行为及其旅游流的影响⑦。汪德根等（2015）对区域旅游流空间结构的高铁效应进行了深入研究，发现高铁效应表现为马太效应、过滤效应、扩散效应以及叠加效应⑧。

---

① 孙根年，周瑞娜，马丽君，等. 2008年五大事件对中国入境旅游的影响：基于本底趋势线模型高分辨率的分析［J］. 地理科学，2011，31（12）：1437-1446.

② 吕丽，陆林，凌善金. 上海世博会旅游者空间扩散网络分析［J］. 旅游学刊，2013，28（6）：111-119.

③ 卞显红，金霞，秦萍，等. 中韩相关事件对双向旅游流流动的影响［J］. 商业研究，2011（12）：187-192.

④ 李飞. 新休假制度对“黄金周”旅游客流的影响及其政策意义：来自国家假日办重点监测景区的证据［J］. 旅游学刊，2009，24（6）：12-18.

⑤ 王铮，袁宇杰，熊文. 重大事件对上海市入境旅游需求的影响：基于ADL模型的分析［J］. 旅游学刊，2010，25（10）：44-49.

⑥ 田祥利，白凯. 旅游目的地突发事件对西藏入境旅游市场规模影响与政策响应［J］. 旅游学刊，2013，28（3）：38-46.

⑦ 胡静，谢双玉. 2014中国旅游业发展报告（下）［M］. 北京：中国旅游出版社，2014.

⑧ 汪德根，陈田，陆林，等. 区域旅游流空间结构的高铁效应及机理：以中国京沪高铁为例［J］. 地理学报，2015，70（2）：214-233.

②旅游流的动力机制。

国内学者对旅游流的动力机制研究相对较少，主要以推-拉理论、O-D 理论、驱动力理论、需求理论等为基础理论，从旅游者需求、区位交通、旅游目的地吸引力及服务接待等方面，探讨旅游流的动力机制。杨兴柱等（2011）构建了旅游流驱动机制概念模型，认为旅游流的驱动力由客源地推力、目的地拉力、空间结构力以及距离阻力等构成（见图 1.8）①。赵现红（2009）构建了入境旅游流空间扩散的动力机制模型，认为旅游流扩散的动力机制分别为客源地的内驱力和目的地的外引力②。郑鹏（2013）从社会宏观和个体微观的角度出发，构建入境旅游流驱动模式③。张佑印等（2012）认为入境旅游流扩散主要受内驱力、推力、拉力和阻力的共同作用（见图 1.9）④。

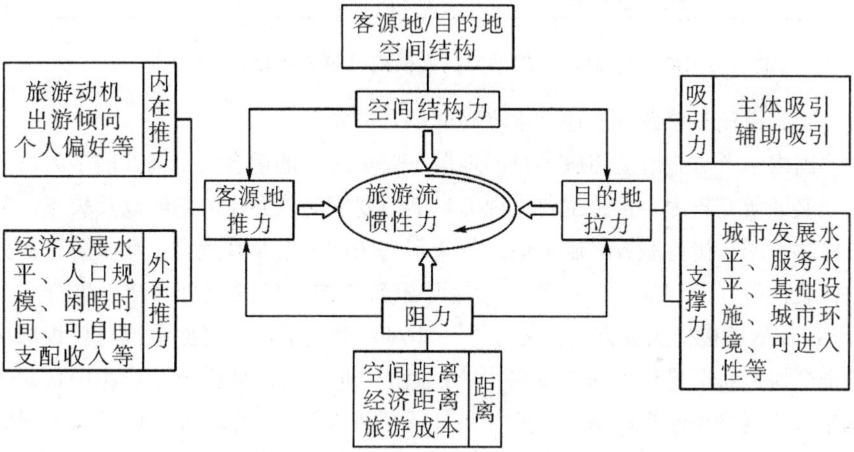

图 1.8　旅游流的驱动力机制（据杨兴柱，2011）

（4）旅游流与目的地环境的关系及耦合协同研究。

近年来，国内学者对旅游流与区域环境或要素之间的关系以及耦合协同研究较为重视。研究涉及相关性分析、耦合度模型等分析方法，内容主要集中在旅游流与旅游目的地要素之间的耦合关系、旅游流与旅游目的地综合环境之间的耦合协同。

① 杨兴柱，顾朝林，王群. 旅游流驱动力系统分析［J］. 地理研究，2011，30（1）：23-36.

② 赵现红. 中国典型区域入境旅游流空间扩散驱动机制研究［D］. 西安：陕西师范大学，2009.

③ 郑鹏. 基于社会宏观与个体微观视角的入境旅游流驱动模式［J］. 地理科学进展，2013，32（10）：1501-1510.

④ 张佑印，顾静，马耀峰，等. 北京入境旅游流分级扩散模式及动力机制分析［J］. 人文地理，2012，27（5）：120-127.

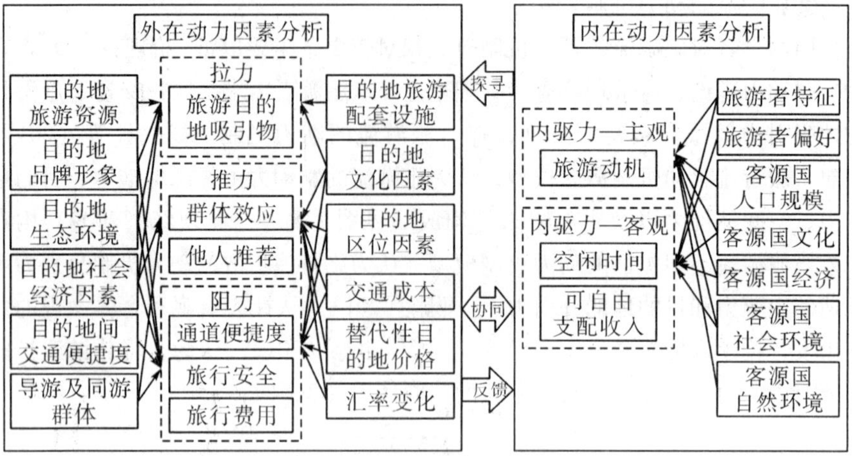

图 1.9　旅游流的动力机制模式（据张佑印，2012）

①旅游流与旅游目的地要素之间的耦合关系。

国内学者对旅游流与旅游目的地单一要素之间的耦合关系已开展了大量研究，实证研究较为丰富，主要表现为目的地要素对旅游流的影响以及关系，如与旅游资源、接待服务、旅游信息等要素之间的关系及其耦合。在旅游资源方面，裴博等（2014）对山西省旅游流与旅游资源开发的耦合协调度进行了分析①。在旅游接待服务方面，裴博等（2014）对北京市入境旅游流与星级饭店的耦合协调状况进行了深入研究②。在旅游交通方面，吴晋峰等（2010）对入境旅游流网络与航空网络之间的关系进行了研究③，王兆峰（2013）深入研究了入境旅游流与航空运输网络空间演化之间的协同关系和动力机制④。在旅游信息方面，杨敏等（2012）分析了旅游流与网络信息流的耦合关系⑤，冯娜等

① 裴博，马耀峰，李天顺，等．陕西省旅游流与旅游资源开发协调发展研究［J］．西北大学学报（自然科学版），2014，44（6）：1001-1004．

② 裴博，马耀峰，李天顺，等．供需视角下入境旅游流与星级饭店系统耦合协调及其影响因素分析：以北京市为例［J］．陕西师范大学学报（自然科学版），2014，42（5）：97-102．

③ 吴晋峰，潘旭莉．入境旅游流网络与航空网络的关系研究［J］．旅游学刊，2010，25（11）：39-43．

④ 王兆峰．入境旅游流与航空运输网络协同演化及差异分析：以西南地区为例［J］．地理研究，2012，31（7）：1328-1338．

⑤ 杨敏，马耀峰，李天顺，等．网络信息与入境旅游流的 V-R 耦合关系分析：以澳大利亚入境旅游流为例［J］．干旱区资源与环境，2012，26（6）：214-219．

(2014）探讨了我国城市入境旅游流与外向在线旅游信息流之间的耦合关系①。在旅游经济方面，刘宏盈等（2008）深入分析了上海入境旅游流空间转移与旅游经济联系强度之间的耦合关系②。在旅游文化方面，张琰飞等（2014）以西南地区为例，分析了旅游流发展水平与文化演艺的耦合协调度③。

②旅游流与旅游目的地综合环境及系统之间的耦合协同。

旅游流与旅游目的地综合环境及系统之间的耦合协同的相关研究注重旅游流与区域环境整体的协调发展，国内学者已开始涉足。董亚娟等（2013）以西安市为例，深入研究了入境旅游流和旅游环境系统之间的耦合协调关系④。张春晖等（2013）构建了入境旅游流与省域目的地耦合系统指标体系，发现西部省份入境旅游流与目的地耦合协调发展水平缓慢提升、耦合协调度空间分异明显⑤。翁钢民等（2015）以京津冀地区为例，度量了旅游流网络结构与区域环境的耦合协调度⑥。

1.3.2 城市群旅游研究进展

随着我国工业化、城镇化进程的深入与不断推进，城市群的重要性愈加突出，城市群已成为研究热点（王丽 等，2013）⑦。我国学者对城市群的研究始于20世纪80年代，虽起步晚，但发展快。本文以CNKI中国学术期刊网络出版总库为检索来源，以“城市群”为关键词进行精确搜索，发现我国城市群研究总体呈现不断递增的趋势，特别是进入21世纪以来，城市群相关研究发展迅速（见图1.10）。

---

① 冯娜，李君轶. 外向在线旅游信息流与入境旅游流的耦合分析：以美加入境旅游流为例［J］. 旅游学刊，2014，29（4）：79-86.

② 刘宏盈，马耀峰. 入境旅游流空间转移与省域旅游经济联系强度耦合分析：以上海入境旅游流西向扩散为例［J］. 资源科学，2008，30（8）：1162-1168.

③ 张琰飞，朱海英. 西南地区文化演艺与旅游流耦合协调度实证研究［J］. 经济地理，2014，34（7）：182-187.

④ 董亚娟，马耀峰，李振亭，等. 西安入境旅游流与城市旅游环境耦合协调关系研究［J］. 地域研究与开发，2013，23（1）：98-101.

⑤ 张春晖，马耀峰，吴晶，等. 供需视角下西部入境旅游流与目的地耦合协调度及其时空分异研究［J］. 经济地理，2013，33（10）：174-181.

⑥ 翁钢民，李凌雁. 区域旅游流网络结构与环境响应研究：以京津冀地区为例［J］. 地理与地理信息科学，2015，31（1）：59-63.

⑦ 王丽，邓羽，牛文元. 城市群的界定与识别研究［J］. 地理学报，2013，68（8）：1059-1070.

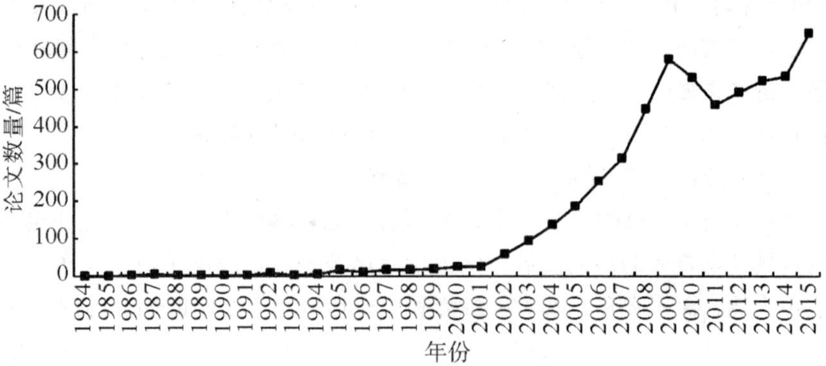

图 1.10　国内城市群研究进程

旅游产业作为经济产业的后起之秀，在激烈的市场竞争中，同样需要依托城市群旅游经济圈①。国外对城市群旅游的研究并不多见，学者主要对城市旅游以及都市圈旅游开展了大量研究②③④。其主要原因在于西方发达城市群的发展程度较高，面临的问题相对较少⑤。而国内对城市群旅游研究关注相对较晚，直到21世纪初才逐步对其重视。以CNKI中国学术期刊网络出版总库为检索来源，以“城市群+旅游”为篇名关键词进行精确搜索，如图1.11所示，可以发现我国城市群旅游研究起步较晚，近年来发展较为迅速。而在地理类和旅游类核心期刊上发表的以“城市群+旅游”为篇名关键词的文献相对较少，且较多是对东部地区的珠三角城市群、长三角城市群、环渤海湾城市群、山东半岛城市群开展研究。通过对城市群旅游研究相关文献进行梳理，发现已有研究主要集中在城市群旅游发展策略、旅游竞争力以及旅游空间结构等方面。

（1）城市群旅游发展策略研究。

旅游发展策略是城市群旅游研究的热点，相关研究主要集中在城市群旅游合作、旅游发展对策建议等方面。

---

① 陈浩，陆林．珠江三角洲城市群旅游空间结构与优化分析［J］．地理科学，2008，28（1）：113-118.

② BRAMWELL B. User satisfaction and product development in urban tourism［J］. Tourism Management，1998，19（1）：35-47.

③ PEARCE D G. Tourism development in Paris：public intervention［J］. Annals of Tourism Research，1998，25（2）：457-476.

④ SINGH S. Urban tourism：the visitor economy and the growth of large cities［J］. Tourism Recreation Research，2005，30（1）：93-94.

⑤ 黄泰．长三角城市群旅游流潜力格局演变及其影响因素［J］．资源科学，2016，38（2）：364-376.

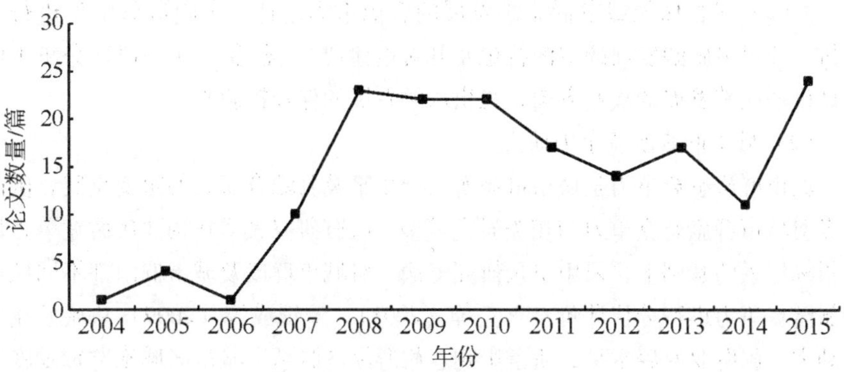

图 1.11　国内城市群旅游研究进程

①城市群旅游合作研究。

大多数学者以竞合理论、协同理论、博弈理论、系统学理论等为基础，对城市群旅游合作进行深入分析，并提出相应发展措施。李飞等（2007）以珠三角城市群旅游合作为例，认为整合有助于提升区域旅游整体影响力，并指出差异和整合共同存在于区域旅游合作中①。黄毅等（2014）对环渤海港口城市群旅游合作以来的旅游经济变化进行分析，发现城市群旅游经济尚未实现"跨行政界线"②。靳诚等（2006）对长三角区域旅游合作的动力机制进行了深入分析，将区域旅游合作演化的动力归纳为空间生长力、市场驱动力和政府调控力③。梁明珠等（2006）通过对泛珠三角城市群的旅游资源进行分析比较，提出了旅游资源空间整合措施④。

②城市群旅游发展对策建议研究。

大多数学者运用协同学、经济学等相关理论及方法进行研究，在对城市群旅游发展现状、问题分析的基础上，提出旅游发展对策及建议。刘辛田等（2012）对长株潭城市群旅游发展的定位以及目标进行了深入研究⑤。罗中华

① 李飞，黄耀丽，郑坚强，等. 区域旅游合作中感知形象的差异性与可整合性分析：以大珠三角城市群为例［J］. 旅游学刊，2007，22（1）：30-35.

② 黄毅，马耀峰，薛华菊. 环渤海港口城市群旅游合作时空演变研究［J］. 地理与地理信息科学，2014，30（2）：92-96.

③ 靳诚，徐菁，陆玉麒. 长三角区域旅游合作演化动力机制探讨［J］. 旅游学刊，2006，21（12）：43-47.

④ 梁明珠，张欣欣. 泛珠三角旅游合作与资源整合模式探究［J］. 经济地理，2006，26（2）：335-339.

⑤ 刘辛田，肖华茂. 论长株潭城市群"两型旅游"发展战略［J］. 社会科学家，2012，（5）：76-79.

等（2009）对长株潭城市群旅游发展的客源市场定位、主题形象定位进行了分析，并提出旅游发展的空间构想及其对策建议①。程金龙（2012）分析了中原城市群旅游发展的战略方向，提出旅游发展的保障措施②。

（2）城市群旅游竞争力研究。

城市群旅游竞争力是城市群旅游发展水平及其综合实力的重要反映，国内学者对城市群旅游竞争力的相关研究较多。已有研究大多在构建旅游竞争力评价指标体系的基础上，采用定量研究方法，对城市群以及城市群内部不同城市的旅游竞争力进行分析评价。李雪等（2008）、董锁成等（2009）从旅游业发展动力、旅游业发展水平、旅游影响、旅游经济联系、城市区域旅游贡献度五个方面构建旅游竞争力评价指标体系，并采用系统动力学方法对山东半岛城市群的旅游竞争力进行深入研究③④。刘燕婷等（2010）从旅游总量、质量、效益、成长力等方面构建旅游竞争力指标体系，并对环渤海、长三角和珠三角城市群的旅游竞争力进行比较⑤。曹芳东等（2012）从资源产品竞争力、市场服务竞争力、旅游保障竞争力三个层面出发，构建城市旅游竞争潜力评价指标体系，并对长三角城市群的旅游竞争潜力进行分析评价⑥。

（3）城市群旅游空间结构研究。

空间结构研究是旅游地理学研究的重要内容，同时也是城市群旅游研究的热点领域之一。相关研究文献主要集中在旅游经济空间联系以及目的地要素空间结构等方面，研究的区域主要集中在珠三角城市群、长三角城市群等社会经济较为发达、发展水平较高的城市群。

①旅游经济空间联系研究。

已有研究较多借助物理学中的引力模型来构建旅游经济联系测度模型，然后对城市群旅游经济联系进行分析，揭示其内部不同城市之间的旅游经济联系及空间相互作用。曹芳东等（2010）运用旅游经济联系测度模型、旅游经济

① 罗中华，洪京. 打造长株潭城市群旅游圈研究［J］. 国土与自然资源研究，2009，(3)：74-75.

② 程金龙. 中原城市群旅游发展战略研究［J］. 生态经济，2012，(1)：171-175.

③ 李雪，董锁成，张广海，等. 山东半岛城市群旅游竞争力动态仿真与评价［J］. 地理研究，2008，27（6）：1466-1477.

④ 董锁成，李雪，张广海，等. 城市群旅游竞争力评价指标体系与测度方法探讨［J］. 旅游学刊，2009，24（2）：30-36.

⑤ 刘燕婷，甘巧林. 东部3大区域旅游业发展的竞争力研究：主要旅游城市群的比较［J］. 华南师范大学学报（自然科学版），2010，(4)：122-126.

⑥ 曹芳东，黄震方，吴江，等. 城市旅游竞争潜力时空格局演化及其结构合理性评价：以长江三角洲地区为例［J］. 地理科学，2012，32（8）：944-950.

隶属度以及旅游吸引范围模型，对长三角地区的城市旅游经济联系进行了深入研究[①]。沈惊宏等（2012）借助旅游经济联系测度模型、场强模型，对皖江城市群旅游经济空间联系进行了分析[②]。曹芳东等（2012）借助城市旅游经济联系测度模型，对长三角地区的城市旅游经济联系进行了深入研究[③]。虞虎等（2014）运用重力模型与社会网络分析法，对江淮城市群旅游经济网络空间结构进行了分析，并探讨了旅游空间发展模式[④]。

（2）目的地空间结构研究。

学者主要从供给要素的角度，采用空间分析法对城市群旅游空间结构进行研究；从旅游产品及资源、旅游交通等方面来研究空间结构。蔡东等（2009）对浙中城市群旅游景点的互动与整合进行了研究[⑤]。戴学军等（2010）运用分形理论，对长三角地区旅游吸引物空间结构进行了研究[⑥]。与此同时，还有学者从旅游交通、目的地城市旅游发展水平方面研究城市群旅游空间结构。陈浩等（2008）从交通网络、游客空间组织、城市等级结构等方面，对珠三角城市群旅游空间结构及格局开展研究[⑦]。陈浩等（2011）从节点城市旅游业发展业绩、交通便捷度两个方面来揭示珠三角城市群旅游空间格局的演化过程[⑧]。

值得一提的是，近年来已有少数学者开始从旅游流的角度出发，研究城市群旅游空间结构。陈浩等（2011）运用社会网络理论及其方法，基于旅行社数据以及客运数据，对珠三角城市群旅游流网络结构的现状进行了定量研究，并构

---

① 曹芳东，吴江，徐敏，等．长江三角洲城市一日游的旅游经济空间联系测度与分析［J］．人文地理，2010，25（4）：109-114.

② 沈惊宏，陆玉麒，周玉翠，等．皖江城市群旅游经济空间联系格局［J］．长江流域资源与环境，2012，21（12）：1434-1441.

③ 曹芳东，黄震方，吴丽敏，等．基于时间距离视域下城市旅游经济联系测度与空间整合：以长江三角洲地区为例［J］．经济地理，2012，32（12）：157-162.

④ 虞虎，陈田，陆林，等．江淮城市群旅游经济网络空间结构与空间发展模式［J］．地理科学进展，2014，33（2）：169-180.

⑤ 蔡东，朱华友．区域旅游景点的互动与整合：以浙中城市群为例［J］．社会科学家，2009，(3)：105-108.

⑥ 戴学军，丁登山，林岚．长三角地区旅游圈吸引物体系空间结构聚集分形特征［J］．地理研究，2010，29（12）：2189-2200.

⑦ 陈浩，陆林，章锦河，等．珠江三角洲城市群旅游空间结构与优化分析［J］．地理科学，2008，28（1）：113-118.

⑧ 陈浩，陆林，郑嬗婷．珠江三角洲城市群旅游空间格局演化［J］．地理学报，2011，66（10）：1427-1437.

建了珠三角城市群旅游地空间网络结构模式①。然而目前，对城市群旅游流空间演化过程、影响因素以及动力机制等方面尚未涉及，相关研究有待完善和充实。

1.3.3 研究评析

（1）旅游流研究评析。

学术界对旅游流有过大量的研究，形成了丰硕的研究成果，研究内容主要集中在旅游流的时序变化及等级规模结构、旅游流的模拟及预测、旅游流的空间分布及结构、旅游流的影响因素及动力机制、旅游流与区域环境的关系及耦合协同研究等方面。已有研究多采用问卷调研以及二手面板数据获取旅游流空间数据，对全国、省域、城市内部等不同空间尺度的旅游流进行定量分析，实证研究较为丰富。旅游流空间格局研究主要采用空间分析法、社会网络分析法等对空间分布、空间聚散、网络结构以及空间模式进行研究，多以截面数据的静态视角分析为主，但从动态视角对旅游流空间格局的演化过程、演化机理进行系统的、专门的研究较少。尽管学术界对入境旅游流空间格局演化研究已有所涉及，但对国内和出境旅游流空间格局演化的特征、模式、影响因素及动力机制等方面涉及较少。在旅游流的影响因素研究方面，已有研究从不同角度对旅游流的影响因素进行了分析，但大多侧重于某一方面，多因素综合性研究较少，缺乏对旅游流影响因素的全面归纳；旅游流的动力机制研究也多以定性分析为主，定量研究较少。此外，已有研究对特定发展战略背景下特定区域主体的旅游流空间格局的变化关注不足。特别是在“一带一路”倡议、长江经济带发展战略、“互联网+”战略、精准扶贫战略、城市群战略等的推动下，有必要探究特定背景下特定区域主体旅游流空间格局的变化及其对国家战略的响应。

（2）城市群旅游研究评析。

在城市群旅游研究方面，学术界主要从城市群旅游发展策略、旅游竞争力、旅游空间结构等方面进行了研究。城市群旅游空间结构研究主要运用空间分析法，对旅游资源、旅游交通、旅游经济等要素展开研究，较少从旅游流的角度研究城市群旅游空间结构，缺乏对城市群旅游流时空规律的总结。近年来，从旅游流的角度研究城市群旅游空间结构已取得了一定的研究成果，但局限于网络结构的现状格局分析。与此同时，目前有关城市群旅游空间结构的研究多是基于截面数据的分析，而有关城市群旅游空间结构演化的研究还相对较

① 陈浩，陆林，郑嬗婷．基于旅游流的城市群旅游地旅游空间网络结构分析：以珠江三角洲城市群为例［J］．地理学报，2011，66（2）：257-266.

少，对城市群旅游空间结构演化的影响因素、动力机制以及效应等方面的关注不足，相关研究还处于起步阶段，有待进一步充实和完善。

（3）总体研究评析。

综上所述，当前国内外学者对旅游流、城市群旅游的研究较为丰富，为后续深入研究奠定了良好基础，但仍需要进一步的深化和完善，主要表现在以下几个方面：

第一，在研究区域方面：目前旅游流的研究多集中于全国、省域、城市内部等区域主体，而对城市群这一特殊地理单元的关注不足，对城市群旅游流时空规律的分析与总结较少。城市群旅游流时空规律是否具有旅游流的共性以及特殊地理单元所彰显出的个性，还值得深入研究。

第二，在研究内容方面：旅游流空间格局研究注重对格局的现状分析，对于特定发展战略背景下特定区域主体的旅游流空间格局演化过程以及对发展战略的响应研究较少。城市群旅游空间结构研究大多基于旅游目的地供给要素的视角来展开，从旅游流角度对城市群旅游空间结构进行研究的较少，对城市群旅游流空间演化过程、影响因素及机理的研究并不多见。

第三，在研究数据获取方面：旅游流空间数据的获取多采用问卷调研以及二手面板数据。在互联网时代，互联网平台记录了大量旅游者的地理空间信息数据“痕迹”，学术界对互联网平台的旅游大数据挖掘不够，有待进一步深度挖掘和利用。

第四，在研究方法方面：旅游流研究主要以定量的研究方法为主，实证研究较为丰富。而旅游流现象较为复杂，涉及面广，某些变量或要素难以量化，难以全面揭示旅游流的内在规律。随着休闲时代的到来，尤其是在消费转型、国家战略等的多元推动下，旅游流的内在机理将更为复杂。因此，有必要借鉴相关学科的研究方法，全面揭示旅游流的内在规律。

鉴于此，本研究以城市群这一特殊的地理单元为研究范围，以互联网平台的旅游大数据为基础，对网络文本数据进行深度挖掘，运用旅游空间结构理论、社会网络理论、扎根理论以及 GIS 空间分析法等对城市群旅游流时空规律进行深入研究。本研究分析了城市群旅游流的空间格局及其演化过程，分析了城市群旅游流空间格局演化特征以及空间演化模式，探究了城市群旅游流空间格局演化的影响因素及其驱动机制，揭示了城市群旅游流时空规律，并提出了对城市群旅游发展及一体化建设的启示及其建议。本研究旨在丰富旅游地理学研究内容，拓展旅游流、城市群旅游研究理论和方法，为城市群旅游发展及一体化建设提供理论支撑和决策依据。

1.4 研究目标与内容

1.4.1 研究目标

（1）总体目标。

本研究的总体目标是剖析城市群这一特殊地理单元旅游流的空间格局及其演化过程，揭示城市群旅游流时空规律及其对城市群旅游发展的启示，从而丰富和完善旅游流、城市群旅游的理论研究，为优化城市群旅游空间结构、促进城市群旅游一体化建设提供理论依据。

（2）具体目标。

①系统分析城市群旅游流空间格局的现状，探析城市群内部的中心城市以及子城市群对城市群旅游流的影响，揭示不同闲暇时间约束下城市群旅游流空间格局的变化规律。

②解读城市群旅游流空间格局的演化过程，把握城市群旅游流空间格局演化特征以及城市群旅游流空间演化模式。

③探析城市群旅游流空间格局的影响因素以及作用机理，解释主要影响因素对城市群旅游流空间格局演化的影响机理及作用过程。

④总结城市群旅游流时空规律，揭示城市群旅游流规律与旅游流之间的共性以及城市群旅游流所彰显的个性，根据城市群旅游流时空规律提出对城市群旅游发展的启示。

1.4.2 研究内容

本研究遵循“问题意识—研究基础—实证研究—研究总结”的逻辑思路，其中实证研究部分以“现状—过程—机理”为研究思路，对城市群旅游流进行深入研究，从而揭示城市群旅游流时空规律。本研究的主要内容包括以下四个部分：

（1）城市群旅游流空间格局现状。

本文分析旅游流在城市群这一特殊地理单元上的空间流动格局，从总体空间格局、特殊时段旅游流空间格局、子城市群旅游流空间格局以及中心城市内部旅游流空间格局等方面对城市群旅游流的现状进行全面解析。其具体内容包括：从旅游流的地理分布、流向关系以及网络结构等方面分析城市群旅游流总体空间格局；“五一”小长假、“十一”黄金周等特殊时段城市群旅游流的空间格局分析，不同闲暇时间约束下的城市群旅游流空间格局的比较研究；城市群内部各子城市群旅游流空间格局及其比较研究；中心城市内部旅游流空间格局分析以及城市内部旅游流空间格局的比较研究。

（2）城市群旅游流空间格局演化特征。

审视城市群旅游流空间格局的演化过程，把握城市群旅游流空间格局演化特征，不仅能够反映和揭示主要目的地之间的相互关系及作用过程，还能为旅游目的地发展提供理论依据。本文全面分析城市群旅游流空间格局演化特征，包括旅游流地理分布演化特征、流向关系演化特征、网络结构演化特征。其中，旅游流地理分布演化特征主要从空间分布演化、空间流动演化、空间组织演化三个方面进行分析；流向关系演化特征主要从有向流动演化和无向流动演化两个方面进行分析；旅游流网络结构演化特征主要从整体结构演化和节点结构演化两个方面进行分析。

（3）城市群旅游流空间格局演化模式。

城市群旅游流空间格局在演化过程中呈现出不同的空间组合模式，并影响旅游流空间效益的发挥。本文探析旅游流空间模式的评判依据，提出城市群旅游流空间演化模式的类型，并对长江中游城市群旅游流空间演化模式进行深入分析。其主要研究内容包括：城市群旅游流空间演化模式的判别依据、城市群旅游流空间演化模式的基本类型、城市群旅游流空间演化模式的效益分析。

（4）城市群旅游流空间格局演化影响机理。

城市群旅游流空间格局演化是诸多影响因素综合作用的结果。本部分重点关注三个方面的内容：一是归纳提炼旅游流及其空间格局的影响因素，以旅游者的亲身经历为依据，从旅游者发表的网络文本原始资料中挖掘旅游者流动的影响因素；二是研究影响因素之间的互动关系以及作用程度；三是研究影响因素对城市群旅游流空间格局演化的作用机理。本部分对主要影响因素开展专题研究，并分析其对城市群旅游流空间格局演化的影响机理及作用过程。

1.5 研究方法与技术路线

1.5.1 研究方法

（1）GIS 空间分析法。

本研究利用 ArcGIS 10.0 空间分析模块和功能拓展模块，建立城市群旅游流空间属性数据库，对旅游流的各属性及其评价指标进行地图表达；对城市群的社会经济、旅游资源、旅游交通等指标或要素进行可视化表达。本研究还运用空间分析法，对城市群旅游流的空间格局及其演化进行分析，揭示城市群旅游流时空规律；对交通可达性、旅游资源集聚度等因素进行分析，探析其对旅游流空间格局演化的影响机理及作用过程。

（2）社会网络分析法。

本研究运用社会网络分析法，如网络中心性、结构洞、网络密度、中心势、核心-边缘模型、凝聚子群等评价指标量化表征城市群旅游流网络结构及其演化过程，分析网络结构的演化特征。此外，本研究在对旅游流影响因素理论模型研究的基础之上，运用共现关系网络分析法对影响因素之间的互动关系及作用机理进行了分析。

（3）扎根理论。

本研究采用质的研究方法——扎根理论对互联网平台的旅游者发布或分享的旅游文本资料进行挖掘，探析旅游流空间格局的影响因素。本研究对获取的网络旅游文本进行分类整理，运用扎根理论对旅游文本中的影响旅游者流动的因素进行挖掘和提炼，经过开放性编码、主轴编码、选择性编码以及理论饱和检验，构建旅游流影响因素理论模型。

1.5.2 研究技术路线

结合研究内容和方法，本研究的技术路线如图 1.12 所示。

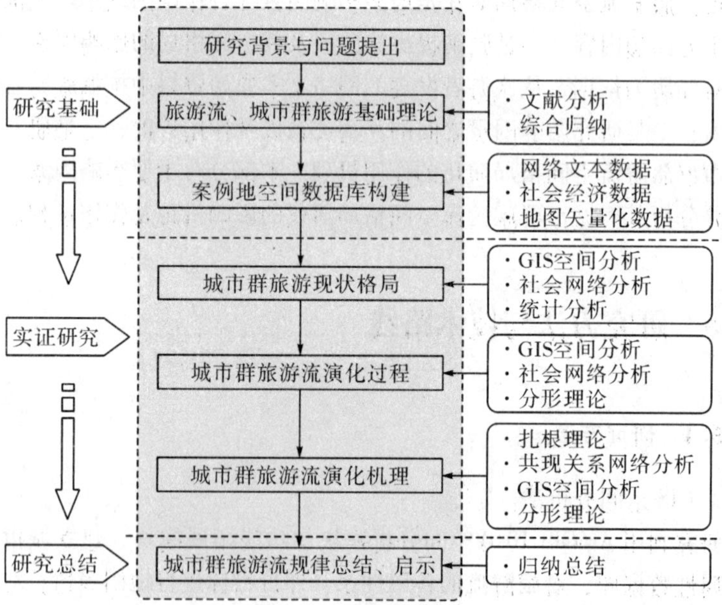

图 1.12 技术路线

1.6 研究区域与数据

1.6.1 研究区域选择

随着新型城镇化的推进，长江中游城市群逐渐成为重点建设的五大国家级城市群之一①。长江中游城市群具有城市群的属性特征，已达到城市群发展的标准②。因此，本研究以长江中游城市群为例，对城市群这一特殊地理单元的旅游流时空规律进行研究。

（1）国家级战略性地位的确立。

长江中游城市群建设符合促进中部地区崛起战略、国家主体功能区战略、国家长江开发战略③。2007 年 12 月，国务院正式批准武汉城市圈和长株潭城市群为国家资源节约型和环境友好型社会建设综合配套改革试验区。2009 年 12 月，国务院正式批复鄱阳湖生态经济区为国家生态经济示范区和低碳经济发展先行区。在 2011 年出台的《全国主体功能区规划》中，长江中游地区的武汉城市圈、长株潭城市群、鄱阳湖生态经济区被确定至国家层面的重点开发区域。在《国家新型城镇化规划（2014—2020 年）》中，国家将长江中游城市群作为中西部地区重点培育和发展的城市群之一。2015 年 4 月，《长江中游城市群发展规划》获得国务院批复，长江中游城市群上升为国家级战略层面，作为长江经济带建设以及中部崛起的战略支点，在我国区域发展格局中占据重要地位。

（2）旅游一体化及协同发展的迫切性。

2015 年年初，国家旅游局提出“515”战略，“打破地区藩篱，推进区域旅游一体化”成为旅游发展的十大行动之一。《长江中游城市群发展规划》也提出推进长江中游城市群的旅游合作，联合构建无障碍旅游区。长江中游城市群所处的中部地区交通通达性好，是全国区域性旅游网络的重要枢纽，旅游需求市场有一定的吻合性，资源互补性强，外部机遇好，具有旅游深度合作发展

---

① 方创琳. 中国城市群研究取得的重要进展与未来发展方向［J］. 地理学报，2014，69（8）：1130-1144.

② 方创琳，周成虎，王振波. 长江经济带城市群可持续发展战略问题与分级梯度发展重点［J］. 地理科学进展，2015，34（11）：1398-1408.

③ 秦尊文，从国家战略层面研究长江中游城市集群建设［J］. 湖北社会科学，2012，（7）：45-47.

的巨大潜力[①]。然而，中部地区的旅游合作属于竞争型合作模式，且旅游产品都以观光型为主，虽然各地都对旅游一体化表现出较高的积极性，但更为深入的发展难度较大[②]。长江中游城市群如何充分发挥自身优势，提出科学的旅游发展战略和合作路径，推动长江中游城市群旅游产业结构的升级，促进中部崛起以及长江经济带建设，亟须理论支撑。在中部崛起、长江经济带建设这一大背景下，在城市群建设的新形势下，促进长江中游城市群旅游协同发展尤为必要。

此外，长江中游城市群旅游发展正处于转型和快速发展阶段，有利于研究城市群旅游流空间格局的演化过程，揭示城市群旅游流时空规律。

1.6.2 研究区域概况

（1）研究区域范围。

根据出台的《长江中游城市群发展规划》，长江中游城市群是以武汉城市群（圈）、环长株潭城市群、环鄱阳湖城市群为主体形成的特大型城市群，地跨湖北、湖南、江西三省，区位优势明显；长江中游城市群的空间范围主要包括：武汉城市群（武汉市、黄石市、鄂州市、黄冈市、孝感市、咸宁市、仙桃市、潜江市、天门市、襄阳市、宜昌市、荆州市、荆门市），环长株潭城市群（长沙市、株洲市、湘潭市、岳阳市、益阳市、常德市、衡阳市、娄底市），环鄱阳湖城市群（南昌市、九江市、景德镇市、鹰潭市、新余市、宜春市、萍乡市、上饶市及抚州市、吉安市的部分区县）[③]。由于规划中所涉及的抚州市、吉安市仅有部分区县属于规划区范围，考虑到在研究过程中数据的可获得性以及可比性，本研究将抚州市、吉安市的全部区县都纳入本研究的空间范围。由此本研究共涉及 31 个地区，其中副省级和省会市 3 个，地级市 25 个，副地级市 3 个。

（2）经济社会发展概况。

长江中游城市群是中部地区经济社会最具活力的城市群之一，也是推动中部地区经济社会发展以及中部崛起的重要引擎。2014 年年底，长江中游城市群常住人口达 1.27 亿人，占全国的 9.30%；地区生产总值达 6.18 万亿元，占全国的 9.71%，其在全国社会经济发展中具有重要地位。然而，长江中游城市

① 汪宇明．旅游合作与区域创新［M］．北京：科学出版社，2009：171-177.

② 吴必虎，俞曦．旅游规划原理［M］．北京：中国旅游出版社，2010：265-266.

③ 中华人民共和国国家发展和改革委员会．长江中游城市群发展规划［EB/OL］．(2015-04-13)［2021-10-01］．http://www.sdpc.gov.cn/zcfb/zcfbtz/201504/t20150416_688229.html.

群内部人口空间分布不均，且城市群内部的不同地区之间社会经济发展水平差异较为明显。以人口为例，武汉市、长沙市、衡阳市、上饶市、黄冈市、常德市、荆州市、襄阳市、岳阳市、宜春市等地区人口分布较多，这10个地区的人口占长江中游城市群总人口的52.01%。同时，长江中游城市群的经济发展水平的空间分异则更为突出，武汉市、长沙市、南昌市、宜昌市、襄阳市、岳阳市、常德市这7个地区的地区生产总值达3.30万亿元，占长江中游城市群的53.40%。

（3）旅游业发展概况。

长江中游城市群历史文化底蕴深厚，旅游资源丰富。截至2014年，长江中游城市群拥有国家优秀旅游城市27座、国家历史文化名城8座、国家5A级旅游景区18个。长江中游城市群社会经济的快速发展、强有力的政策支撑以及独特的区位优势将有力推动长江中游城市群旅游业的快速发展。2014年，长江中游城市群旅游总收入达8 548亿元，游客接待量达10.49亿人次。然而，长江中游城市群内部旅游业发展水平差异较为明显。武汉市、长沙市、九江市、上饶市、南昌市、宜昌市、衡阳市等地区的旅游业发展水平较高，而新余市、鄂州市、仙桃市等地区的旅游业发展则相对滞后。以国家5A级旅游景区为例，长江中游城市群的5A级旅游景区主要分布在宜昌市、武汉市、长沙市、上饶市，这4个地区的5A级旅游景区数量有11个，占长江中游城市群总数的61.11%。其中，宜昌市有4个5A级旅游景区，武汉市有3个5A级旅游景区。

1.6.3 研究时间截面

时空变化研究的时间段选择方法一般可分为等距年份、极值年份、特定年份三种方法①。本研究采用特定年份的选择方法，分别选取2004年、2009年以及2014年作为时间截面来研究长江中游城市群旅游流的时空演化规律，研究时间截面的选取主要是基于以下几个方面的原因。

首先，2004年3月，政府工作报告首次明确提出促进中部地区崛起的相关思想②。与此同时，从2004年开始，中部地区开始尝试区域旅游合作。长江中游城市群作为中部地区的重要组成部分，区域旅游合作也开始逐步展开。因

① 姚鲁烽，何书金，赵歆．地理学时空变化类论文的写作［J］．地理学报，2013，68（7）：1007-1011.

② 高洪涛．许昌三国文化旅游线路的整合开发［J］．河南科技大学学报（社会科学版），2010，28（1）：78-81.

此，选择2004年为研究时间截面，可以反映长江中游城市群旅游合作的开端。

其次，2009年4月，中部六省旅游局签署了《中部六省旅游合作协定》，标志着中部地区旅游合作进入实质性阶段①。同时，2009年4月沪汉蓉高铁合武段正式开通运营；同年12月，京广高铁武广段也相继开通，在增强长江中游城市群内部不同地区和城市之间联系的同时，还进一步缩短了长江中游城市群与长三角地区、珠三角地区等经济社会发达地区之间的时空距离，增强了其与发达地区旅游客源市场之间的联系。

最后，本研究选取2014年作为研究时间截面是为了反映长江中游城市群旅游业发展、旅游合作以及旅游流的现状。

1.6.4 数据来源与获取

（1）网络文本数据。

①数据来源。

随着互联网时代的到来以及信息技术的不断发展，我国网民规模以及互联网普及率不断提升（见图1.13），且网民的年龄结构日趋合理（见图1.14）。截至2015年12月，我国网民规模达6.8826亿，互联网普及率达50.30%②，互联网已成为人们日常生活的重要部分。互联网在推进旅游业发展方式不断转变的同时，在线旅游也得到了迅猛的发展。2014年，通过互联网平台进行旅行服务预订的网民规模达2.22亿，网民使用率高达34.20%③。旅游企业及其旅游相关部门通过互联网平台发布旅游信息、提供旅游服务，旅游者也更多地趋向于通过互联网平台获取、分享以及交流旅游信息。

---

① 吴国琴. 基于中部崛起的中部地区旅游合作开发研究［J］. 信阳师范学院学报（哲学社会科学版），2009，29（6）：85-88.

② 中国互联网络信息中心（CNNIC）. 第37次中国互联网络发展状况统计报告［R］. 2016.

③ 中国互联网络信息中心（CNNIC）. 2014年中国在线旅行预订市场研究报告［R］. 2015.

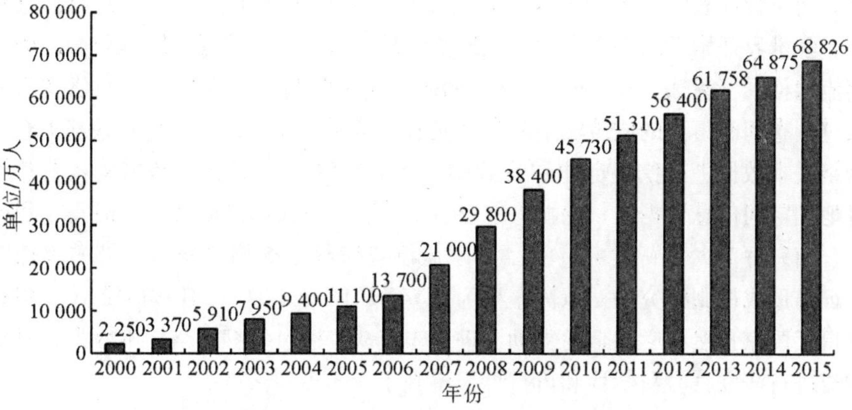

图 1.13　中国网民规模（2000—2015 年）①

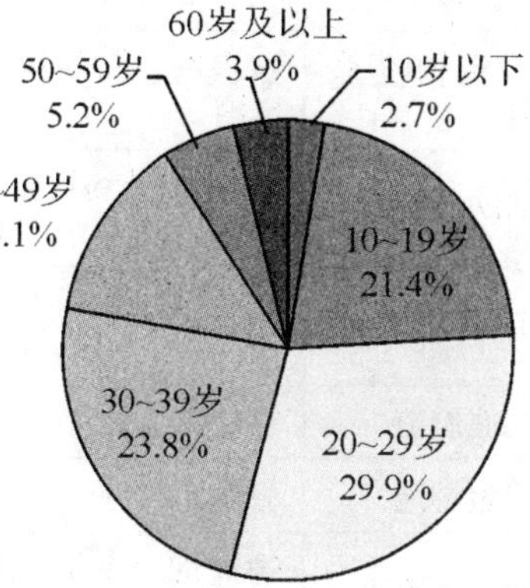

图 1.14　中国网民年龄结构（2015 年）②

在互联网时代，旅游者在博客、网络社区、旅游专业网站等网络平台上发表了大量关于旅游活动中的旅游实际行程、旅游体验及旅游感受等的旅游文本信息，留下了大量旅游者的痕迹、碎片化的大数据，这些旅游文本包含了大量旅游者的地理空间信息数据。同时，这些网络旅游文本具有真实性、有效性、多样性和广泛性特征，以及问卷调查采集数据所无法比拟的优势③。旅游者在

---

① 数据来源：中国互联网络信息中心（CNNIC）. 第 7~37 次中国互联网络发展状况统计报告［R］. 2000—2016.

② 数据来源：中国互联网络信息中心（CNNIC）. 第 37 次中国互联网络发展状况统计报告［R］. 2016.

③ 滕茜，杨勇，布倩楠，等. 基于网络文本的景区感知及互动研究：以上海为例［J］. 旅游学刊，2015，30（2）：33-41.

互联网平台发表的大量网络文本，为旅游研究提供了丰富的研究素材。近年来，学术界开始对网络文本中的地理空间信息数据进行挖掘，揭示旅游流的空间流动格局（见表 1.2）①②③④⑤⑥。同时，通过挖掘互联网平台的网络文本和通过调查问卷得到的旅游流空间数据具有显著正相关性，因此对互联网平台的网络文本数据进行挖掘也能够达到调查问卷的效果①②。基于网络文本对旅游者地理空间信息数据进行挖掘，能够真实反映旅游流的空间格局。值得一提的是，南京师范大学靳诚主持的《基于旅游攻略数据挖掘的城市内部游客流动特征与形成机制研究——以沪宁杭为例》（2016 年 1 月—2019 年 12 月）项目获得了国家自然科学基金的支助，进一步反映了通过挖掘网络文本数据，对旅游流进行研究具有科学性和可行性，得到了学术界的认可。

表 1.2　网络文本中地理空间信息数据挖掘的运用

研究者	研究区域及对象	网络文本数据来源	样本数量
吕丽等（2013）	上海世博会旅游流	携程网、同程网、马蜂窝网	41 篇游记攻略
彭红松等（2014）	泸沽湖旅游流	主流搜索引擎、网络博客	167 篇游记攻略
汪德根（2014）	京沪高铁旅游流	游多多旅行网	游记攻略篇数不详
张妍妍等（2014）	西安旅游流	马蜂窝旅游网	510 篇游记攻略
靳诚等（2014）	南京旅游流	去哪儿网	1 406 篇游记攻略
付琼鸽等（2015）	湖北省旅游流	携程网、去哪儿网、游多多旅行网	311 篇游记攻略

携程网（http://www.ctrip.com）创立于 1999 年，目前作为中国用户量最

① 吕丽，陆林，凌善金．上海世博会旅游者空间扩散网络分析［J］．旅游学刊，2013，28（6）：111-119.

② 彭红松，陆林，路幸福，等．基于旅游客流的跨界旅游区空间网络结构优化：以泸沽湖为例［J］．地理科学进展，2014，33（3）：422-431.

③ 汪德根．京沪高铁对主要站点旅游流时空分布影响［J］．旅游学刊，2014，29（1）：75-82.

④ 张妍妍，李君轶，杨敏．基于旅游数字足迹的西安旅游流网络结构研究［J］．人文地理，2014，29（4）：111-118.

⑤ 靳诚，徐菁，黄震方，等．南京城市内部景点间游客流动特征分析［J］．地理学报，2014，69（12）：1858-1870.

⑥ 付琼鸽，刘大均，胡静，等．湖北省旅游流网络结构的特征与优化［J］．经济地理，2015，35（3）：191-196.

大的在线旅游网站，也是旅游者在线旅游搜索度假产品信息的主要网站①。携程网自创立以来，旅游者通过携程网发表了大量的网络旅游文本。因此，本研究以携程网的旅游者发表的网络旅游文本数据为基础，对网络旅游文本数据进行挖掘。

②数据获取与挖掘。

A. 网络旅游文本数据的获取。

旅游者在携程网上发表的文本主要是旅游者的游记攻略、对游记的评论以及对旅游目的地的评论等文本信息。游记攻略是旅游者对自身在旅游活动过程中的所见所闻以及个体流动进行记录，并发布在网络平台供他人欣赏和借鉴的文章，文本中蕴含了大量空间信息②③。鉴于游记评论、旅游目的地评论等相关文本所涉及的地理空间信息数据相对较少，因此本研究以旅游者发表的游记攻略文本为搜集、整理对象。携程网上的游记攻略文本数据量大，因此本研究采用网络爬虫程序自动采集的方式来获取游记攻略文本。本研究于 2015 年 7 月 26 日通过网络爬虫程序自动采集携程网上的记录旅游者在湖北省、湖南省、江西省旅游的游记攻略文本，共计 17 947 篇；然后对采集得到的 17 947 篇网络旅游文本数据进行清洗和有效甄别（删除不含文字信息的网络文本，去除非实际旅游行程或经历的网络文本，剔除不含地理空间信息的网络文本，合并相同内容的网络文本），并筛选出涉及长江中游城市群研究区域的网络旅游文本，从而得到能够有效反映旅游者在研究区空间流动的旅游文本数据。为了便于对不同研究时间截面进行分析比较，本研究根据旅游者的出游时间，进一步整理出不同时间截面的网络旅游文本。其中，2014 年共采集得到 4 702 篇网络旅游文本，通过清洗和筛选，最终得到 2 169 篇有效网络旅游文本。

B. 网络旅游文本数据的挖掘。

本研究对网络旅游文本数据的挖掘主要表现在两个方面：一是从网络文本中挖掘和提炼旅游者流动的影响因素，构建旅游流影响因素理论模型；二是从网络文本中挖掘旅游者流动的地理空间信息数据，构建旅游流空间数据库。就地理空间信息数据的挖掘而言，本研究主要提取网络文本中旅游者在旅游活动过程中的空间流动轨迹，然后将空间流动轨迹转换成流向矩阵。为确保网络文

---

① 中国互联网络信息中心（CNNIC）. 2014 年中国在线旅行预订市场研究报告［R］, 2015.

② 滕茜，杨勇，布倩楠，等. 基于网络文本的景区感知及互动研究：以上海为例［J］. 旅游学刊，2015，30（2）：33-41.

③ 靳诚，徐菁，黄震方，等. 南京城市内部景点间游客流动特征分析［J］. 地理学报，2014，69（12）：1858-1870.

本中旅游者空间流动轨迹数据的可信度以及真实性，本研究对文本内容进行逐一核对，并从中提取出旅游者在实际旅游过程中的空间流动轨迹（旅游者在不同旅游目的地之间的游览顺序）。例如，如果一篇网络文本记录了旅游者从研究区内的 A 地流动到区内的 B 地，那么 A 地到 B 地用 1 表示；反之，A 地到 B 地用 0 表示，从而构建出旅游流流向矩阵。如果一篇网络文本记录了旅游者从研究区内的 A 地流动到区外的 C 地，那么此路径不做统计。旅游者的空间流动轨迹转换成为流向矩阵的方法如图 1. 15 所示。

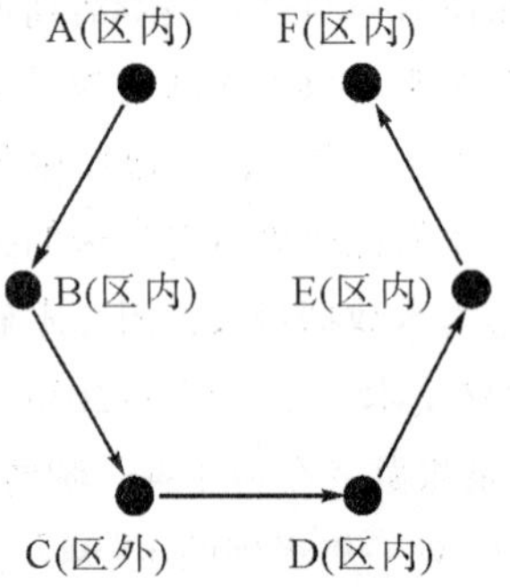

	A	B	C	D	E	F
A	—	1	0	0	0	0
B	0	—	0	0	0	0
C	0	0	—	0	0	0
D	0	0	0	—	1	0
E	0	0	0	0	—	1
F	0	0	0	0	0	—

图 1. 15 旅游者空间流动轨迹的矩阵转换

③旅游流空间数据库的构建。

本研究中长江中游城市群旅游流空间数据库构建的步骤及思路如下：

首先，确定范围及其节点。本研究以长江中游城市群为研究范围，将所包含的 31 个地区作为研究节点。

其次，确定旅游流关系。旅游流关系即旅游者在旅游活动过程中所表现出来的旅游地之间的联结关系。如果一个旅游者在 A 地旅游后，再前往 B 地，那么 A 地与 B 地存在旅游流关系；反之，A 地与 B 地不存在旅游流关系。

再次，搜集与处理数据。对网络文本中的地理空间信息数据进行挖掘，按照旅游流空间数据的挖掘方法（见图 1. 15），将旅游者流动轨迹转换成流向矩阵。

最后，建立旅游流空间数据库。将流向矩阵的数据进行叠加运算，得到旅游流流量流向矩阵，即旅游流空间数据库。

按照上述步骤及思路，分别构建 2004 年、2009 年以及 2014 年长江中游城市群旅游流矩阵。运用 Ucinet 软件对 2004 年、2009 年以及 2014 年旅游流矩阵进行 QAP 相关分析，结果显示 2004 年与 2009 年旅游流矩阵的相关系数为 0. 876，2004 年与 2014 年旅游流矩阵的相关系数为 0. 786，2009 年与 2014 年旅游流矩阵的相关系数为 0.787，且显著性水平均为 0. 000。可见，2004 年、2009 年以及 2014 年三个时间截面的旅游流数据在统计意义上具有显著正相关性，三个时间截面的旅游流表现出较强的稳定性，也进一步反映出通过网络旅游文本数据挖掘出的三个时间截面旅游流数据的有效性和科学性。

同理，根据上述旅游流空间数据库的构建步骤及思路，亦可分别以武汉、长沙、南昌三个中心城市作为统计范围，以三个中心城市内部旅游点作为节点，构建三个中心城市内部旅游流空间数据库，对三个中心城市内部旅游流空间格局进行深入分析和研究。

（2）经济社会统计数据。

本研究还运用经济社会统计数据，对城市群旅游流分析结果及其规律进行相互验证。其中，人口、国内生产总值（GDP）、旅游收入、旅游人次等相关数据源于 2004 年、2009 年以及 2014 年长江中游城市群 31 个地区的《国民经济和社会发展统计公报》；国家 5A 级、4A 级旅游景区数据源于国家旅游局网站（http://www.cnta.gov.cn/）、湖北省旅游局网站（http://www.hubeitour.gov.cn/）、湖南省旅游局网站（http://www.hnt.gov.cn/）以及江西省旅游局网站（http://www.jxta.gov.cn/）等。

（3）地图矢量化数据。

长江中游城市群的地图矢量化数据主要源于 2005 年中国地图出版社出版的《中国交通地图册》①、2010 年中国地图出版社出版的《中国交通地图册》②、2015 年中国地图出版社出版的《中国交通地图册》③ 所涉及研究区域范围的地图数据。本研究运用 ArcGIS 10. 0 对长江中游城市群的道路、城市、行政界线及河流湖泊等地理要素进行矢量化处理。

① 中国地图出版社. 中国交通地图册［M］. 北京：中国地图出版社，2005.
② 中国地图出版社. 中国交通地图册［M］. 北京：中国地图出版社，2010.
③ 天域北斗数码科技有限公司. 中国交通地图册［M］. 北京：中国地图出版社，2015.

2 相关概念界定及理论基础

2.1 概念界定

2.1.1 城市群

城市群是特定地域空间范围内社会经济发展到一定阶段的产物。早在 19 世纪末，城市群思想就在国外开始萌芽，1898 年霍华德提出了城镇集群的概念①。直到 20 世纪 80 年代，国内才开始使用城市群这一术语②。姚士谋等（2007）认为城市群是在特定的地域范围内，具有相当数量的不同性质、类型和等级规模的城市，依托一定的自然环境条件，以一个或两个超大或特大城市作为地区经济的核心，借助现代化的交通工具和综合运输网的通达性，以及高度发达的信息网络，发生与发展着城市个体之间的内在联系，共同构成一个相对完整的城市集合体③。方创琳（2014）认为城市群是指在特定地域范围内，以 1 个以上特大城市为核心，由至少 3 个以上大城市为构成单元，依托发达的交通通信等基础设施网络，所形成的空间组织紧凑、经济联系紧密、并最终实现高度同城化和高度一体化的城市群体，是工业化和城镇化发展到高级阶段的产物，也是都市区和都市圈发展到高级阶段的产物；并提出“5+9+6”的城市群空间结构的新格局④。可见，城市群是特定地域空间范围内城市空间相互作用的结果，强调城市与城市之间的空间邻近性、产业的互补性以及发展的协同

① 霍华德．明日的田园城市［M］．金经元，译．北京：商务印书馆，2000.

② 宋家泰．城市-区域与城市区域调查研究：城市发展的区域经济基础调查研究［J］．地理学报，1980，35（4）：277-287.

③ 姚士谋，陈振光，王书国．城市群发育机制及其创新空间［J］．科学，2007，59（2）：23-27.

④ 方创琳．中国城市群研究取得的重要进展与未来发展方向［J］．地理学报，2014，69（8）：1130-1144.

性，是区域发展战略的主体。表 2.1 为中国主要城市群。

表 2.1　中国主要城市群

级别	组成
国家级	长江中游城市群、哈长城市群、成渝城市群、长江三角洲城市群、中原城市群、北部湾城市群、关中平原城市群、呼包鄂榆城市群、兰西城市群、粤港澳大湾区
区域性	山东半岛城市群、辽中南城市群、宁夏沿黄城市群、天山北坡城市群、滇中城市群、黔中城市群、晋中城市群等

2.1.2　旅游流

旅游流是旅游业及其发展的基础，也是旅游地理学研究的核心内容之一①。关于旅游流的定义，学术界尚未达成统一的认识，具有狭义和广义之分。

（1）狭义的旅游流。

狭义的旅游流以谢彦君的观点为代表，谢彦君（2011）认为旅游流是指旅游者的空间流动，是在一个或大或小的区域上由于旅游需求的近似性而引起的旅游者集体性空间移位现象②。

（2）广义的旅游流。

国内学者唐顺铁等（1998）从系统论的角度指出旅游流是以旅游客流为主体，涵盖旅游信息流、旅游物流和旅游能流的一个复杂的系统③。马耀峰等（1999）认为旅游流是指客源地与目的地之间，或目的地与目的地之间的单向、双向旅游客流、信息流、资金流、物质流、能量流和文化流等旅游流子流的集合（见图 2.1）④。章锦河等（2005）认为旅游流是指游客在旅游空间内的迁移现象，狭义的旅游流指游客流，广义的旅游流包括游憩流，以及与此相关或伴生的相关流，如信息流、资本流、技术流、货物流等⑤。

综上所述，狭义的旅游流仅指游客流，而广义的旅游流还包括旅游信息流、旅游能量流以及旅游文化流等。旅游者是旅游流的主要研究对象，旅游流

① 保继刚，楚义芳. 旅游地理学［M］. 北京：高等教育出版社，1999.

② 谢彦君. 基础旅游学［M］. 北京：中国旅游出版社，2011：314-315.

③ 唐顺铁，郭来喜. 旅游流体系研究［J］. 旅游学刊，1998，18（3）：35-41.

④ 马耀峰，李天顺，等. 中国入境旅游研究［M］. 北京：科学出版社，1999：129-132.

⑤ 章锦河，张捷，李娜，等. 中国国内旅游流空间场效应分析［J］. 地理研究，2005，24（2）：293-303.

的本质属性是游客流，因此游客流是旅游流的主体和核心，而信息流、资金流、能量流和文化流等则为研究的辅助体①。同时，旅游信息流、旅游资本流、旅游能量流等旅游流子流很难量化，故在研究过程中大多以狭义的旅游流即游客流为研究对象。因此，在本研究中，旅游流是指狭义的旅游流，即旅游者的流动（游客流）。

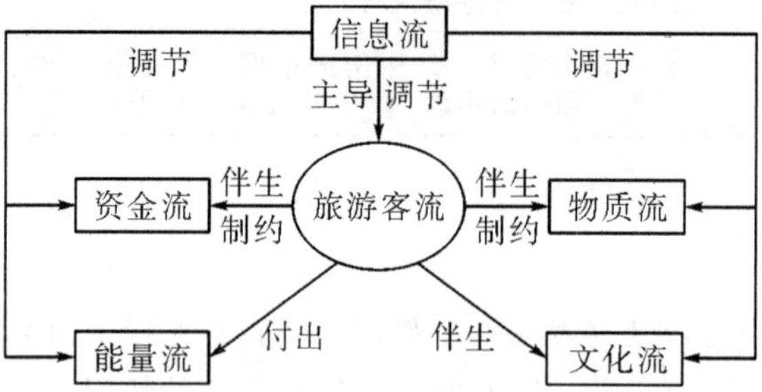

图 2.1　旅游流子流结构框图（据马耀峰，1999）

2.1.3　旅游流网络结构

一个具体网络可以抽象为一个由点集 V 和边集 E 组成的图 $G=(V, E)$，节点数记为 $N=|V|$，边数记为 $M=|E|$，E 中每条边都有 V 中一对点与之相对应；如果任意点对 (i, j) 与 (j, i) 对应同一条边，则该网络称为无向网络，否则称为有向网络；如果给每条边都赋予相应的权值，那么该网络就称为加权网络，否则称为无权网络；同时，一个网络中还可能包含多种不同类型的节点（见图 2.2）②。

在旅游流网络中，通常用节点表示不同旅游目的地，用联结（边）表示不同旅游目的地之间的旅游流联结关系。旅游流网络结构是指，旅游行为主体——旅游者在不同旅游地（节点）之间旅游活动过程中发生联结时建立的各种旅游流关系的总和，反映了旅游者活动的空间状态，体现了旅游活动的空间属性和相互关系③。由于旅游节点的等级规模以及发展水平的差异性、节点之间旅游流联结关系的不同，旅游流网络具有不同的结构功能，处于不同的发展阶段。

---

① 马耀峰，李天顺，等. 中国入境游研究［M］. 北京：科学出版社，1999：129-132.

② 汪小帆，李翔，陈关荣. 复杂网络理论及其应用［M］. 北京：清华大学出版社，2006：9-14.

③ 杨兴柱，顾朝林，王群. 南京市旅游流网络结构构建［J］. 地理学报，2007，62（6）：609-620.

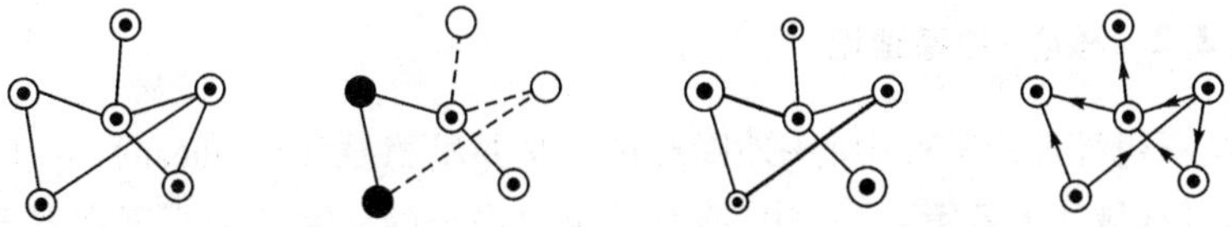

图 2.2　不同类型节点网络（据汪小帆，2006）

注：a 为单一类型节点和边的无向网络；b 为不同类型节点和边的无向网络；c 为节点和边权重变化的无向网络；d 为有向网络。

2.2　旅游空间结构理论

2.2.1　增长极理论

增长极理论是由法国著名经济学家佩鲁（Perroux）在 20 世纪 50 年代提出的。增长极理论被认为是西方空间经济学中经济区域观念的基石，后来又逐渐发展为东西方区域经济地理学的基本理论之一①。增长极理论的主要思想是：经济不是在每个区域都以相同的速度增长，其在一定时期增长的势头往往集中于某主导经济部门和有创新能力的行业，而这些行业和部门一般趋于向最佳区位集聚，通常是在区域的大中型城市②。李小建等（1993）认为在增长极的选择中，应强调整体原则、层次原则以及认识原则③。增长极理论在区域旅游发展、旅游规划及旅游地理研究中的运用相对较多，学术界对这一理论较为重视。在区域旅游发展及其旅游规划中，增长极通常是旅游资源禀赋较好、旅游发展水平较高的城市及旅游目的地，在区域旅游的发展过程中具有明显的优势。一方面，增长极通过旅游基础设施、服务设施的建设，发挥其集聚作用，在提升旅游目的地旅游发展水平的同时，增强增长极的空间吸引力及其影响力；另一方面，增长极具有明显的示范效应和带动效应，能够使周边旅游资源较好地促进旅游业的发展，从而带动整个区域的旅游发展。

---

① 丁四保. “增长极”模式与不发达地区经济发展：意大利南部的教训及启示［J］. 经济地理，1989，9（4）：297-301.

② 吴必虎，俞曦. 旅游规划原理［M］. 北京：中国旅游出版社，2010.

③ 李小建，苗长虹. 增长极理论分析及选择研究［J］. 地理研究，1993，12（3）：45-55.

2.2.2 核心-边缘理论

核心-边缘理论又称中心-外围理论，是弗里德曼（Friedman）在1966年出版的《区域发展政策》一书中较为系统地提出的。因多种原因在若干区域之间会有个别区域率先发展起来成为“核心”，而其他区域则因发展缓慢而成为“边缘”；核心居于统治地位，而边缘则依赖于核心而发展，核心与边缘之间构成了不平等的发展格局①。国外学术界较早地将核心-边缘理论引入旅游研究中，Zurick（1992）、Weaver（1998）认为在旅游发展过程中，核心区与边缘区存在不平等的关系②③。而国内，直到21世纪初，核心-边缘理论在旅游研究中的运用才逐步开始受到重视。汪宇明（2002）指出核心-边缘理论对于区域旅游规划具有重要的指导意义，有助于对区域旅游空间结构形成更为深刻的认识④。张河清等（2005）在对南岳衡山旅游区的旅游产品开发现状以及开发潜力进行深入分析的基础上，结合核心-边缘理论，提出了南岳衡山区域旅游产品的开发思路和发展战略⑤。史春云等（2007）运用核心-边缘理论解析四川省旅游空间结构，并对四川省旅游区域核心-边缘结构的动态演变过程及其影响机理进行了深入研究⑥。

2.2.3 点-轴理论

点-轴理论是陆大道先生于1984年提出的，该理论反映了社会经济空间组织的客观过程和规律，是一种最有效的区域开发模式，可以促进区域或国家的最佳发展⑦。点即经济社会发展水平较高的城市或人口集聚地，往往是区域经济社会发展的集散中心；轴即交通道路或产业带，是区域或城市之间联结的纽

---

① 李小建. 经济地理学［M］. 北京：高等教育出版社，2006.

② ZURICK D N. Adventure travel and sustainable tourism in the peripheral economy of Nepal［J］. Annals of the Association of American Geographers，1992，82（4）：608-628.

③ WEAVER D. Peripheries of the periphery：tourism in Tobago and Barbuda［J］. Annals of Tourism Research，1998，25（2）：292-313.

④ 汪宇明. 核心-边缘理论在区域旅游规划中的运用［J］. 经济地理，2002，22（3）：372-375.

⑤ 张河清，成红波. “核心-边缘”理论在南岳衡山区域旅游产品开发中的运用［J］. 地域研究与开发，2005，24（3）：68-71.

⑥ 史春云，张捷，尤海梅，等. 四川省旅游区域核心-边缘空间格局演变［J］. 地理学报，2007，62（6）：631-639.

⑦ 陆大道. 论区域的最佳结构与最佳发展：提出“点-轴系统”和“T”型结构以来的回顾与再分析［J］. 地理学报，2001，56（2）：127-135.

带和桥梁。点-轴理论对于区域旅游开发具有非常重要的理论价值和现实指导意义[①]，在旅游目的地建设、旅游空间布局及其优化等方面的运用较为广泛。沈惊宏等（2012）以点-轴理论为基础，对皖江城市带的旅游空间布局进行了优化研究[②]。徐清（2013）在分析江山市乡村旅游空间结构的现状与存在的问题的基础上，基于点-轴理论提出了“一核一轴三组团多点”的空间优化方案[③]。张爱儒（2009）在分析青海和西藏旅游资源空间格局现状的基础之上，以点-轴理论为指导，构建了旅游资源的点-轴开发模式[④]。龙茂兴等（2010）在对点-轴系统理论进行深入研究和分析的基础上，认为区域旅游点-轴系统的发展存在四个阶段：点-轴系统发育前的均衡阶段、点-轴初步发育阶段、点-轴系统成长发育阶段以及点-轴系统成熟发育阶段（见图2.3）[⑤]。

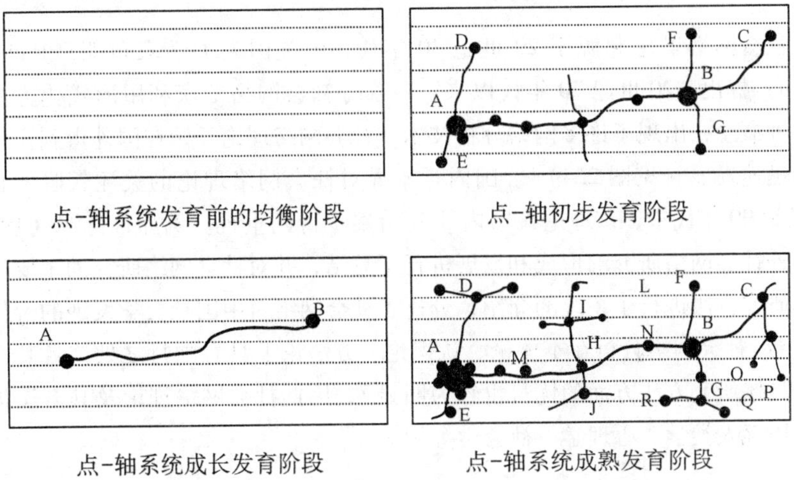

图2.3　区域旅游“点-轴系统”发育过程（据龙茂兴等，2010）

① 汪德根，陆林，陈田，等. 基于点-轴理论的旅游地系统空间结构演变研究：以呼伦贝尔—阿尔山旅游区为例［J］. 经济地理，2005，25（6）：904-909.

② 沈惊宏，陆玉麒，韩立钦，等. 基于“点-轴”理论的皖江城市带旅游空间布局整合［J］. 经济地理，2012，32（7）：43-49.

③ 徐清. 基于“点-轴系统”理论的乡村旅游空间集聚研究：以浙江江山市为例［J］. 经济地理，2013，33（4）：174-178.

④ 张爱儒. 青藏铁路沿线旅游资源“点-轴”开发模式研究［J］. 经济地理，2009，29（4）：698-702.

⑤ 龙茂兴，孙根年，马丽君，等. 区域旅游“点-轴系统”演进研究：以陕南为例［J］. 经济地理，2010，30（8）：1383-1388.

2.3 社会网络理论

社会网络是指社会行动者（social actor）及其之间关系的集合，即一个社会网络是由多个点（社会行动者）和各点之间的连线（行动者之间的关系）组成的集合①。社会网络主要用于描述和分析社会事物的关系特征与类型及分析关系对网络的影响等，其分析路径一般包括确定网络节点、绘制网络结构图、揭示网络类型与分析网络内在规律等②。

2.3.1 发展历程

社会网络思想起源于20世纪30年代，由英国人类学家布朗（Radcliffe Brown）提出。20世纪70年代以来，一部分社会网络专家利用形式化方法表征各种概念，出现了许多网络分析技术，社会网络理论开始在国外得到广泛运用和迅速发展（见图2.4）③。国内学术界对社会网络理论的关注较晚，直到20世纪90年代末，该理论在国内才开始逐步得到重视。例如，肖鸿（1999）对国外社会网络研究的形成和发展进行了总结，并对社会网络研究的主要理论及其研究方法进行了系统的介绍，分析了社会网络对中国社会学发展的价值与意义④。社会网络分析在本体论、认识论、方法论上具有独特之处，且其在数据和具体研究方法方面的优势也较为明显⑤，因此社会网络理论及其方法被广泛运用于人类学、心理学、社会学等领域。

---

① 刘军. 社会网络分析导论［M］. 北京：社会科学文献出版社，2004：4.

② 杨效忠，刘国明，冯立新，等. 基于网络分析法的跨界旅游区空间经济联系：以壶口瀑布风景名胜区为例［J］. 地理研究，2011，30（7）：1319-1330.

③ 刘军. 社会网络分析导论［M］. 北京：社会科学文献出版社，2004：27-29.

④ 肖鸿. 试析当代社会网研究的若干进展［J］. 社会学研究，1999（3）：1-11.

⑤ 刘军. 社会网络分析导论［M］. 北京：社会科学文献出版社，2004：12-25.

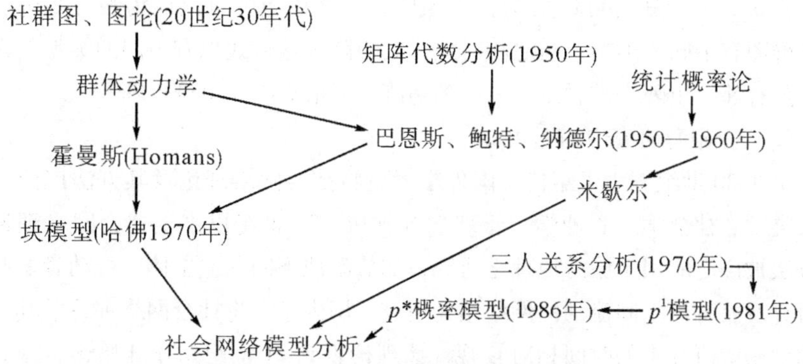

图 2.4　社会网络分析的发展脉络

2.3.2　表达形式

社会网络的表达形式通常有图论法、矩阵法、代数法等。其中，图论法是一种最基本的表示行动者和关系的方法，矩阵法通常用来研究结构等价和块模型，代数法有助于研究网络角色结构和关系代数①。下面主要介绍图论法和矩阵法两种表达形式。

（1）图论法。

在社会网络表达的图论法中，图 G 主要是由节点集合 $V=\{n_1, n_2, \cdots, n_i\}$ 和边集合 $E=\{l_1, l_2, \cdots, l_j\}$ 构成的，通常社会网络分析者也将图叫作社群图。在图中，节点通常表示行动者，行动者可以是个人、集体单位，也可以是组织、社区、城市乃至一个区域；边表示行动者之间的关系。根据不同的划分依据和标准，社群图可以分为有向图和无向图，二值图、符号图和赋值图，完备图和非完备图②。

（2）矩阵法。

矩阵通常是一些元素的排列，由 m 行 n 列元素构成的一个矩阵的阶数，记作 $m\times n$，此矩阵可以表示为

$$A=\begin{Bmatrix} a_{11} & a_{12} & \cdots & a_{1n} \\ a_{21} & a_{22} & \cdots & a_{2n} \\ \vdots & \vdots & \vdots & \vdots \\ a_{m1} & a_{m2} & \cdots & a_{mn} \end{Bmatrix}$$

① 沃瑟曼. 社会网络分析：方法与应用［M］. 陈禹，译. 北京：中国人民大学出版社，2011.

② 刘军. 社会网络分析导论［M］. 北京：社会科学文献出版社，2004：59-62.

若 $m=n$，该矩阵可以成为正方矩阵，反之该矩阵可以成为长方矩阵。由于社群图有不同的类型，与之相对应，其矩阵表达形式也有不同的类型，常用的矩阵有邻接矩阵、关联矩阵、距离矩阵、数值矩阵、单位矩阵等①。

（3）在旅游研究中的运用。

早在20世纪五六十年代，国外学者就将社会网络理论及其方法广泛运用于人类学、社会学、心理学、管理学等领域。21世纪以来，社会网络理论及其方法被广泛应用于旅游地理学研究，如旅游地不同利益主体、行动者之间关系研究及旅游流空间流动的网络结构研究。国内学者将社会网络理论及其方法运用到旅游研究中的时间相对较晚，该理论直到21世纪初才开始逐步受到重视。社会网络理论在国内旅游研究中，主要用于分析跨界旅游区不同利益主体之间的关系模式及旅游流空间流动的网络结构。例如，陈秀琼等（2006）将社会网络理论运用于旅游系统空间结构研究，并用社会网络分析方法对福建省旅游系统空间结构进行了深入分析②。杨兴柱等（2007）将社会网络理论及其方法引入旅游流研究，并以南京市为例，对旅游流网络结构及发展阶段进行了深入研究③。杨效忠等（2009）将社会网络方法运用于跨区域不同利益主体的旅游合作研究，对区域旅游合作及其发展战略具有借鉴意义和价值④。

2.4 空间相互作用理论

2.4.1 理论概述

空间相互作用是由美国学者厄尔曼（Ullman）提出的，是用以表示两地理区域间相互依赖关系的术语。厄尔曼认为空间相互作用是地理学研究的一个重要焦点⑤⑥。世界上所有事物之间都存在着普遍联系，空间的存在绝不会是孤

---

① 林聚任. 社会网络分析：理论、方法与应用［M］. 北京：北京师范大学出版社，2009.

② 陈秀琼，黄福才. 基于社会网络理论的旅游系统空间结构优化研究［J］. 地理与地理信息科学，2006，22（5）：75-80.

③ 杨兴柱，顾朝林，王群. 南京市旅游流网络结构构建［J］. 地理学报，2007，62（6）：609-620.

④ 杨效忠，张捷，乌铁红. 跨界旅游区的组织网络结构与合作模型：以大别山天堂寨为例［J］. 2009，64（8）：978-988.

⑤ ULLMAN E L，Geography as spatial interaction ［M］. SEATTLE，W A：University of Washington Press，1980.

⑥ 约翰斯顿. 人文地理学词典［M］. 柴彦威，译. 北京：商务印书馆，2004.

立的，其必然与物质、能量等其他形式的物理对象发生着各种各样的作用与联系①。学术界对空间相互作用理论关注较早，并且相关理论研究与实证研究也较为丰富。厄尔曼（Ullman）认为空间相互作用产生的条件包括互补性、中介机会和可运输性，根据相互作用的表现形式，海格特（Haggett）把空间相互作用的形式分为对流、传导和辐射三种类型②。空间相互作用理论在研究地区或要素之间的相互作用及影响方面具有独特优势，因而被广泛运用于城市地理学、交通地理学、文化地理学、人口地理学、旅游地理学等领域。

2.4.2 测度方法

空间相互作用的测度主要有引力模型、威尔逊模型、经济关系模型等方法，且取得了较好的效果，其中引力模型、威尔逊模型的运用较多。引力模型即牛顿模型，是在牛顿万有引力定律的基础上不断发展和完善起来的，引力模型在学术界被广泛应用于距离衰减效应和空间相互作用的研究，其表达式为③

$$F_{ij} = k\frac{M_i M_j}{D^b{}_{ij}} \tag{2.1}$$

其中，F_{ij}表示 i 地与 j 地之间的空间相互作用强度，M_i、M_j分别表示 i 地、j 地的“质量”，D_{ij}表示 i 地与 j 地之间距离，b 为距离衰减系数，k 为经验常数值。

2.4.3 在旅游研究中的运用

空间相互作用理论在旅游研究中的运用较早，早在 20 世纪 60 年代，Crampon 就将牛顿模型引入旅游市场研究中④。在旅游发展过程中，旅游目的地之间的关系、旅游目的地与客源市场的关系等均在一定程度上表现出空间相互作用。在旅游地理学的研究中，国内外学者对空间相互作用理论的运用相对较多，通常将其用于旅游目的地之间空间相互作用强度、客源市场以及旅游需求预测等方面。

（1）客源地与目的地之间的空间作用。

旅游客源地与目的地之间的空间作用是旅游客源地与旅游目的地之间相互

---

① 柳坤，申玉铭. 国内外区域空间相互作用研究进展［J］. 世界地理研究，2014，23（1）：73-83.

② 许学强，周一星，宁越敏. 城市地理学［M］. 北京：高等教育出版社，1997.

③ 汤放华，汤慧，孙倩，等. 长江中游城市集群经济网络结构分析［J］. 地理学报，2013，68（10）：1357-1366.

④ CRAMPON L J. A new technique to analyze tourist markets［J］. The Journal of Marketing，1966，30（2）：27-31.

影响的重要表现形式。一般而言，旅游客源市场规模越大、旅游目的地吸引力越强，旅游客源地与目的地之间的空间作用程度就越大。李山等（2012）将空间相互作用理论运用于旅游引力模型构建，并基于旅游供给视角和需求视角进行了实证研究①。还有学者基于旅游客源地、旅游区以及旅游通道三个方面来构建客源地与旅游区之间的相互作用模型（见图 2.5）②③。

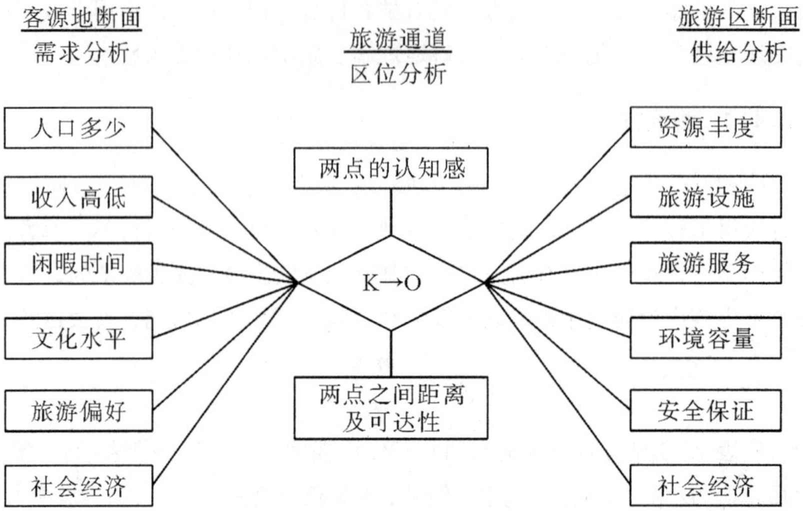

图 2.5　客源地与旅游区之间的相互作用模型（据 Knetsch，1963；孙根年，2001）

（2）目的地之间的空间作用。

旅游目的地之间的空间相互作用是一种客观存在的旅游现象，是目的地之间旅游资源禀赋、空间距离、市场竞合等诸多影响因素综合作用的结果，目的地之间空间相互作用的表现形式具有多样性。楚义芳（1992）将旅游地之间的空间相互作用划分为补充关系和替代关系④。旅游目的地的空间竞争是由多个旅游地在同一地域内出现引起的，当多个旅游地在同一地域出现时，它们各自的吸引力往往会引起此消彼长或同步增长的动态变化和地域旅游市场结构的再组织⑤。张序强等（2003）基于生态学视角，借用种群间关系理论，将旅游

---

① 李山，王铮，钟章奇. 旅游空间相互作用的引力模型及其应用［J］. 地理学报，2012. 67（4）：526-544.

② KNETSCH J L. Outdoor recreation demands and benefits［J］. Land Economics，1963，39（4）：387-396.

③ 孙根年. 论旅游业的区位开发与区域联合开发［J］. 人文地理，2001，16（4）：1-5.

④ 楚义芳. 旅游的空间经济分析［M］. 西安：陕西人民出版社，1992：79-80.

⑤ 保继刚，楚义芳. 旅游地理学［M］. 北京：高等教育出版社，1999：113-114.

地之间的关系分为竞争、互利共生、偏利共生、寄生等多种类型（见图2.6）①。

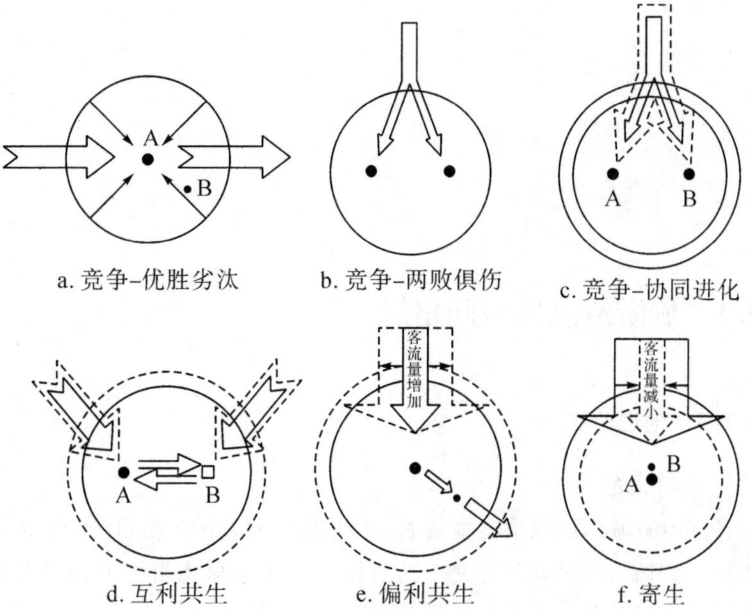

图 2.6　旅游地生态关系的基本类型（据张序强，2003）

---

① 张序强，董雪旺，李华. 旅游地间生态关系分析［J］. 人文地理，2003，18（1）：14-18.

3 城市群旅游流空间格局现状解析

3.1 旅游流总体空间格局

3.1.1 地理分布

(1) 空间分布。

对长江中游城市群网络文本数据进行挖掘，对到访旅游目的地旅游点的旅游流流量（到访人次）进行整理，统计出长江中游城市群旅游流在微观尺度即旅游目的地旅游点上的分布状况。结果显示，长江中游城市群旅游流空间分布不均，旅游流的空间集聚性较为明显。从旅游流空间分布上来看，长江中游城市群旅游流主要集中在武汉市、宜昌市、长沙市、岳阳市、衡阳市、上饶市、南昌市、九江市、景德镇市等地区内部，集聚态分布格局明显。具体而言，在武汉市的主城区以及长沙市主城区的旅游流较为集中，上饶市婺源、九江市庐山、衡阳市衡山、岳阳市岳阳楼以及君山岛等旅游流空间分布较为集中。此外，长江中游城市群旅游流空间分布还具有如下特征：

第一，大城市的旅游流分布较为集中。武汉市、长沙市、南昌市等大城市的旅游客源市场大，居民的出游意愿高；同时城市的人文旅游资源禀赋通常较好，且健全的基础设施也为旅游发展提供了便利条件。这反映出城市是城市群旅游流的重要承载空间，城市旅游是长江中游城市群旅游的重要组成部分。

第二，旅游资源禀赋较好的地区旅游流分布较多。上饶市、宜昌市、岳阳市等地区旅游资源较为丰富，且资源的知名度、美誉度较高，对旅游者的吸引力较强。例如，上饶市的婺源、衡阳市的衡山、岳阳市的岳阳楼以及宜昌市的三峡大坝等旅游点具有极强的吸引力以及空间影响力。这体现了旅游资源，特别是高级别旅游资源在旅游流空间格局中的基础作用。

第三，旅游流沿河流分布的特征也较为明显。长江中游城市群旅游流具有沿长江干流及其支流湘江、赣江分布的特征。一方面，河流沿岸是“城市生长”的集聚地带，对于城市的整个“生长过程”起着不可替代的、至关重要的作用[①]，而城市又是人口集聚地、区域要素的集散中心，其社会经济发展水平高，旅游需求较大；另一方面，水域风光本身也是重要的旅游资源，可观赏性强。例如，景区富集地带大都有重要河流穿过，且以河流为轴呈对称分布的状态[②]。

第四，交通便利的地区旅游流分布较多。交通是旅游业发展的基本保证，便利的交通不仅可以增强旅游客源地与目的地之间的联系，还有助于旅游者在旅游过程中降低时间成本，因此旅游流较多地偏向于分布在交通可达性较好的地区。

（2）空间流动。

如图 3.1 所示，长江中游城市群旅游流以武汉市、长沙市、南昌市为重要支撑点，形成了“品”字形的地理分布格局。此外，武汉市、长沙市、南昌市、宜昌市、岳阳市、上饶市、景德镇市、九江市等地区之间的旅游流流量大、流动频率高，形成了以这些地区为聚集和辐射中心的空间分布特征。从长江中游城市群旅游流流量和流动关系来看，旅游流空间流动格局与长江中游城市群发展规划中提出的沿江发展轴、京广发展轴、沪昆发展轴以及京九发展轴等战略有所呼应。受湖北省、湖南省、江西省的行政因素方面的影响，长江中游城市群旅游流在空间上表现出较强的边界效应，旅游流在省际的流动较弱，且已有流动主要集中在三个省会城市之间。在武汉城市群主要以武汉市→宜昌市、宜昌市→武汉市为主流方向；在环长株潭城市群主要以长沙市→湘潭市、长沙市→岳阳市、长沙市→衡阳市为主流方向；在环鄱阳湖城市群主要以上饶市→景德镇市、景德镇市→上饶市、南昌市→九江市为主流方向。如图 3.1 所示，长江中游城市群旅游流空间流动还表现出如下特征：

第一，中心城市之间的流动。一方面，长江中游城市群三个中心城市的经济社会发展水平高，旅游需求旺盛，各项基础设施、服务设施较为健全；同时三个中心城市旅游资源丰富，具有较强的吸引力。另一方面，三个中心城市之间的社会经济联系强，旅游信息、旅游交通等要素之间的联系紧密，对三个中心城市之间的旅游流互动及空间关联具有重要推动作用。

---

① 龚胜生，林月辉，戈大专. 三峡地区城市与河流关系的时空演化研究［J］. 地理学报，2013，68（12）：1619-1631.

② 朱竑，陈晓亮. 中国 A 级旅游景区空间分布结构研究［J］. 地理科学，2008，28（5）：607-615.

第二，中心城市与资源禀赋较好的地区间的流动。长江中游城市群三个中心城市经济社会发展水平高，旅游需求量大，潜在的客源市场较大；而上饶市、九江市、宜昌市、衡阳市等地区的旅游资源禀赋较好，对旅游流具有很强的吸引力。因此，旅游流具有从中心城市向旅游资源禀赋较好地区流动的特征。

第三，资源禀赋较好的地区间的流动。旅游者在旅游过程中较多地趋向于多个旅游目的地，旅游流在空间上表现出旅游资源禀赋较好的地区间的流动特征。特别是随着资源禀赋较好地区之间高速交通的建设以及交通网络体系的不断完善，旅游资源禀赋较好的地区间旅游流的空间作用及其联系也将进一步增强。

第四，沿主要交通轴线流动。交通是旅游流空间流动的载体、旅游业发展的基础，旅游目的地与客源地、目的地之间的旅游流流向及其流量在很大程度上受交通网络体系的影响。长江中游城市群旅游流具有沿沪汉蓉高铁、京广高铁、沪昆高铁等重要交通轴线流动的特征。

第五，旅游流空间流动存在一定的行政藩篱效应。省域内的节点更加趋向于向本省内流动，跨省级行政区的旅游流空间流动较少，且主要集中在三个省会城市之间的流动。这进一步说明三个中心城市之间旅游流空间联系对推动长江中游城市群旅游一体化起着关键性作用。

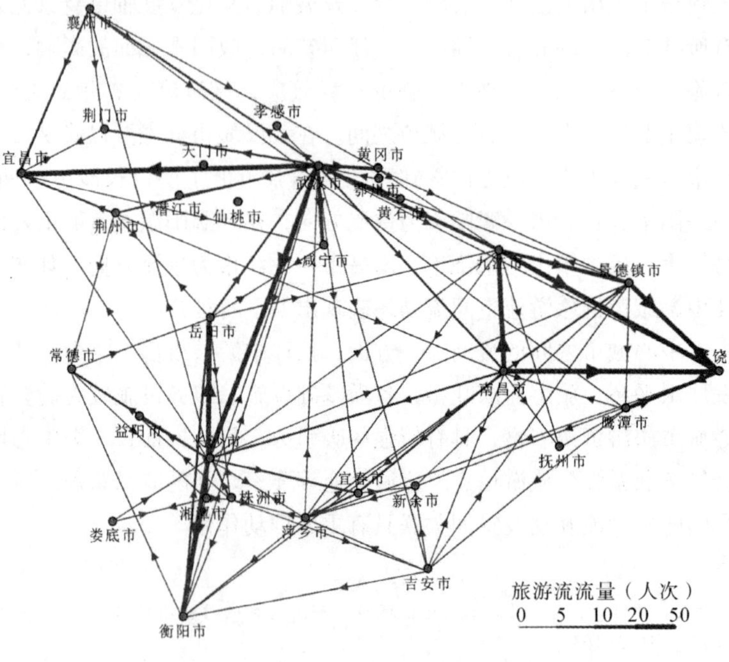

图 3.1　长江中游城市群旅游流空间流动

3.1.2 流向关系

（1）有向流动关系。

旅游流的有向流动关系可以反映长江中游城市群旅游流的流动方向及流向特征。长江中游城市群由 31 个地区构成，在理想状态下应存在 930 对有向流动关系，而实际上只存在 139 对旅游流关系。在已存在的 139 对旅游流关系中，旅游流流动频次的极商与极差分别为 48 和 47，其旅游流的流动关系也表现出较强的差异性。可见，长江中游城市群旅游流有向流动关系差异较为明显，两极分化现象较为突出。如图 3. 2 所示，长沙市→湘潭市的旅游流流向频次最大，有 48 次；其次为上饶市→景德镇市的旅游流流向频次，有 37 次；第三为长沙市→岳阳市的旅游流流向频次，有 36 次；第四为武汉市→宜昌市的旅游流流向频次，有 34 次；第五为武汉市→长沙市的旅游流流向频次，有 33 次。由此可见，长江中游城市群旅游发展具有不均衡性，区域差异明显。

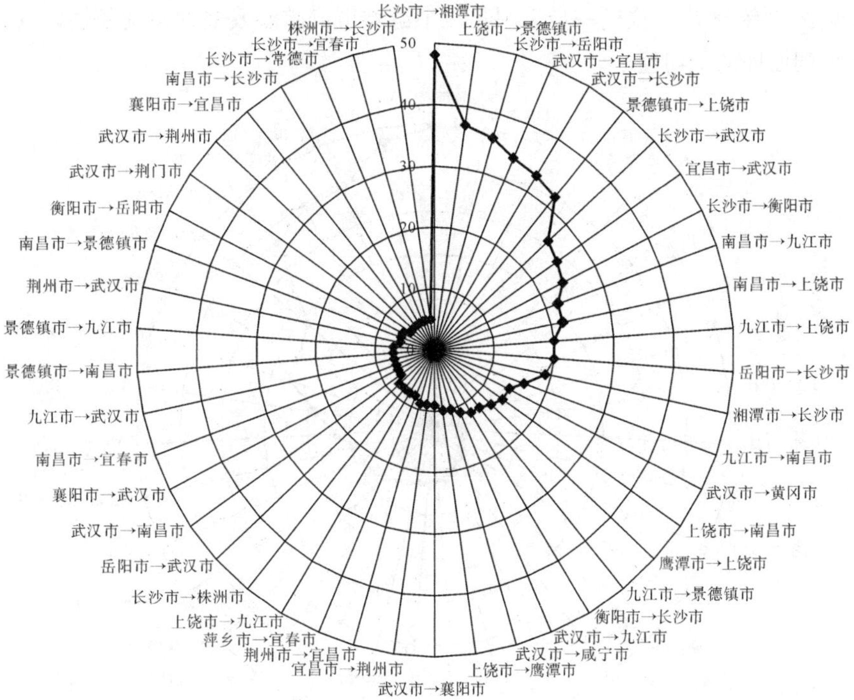

图 3. 2　旅游流有向流动频次

注：图中仅列出有向流动次数不小于 5 的关系对。

（2）无向流动关系。

旅游流的无向流动关系可以反映长江中游城市群旅游流主要集中在哪些地区之间，主要地区之间旅游流存在的流量关系及联系强度。如图 3.3 所示，长江中游城市群旅游流流动关系主要集中在景德镇市-上饶市、长沙市-湘潭市、武汉市-宜昌市、武汉市-长沙市等少数地区之间，且流动关系及强度差异较大。在理想状态下，长江中游城市群旅游流的无向流动关系应该存在 465 对，而实际上只存在 91 对。在已存在的 91 对无向旅游流关系中，无向流动关系的流动频次均值为 9，且仅有 23 对无向旅游流关系对大于均值。这进一步反映出长江中游城市群旅游流无向流动关系差异较大，且旅游流主要集中在少数地区之间，大多数地区之间的旅游流联系较少。景德镇市-上饶市的旅游流流动频次最大，有 69 次；其次为长沙市-湘潭市的旅游流流动频次，有 67 次；第三为武汉市-宜昌市、武汉市-长沙市的旅游流流动频次，有 59 次；第四为长沙市-岳阳市的旅游流流动频次，有 56 次；第五为南昌市-九江市的旅游流流动频次，有 38 次。这进一步表明长江中游城市群旅游发展的不均衡性以及区域协同发展的迫切性。

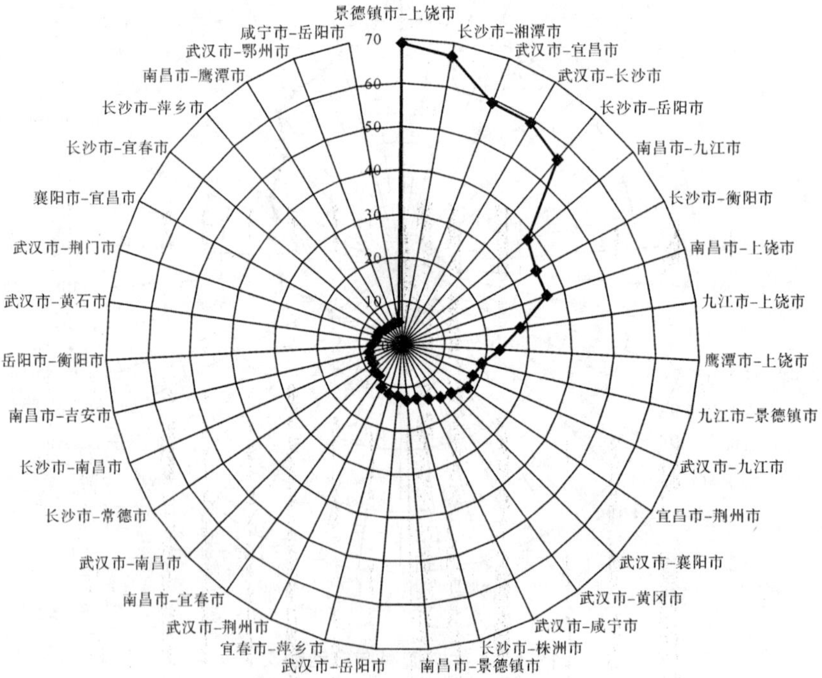

图 3.3　旅游流无向流动频次

注：图中仅列出无向流动次数不小于 5 的关系对。

3.1.3 网络结构

如图 3.4 所示，在不同旅游流流量控制下的长江中游城市群旅游流网络表现出一定的差异性。在进行社会网络分析时，大多模块分析是基于二分矩阵展开的，因此需要选取恰当的断点值，把赋值矩阵转换成二分矩阵①。本部分选取 5 作为断点值，主要基于以下几个方面的原因：第一，当 $l_{ij}\geqslant 5$ 时，旅游流流量占比达 80.71%，保留了长江中游城市群绝大部分的旅游流流量；第二，当 $l_{ij}\geqslant 5$ 时，有 66.67%的旅游节点存在旅游流关系，能够有效反映长江中游城市群大多数地区之间的旅游流关系；第三，经多次测试，选取 5 作为断点值能很好地突出长江中游城市群旅游流网络的核心及其主要旅游流节点。

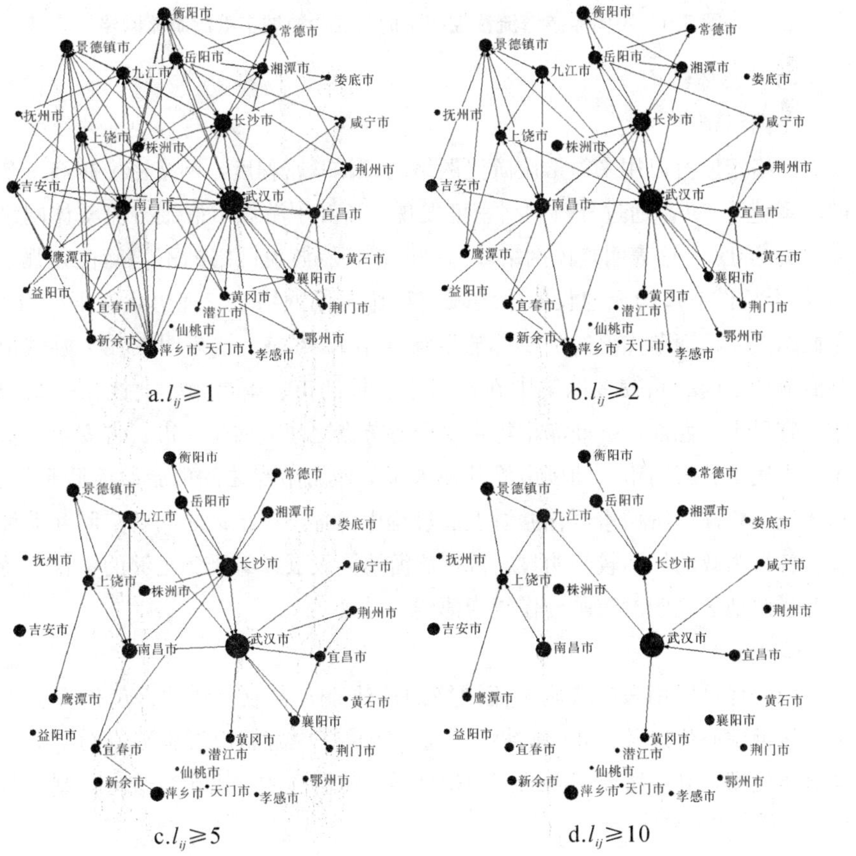

a. $l_{ij}\geqslant 1$　b. $l_{ij}\geqslant 2$

c. $l_{ij}\geqslant 5$　d. $l_{ij}\geqslant 10$

---

① 彭红松，陆林，路幸福，等. 基于社会网络方法的跨界旅游客流网络结构研究：以泸沽湖为例［J］. 地理科学，2014，34（9）：1041-1050.

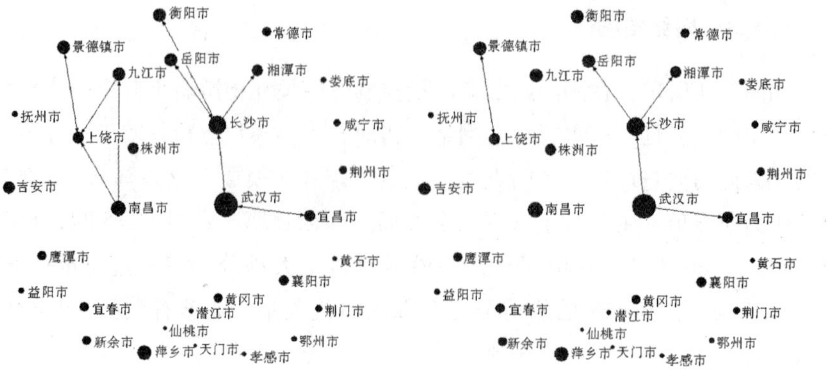

e. $l_{ij} \geq 20$　　　　f. $l_{ij} \geq 30$

图 3.4　不同旅游流流量控制下的长江中游城市群旅游流网络

（1）整体结构。

①网络密度。

网络密度可以用来衡量旅游流网络的整体紧密程度，网络密度越高，节点的联系越紧密①。通过分析网络密度发现，长江中游城市群旅游流整体网络密度值为 0.050，这表明整体网络较为松散，且旅游流网络的不均衡性较强。在由 31 个旅游节点构成的长江中游城市群旅游流网络中，理想状态下应有 930 条联结关系，而节点之间的实际旅游流联结为 46 条，这表明长江中游城市群旅游流的空间联系较多地集中在武汉市、长沙市、南昌市、上饶市、景德镇市、宜昌市、九江市、湘潭市等主要旅游节点之间，而抚州市、吉安市、益阳市、娄底市、天门市、仙桃市等其他大多数旅游节点之间的旅游流联系较少。这体现了长江中游城市群在旅游发展过程中内部不同地区之间的空间互动性较弱，各自为政的局面较为明显，区域旅游协同发展没有受到足够的重视，特别是跨行政地区之间的旅游合作较为薄弱。

②中心势。

中心势可以用来反映旅游流网络的总体整合度或一致性，包括程度中心势、接近中心势以及中介中心势②。通过对长江中游城市群旅游流网络的中心势分析发现，其旅游流网络的不均衡性强，旅游流主要由少数节点控制。具体

① 陈超，刘家明，马海涛，等. 中国农民跨省旅游网络空间结构研究［J］. 地理学报，2013，68（4）：547-558.

② 杨兴柱，顾朝林，王群. 南京市旅游流网络结构构建［J］. 地理学报，2007，62（6）：609-620.

而言，长江中游城市群旅游流网络的外向、内向程度中心势分别为25.89%和15.56%，这说明长江中游城市群旅游流网络不均衡性强，旅游流网络主要由少数节点控制，大多数节点对少数节点的依赖程度很高。同时，长江中游城市群旅游流网络的中介中心势为14.76%，这说明长江中游城市群旅游流网络对中介能力较强的节点依赖性强，中介能力较强的旅游节点对旅游流网络的发展影响更明显。由此可见，长江中游城市群旅游发展的两极分化现象严重，其旅游流被旅游发展水平较高的少数节点控制，而大多数旅游发展水平较低的节点在旅游流系统中的依赖性强，受旅游发展水平较高节点的控制。

③核心-边缘结构。

核心-边缘结构分析可以反映旅游流节点在旅游流网络中的重要性程度。其中，节点的核心度越大，表明该节点在旅游流网络中的地位越重要；反之，表明该节点在旅游流网络中的地位越低。通过对核心-边缘模型的分析发现，长江中游城市群旅游流网络的核心-边缘结构突出，结构分层现象明显。长江中游城市群旅游流网络有12个旅游节点位于核心区，有19个旅游节点位于边缘区，可见长江中游城市群大多数旅游节点位于边缘区（见表3.1）。长江中游城市群旅游流在边缘区和核心区的网络密度分别为0.003和0.242，两者相差较大，可见长江中游城市群旅游流网络存在分层现象。此外，核心区到边缘区的旅游流网络密度为0.035，边缘区到核心区的旅游流网络密度为0.022，这表明长江中游城市群核心区旅游节点之间旅游流联系较为松散，核心区与边缘区之间的旅游流联系较少，边缘区旅游节点之间旅游流联系更为松散，进一步反映出长江中游城市群旅游发展的空间差异较大、旅游一体化的进程有待加快。

表3.1　长江中游城市群旅游流网络的核心-边缘区成员

核心区	边缘区
武汉市、黄冈市、咸宁市、襄阳市、宜昌市、荆州市、长沙市、岳阳市、南昌市、九江市、景德镇市、上饶市	黄石市、鄂州市、孝感市、仙桃市、潜江市、天门市、荆门市、株洲市、湘潭市、益阳市、常德市、衡阳市、娄底市、鹰潭市、新余市、宜春市、萍乡市、抚州市、吉安市

此外，长江中游城市群各节点在旅游流网络中的核心度差异较大，两极分化现象较为突出（见表3.2）。其中，各节点的旅游流网络核心度的均值为0.102，标准差为0.148，方差为0.022。武汉市在旅游流网络中的核心度最高，为0.499；其次为九江市，网络核心度为0.466；第三为南昌市，网络核

心度为0.373。

表3.2　长江中游城市群各节点在旅游流网络中的核心度

位次	节点	核心度	位次	节点	核心度	位次	节点	核心度
1	武汉市	0.499	12	鹰潭市	0.081	23	荆门市	0.000
2	九江市	0.466	13	株洲市	0.054	24	益阳市	0.000
3	南昌市	0.373	14	湘潭市	0.054	25	常德市	0.000
4	上饶市	0.333	15	黄石市	0.000	26	娄底市	0.000
5	景德镇市	0.312	16	鄂州市	0.000	27	新余市	0.000
6	长沙市	0.225	17	黄冈市	0.000	28	宜春市	0.000
7	岳阳市	0.180	18	孝感市	0.000	29	萍乡市	0.000
8	襄阳市	0.164	19	咸宁市	0.000	30	抚州市	0.000
9	宜昌市	0.164	20	仙桃市	0.000	31	吉安市	0.000
10	荆州市	0.164	21	潜江市	0.000			
11	衡阳市	0.099	22	天门市	0.000			

④凝聚子群。

凝聚子群分析可以发现哪些节点在旅游流网络中具有相似性。采用Unicet软件中的concor算法，对长江中游城市群旅游流网络进行分析，发现长江中游城市群旅游流网络呈现出明显的内部凝聚性。如图3.5所示，在3级层面，长江中游城市群旅游流网络存在6个凝聚子群，各个凝聚子群的内部构成、影响力差异较大（见表3.3）。旅游流各凝聚子群的内部构成表现出较强的地域近邻性以及行政地域性，即在地域上近邻的地区间的旅游流空间关联性更强，在同一行政区域内的地区更利于旅游流空间互动。

表3.3　长江中游城市群旅游流网络的凝聚子群密度

子群序号	子群1	子群2	子群3	子群4	子群5	子群6
子群1	0.750	0.050	0.125	0.083	0.050	0.000
子群2	0.100	0.450	0.000	0.000	0.013	0.100
子群3	0.000	0.100	0.000	0.667	0.000	0.250
子群4	0.083	0.000	0.667	1.000	0.000	0.000
子群5	0.000	0.000	0.000	0.000	0.000	0.000
子群6	0.000	0.000	0.000	0.000	0.000	0.500

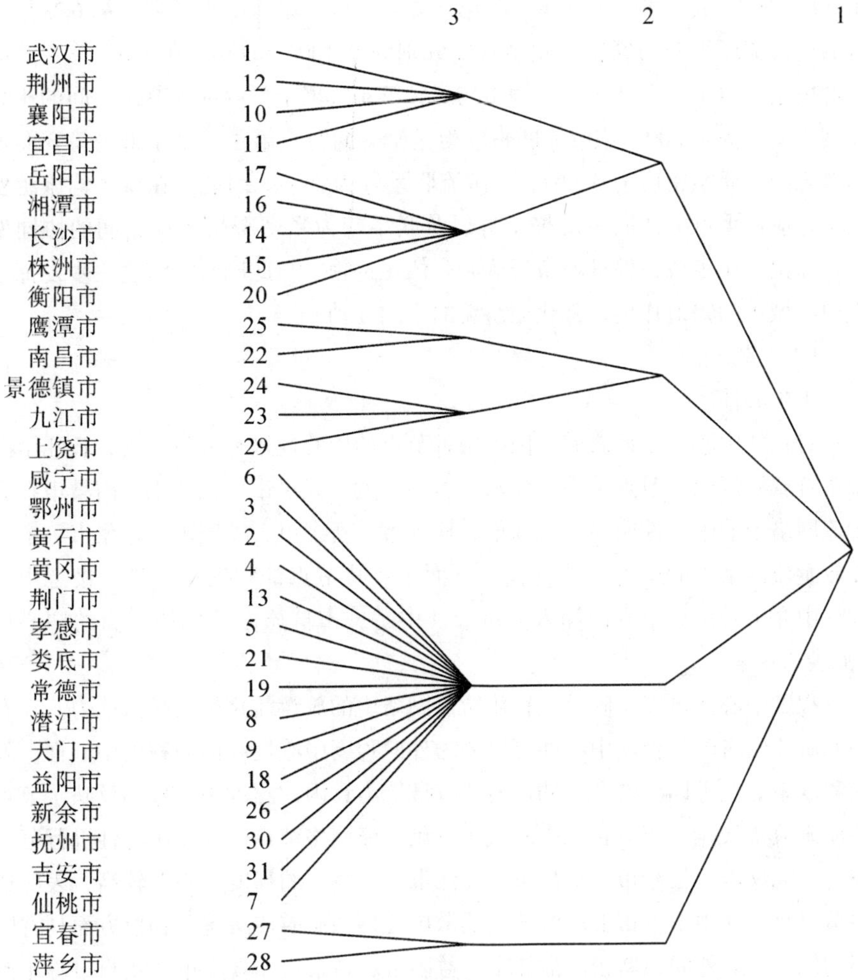

图 3.5　长江中游城市群旅游流网络的凝聚子群

如图 3.5 以及表 3.3 所示，第 1 凝聚子群由武汉市、荆州市、襄阳市、宜昌市构成，与第 2 凝聚子群、第 3 凝聚子群、第 4 凝聚子群、第 5 凝聚子群的联系密度分别为 0.050、0.125、0.083、0.050，在长江中游城市群旅游流网络中，影响力最为明显，具有较强的旅游流辐射效应；第 2 凝聚子群由长沙市、岳阳市、湘潭市、株洲市、衡阳市构成，旅游流网络密度为 0.450，这表明第 2 凝聚子群内部旅游节点之间的旅游流联系紧密。同时，第 2 凝聚子群与第 1 凝聚子群、第 5 凝聚子群、第 6 凝聚子群的联系密度分别为 0.100、0.013、0.100，第 2 凝聚子群也表现出较强的旅游流辐射效应。第 3 凝聚子群由南昌市、鹰潭市构成，第3凝聚子群与第2凝聚子群、第4凝聚子群、第6凝聚子群的旅游流联系较为紧密，联系密度分别为0.100、0.667、0.250。第4凝聚子群由景德镇市、九江市、上饶市构成，第4凝聚子群内部各节点之间的旅游流网络密度为1.000，旅游流联系较为紧密。同时，第4凝聚子群与第3凝聚子群之间的联系密度为0.667，旅游流联系较为紧密。因此，在城市群旅游发展中，应该重点关注同一凝聚子群以及联系较为紧密凝聚子群之间的协同发展，加快合作步伐，促进城市群旅游一体化进程。与此同时，应进一步发挥三大中心城市的辐射作用，强化旅游流的空间互动。

（2）节点结构。

①中心性。

对长江中游城市群旅游流网络中各节点的中心性进行分析发现，长江中游城市群旅游流网络节点的中心性水平差异较大，武汉市、长沙市、南昌市在旅游流网络中的中心性明显，潜江市、仙桃市、新余市、娄底市、抚州市等节点在旅游流网络中的中心性非常低。下面主要从节点的程度中心性、接近中心性、中介中心性三个方面深入分析长江中游城市群旅游流网络节点的中心性（见表3.4）。

程度中心性可以反映节点在旅游流网络中的旅游流集聚与扩散能力。在有向旅游流网络中，程度中心性可以分为外向程度中心性和内向程度中心性。外向程度中心性可以反映节点的旅游流扩散能力；内向程度中心性则反映了节点的旅游流集聚能力。对长江中游城市群旅游流网络节点的程度中心性进行分析发现，武汉市、长沙市、南昌市、九江市、上饶市的程度中心性较高，表明这些节点是长江中游城市群旅游流的集散中心，在旅游流集聚与辐射方面具有明显的优势，对外联系紧密。潜江市、益阳市、新余市、娄底市、抚州市等旅游节点的程度中心性较低，在长江中游城市群旅游流网络中的集聚与扩散能力较弱。

接近中心性可以反映节点在旅游流网络中与其他节点联系的紧密程度以及在旅游流网络中的可接近性。在有向旅游流网络中，接近中心性可以分为外向接近中心性和内向接近中心性。外向接近中心性反映了该节点到其他节点的便捷性；内向接近中心性则反映了其他节点到该节点的便捷性。对长江中游城市群旅游流网络节点的接近中心性进行分析发现，武汉市、南昌市、长沙市等旅游节点的接近中心性较高，表明这些节点是长江中游城市群旅游流网络的中心，可进入性强，与其他节点联系紧密。潜江市、仙桃市、新余市、娄底市、抚州市等旅游节点的接近中心性较低，可进入性较弱，需要加强对这些旅游节点的旅游信息宣传力度，完善旅游基础设施及其服务设施。

中介中心性可以反映节点在旅游流网络中的旅游流中介能力。对长江中游城市群旅游流网络节点的中介中心性分析发现，武汉市、南昌市、长沙市、九江市、上饶市的中介中心性较高，表明这些节点在长江中游城市群旅游流网络中具有较强的控制力，旅游流的中转能力较强。吉安市、常德市、荆州市、鹰潭市、株洲市、新余市、娄底市、仙桃市、抚州市等旅游节点的中介中心性为0，表明这些节点在长江中游城市群旅游流网络中具有较强的依赖性，需要与中转能力较强的旅游节点联系。

表 3.4　长江中游城市群旅游流节点结构指标

节点	程度中心性		接近中心性		中介中心性	结构洞			特征
	外向	内向	外向	内向		效能大小	效率性	约束性	
武汉市	9.000	6.000	7.500	5.474	15.575	9.100	0.910	0.239	旅游核心、集散中心
长沙市	7.000	6.000	7.407	5.474	11.437	7.346	0.918	0.231	旅游核心、集散中心
南昌市	5.000	4.000	7.335	5.435	4.655	3.944	0.657	0.533	次旅游核心、次集散中心
九江市	4.000	4.000	7.335	5.435	4.368	2.250	0.563	0.659	重要旅游节点、次集散中心
上饶市	4.000	4.000	7.229	5.357	3.333	2.500	0.625	0.583	重要旅游节点、次集散中心
景德镇市	3.000	3.000	7.212	5.348	0.000	1.000	0.333	0.926	重要旅游节点
襄阳市	2.000	1.000	7.212	5.357	0.000	1.000	0.500	1.235	重要旅游节点
宜昌市	2.000	3.000	7.212	5.376	0.057	1.600	0.533	0.933	重要旅游节点
岳阳市	2.000	2.000	7.317	5.367	0.690	1.500	0.500	1.042	重要旅游节点
衡阳市	2.000	1.000	7.126	5.357	0.000	1.000	0.500	1.235	重要旅游节点
荆州市	2.000	2.000	7.212	5.367	0.000	1.000	0.500	1.125	重要旅游节点
宜春市	0.000	3.000	3.226	6.048	0.000	2.333	0.778	0.611	重要旅游节点
湘潭市	1.000	1.000	7.109	5.357	0.000	1.000	1.000	1.000	一般旅游节点
株洲市	1.000	1.000	7.109	5.357	0.000	1.000	1.000	1.000	一般旅游节点
鹰潭市	1.000	1.000	6.944	5.245	0.000	1.000	1.000	1.000	一般旅游节点
萍乡市	1.000	0.000	3.333	3.226	0.000	1.000	1.000	1.000	一般旅游节点
黄冈市	0.000	1.000	3.226	5.650	0.000	1.000	1.000	1.000	一般旅游节点
咸宁市	0.000	1.000	3.226	5.650	0.000	1.000	1.000	1.000	一般旅游节点
常德市	0.000	1.000	3.226	5.650	0.000	1.000	1.000	1.000	一般旅游节点
荆门市	0.000	1.000	3.226	5.650	0.000	1.000	1.000	1.000	一般旅游节点
鄂州市	0.000	0.000	3.226	3.226	0.000	0.000			边缘旅游节点

表3.4(续)

节点	程度中心性		接近中心性		中介中心性	结构洞			特征
	外向	内向	外向	内向		效能大小	效率性	约束性	
黄石市	0.000	0.000	3.226	3.226	0.000	0.000			边缘旅游节点
孝感市	0.000	0.000	3.226	3.226	0.000	0.000			边缘旅游节点
娄底市	0.000	0.000	3.226	3.226	0.000	0.000			边缘旅游节点
潜江市	0.000	0.000	3.226	3.226	0.000	0.000			边缘旅游节点
天门市	0.000	0.000	3.226	3.226	0.000	0.000			边缘旅游节点
益阳市	0.000	0.000	3.226	3.226	0.000	0.000			边缘旅游节点
新余市	0.000	0.000	3.226	3.226	0.000	0.000			边缘旅游节点
仙桃市	0.000	0.000	3.226	3.226	0.000	0.000			边缘旅游节点
抚州市	0.000	0.000	3.226	3.226	0.000	0.000			边缘旅游节点
吉安市	0.000	0.000	3.226	3.226	0.000	0.000			边缘旅游节点
均值	1.484	1.484	5.039	4.602	1.294				
标准差	2.212	1.757	1.993	1.103	3.472				
总和	46.000	46.000	156.204	142.663	40.115				
方差	4.895	3.088	3.972	1.216	12.058				
最小值	0.000	0.000	3.226	3.226	0.000				
最大值	9.000	6.000	7.500	6.048	15.575				

②结构洞。

结构洞分析可以发现哪些节点在旅游流网络中具有结构洞优势以及竞争能力。结构洞包括效能大小、效率性以及约束性等指标。节点在旅游流网络中的效能、效率越大，表明该节点的结构洞优势越明显，竞争力越强，约束性越小；反之，表明该节点的结构洞优势越不明显，约束性越大。对长江中游城市群旅游流网络节点的结构洞分析发现，武汉市、长沙市、南昌市三个旅游节点具有较高的效能和效率以及较低的约束性，结构洞水平较高，在网络中具有明显的优势；岳阳市、宜昌市、上饶市、九江市等节点在长江中游城市群旅游流网络中也具有一定的结构洞优势。一方面，具有结构洞优势的旅游节点竞争优势明显，容易导致旅游流瓶颈问题，应该加强对旅游基础设施和服务设施的建设力度，对旅游流进行合理引导和容量控制；另一方面，株洲市、鄂州市、黄石市、益阳市等结构洞水平较低的旅游节点除了提高自身的服务水平及质量外，还应该加强与具有结构洞优势的节点之间的联系，如加强交通联系、旅游线路整合以及旅游市场整合营销等。

3.2 特殊时段旅游流空间格局

随着休假制度的调整，旅游业迎来了更多的特殊时段，其中，“五一”小长假和“十一”黄金周所造成的旅游流特殊变化更为显著①。对长江中游城市群特殊时段的旅游流空间格局进行分析，可以揭示闲暇时间约束下城市群旅游流空间格局的差异及其变化规律。

3.2.1 “五一”小长假

（1）空间分布。

对长江中游城市群网络旅游文本进行筛选，对“五一”小长假期间长江中游城市群旅游目的地旅游点的旅游流流量（旅游者到访人次）进行整理，统计出“五一”小长假期间旅游流在微观尺度旅游点上的分布状况。结果显示，长江中游城市群在“五一”小长假期间旅游流空间分布的集中性明显，旅游流主要集中在武汉、长沙、南昌三个中心城市，以及韶山、三峡大坝、三清山等具有较强知名度和影响力的旅游点。

从旅游流的空间流动来看，“五一”小长假期间，长江中游城市群旅游流主要沿京广高铁方向流动，京广高铁沿线地区之间的旅游流联系较为紧密。如图3.6所示，在“五一”小长假期间，长江中游城市群旅游流以京广高铁沿线的武汉市、岳阳市、南昌市、湘潭市等地区之间的旅游流联系最为紧密。

（2）流向关系。

从无向旅游流流动关系来看，“五一”小长假期间，长江中游城市群旅游流关系主要集中在武汉市-长沙市、长沙市-湘潭市、萍乡市-宜春市等少数地区之间，且各地区之间存在的旅游流关系不均衡性较强。如图3.6所示，长沙市-湘潭市的旅游流流动频次最大，第二为武汉市-长沙市的旅游流流动频次，第三为萍乡市-宜春市的旅游流流动频次。从有向旅游流流动关系来看，“五一”小长假期间，长江中游城市群旅游流的流动方向主要为武汉、长沙、南昌三个中心城市流向资源禀赋较好的地区以及三个中心城市之间的流动，表现出较强的行政藩篱现象以及高速交通指向。一方面，旅游流的流向在“五一”小长假期间，主

① 贺晓慧，白凯，卫海燕，等. 西安特殊时段旅游流规模分形结构特征研究：以“十一”黄金周为例［J］. 干旱区地理，2011，34（5）：858-865.

要以三个省会城市流向三个省内的其他地区，旅游流的流向受地域行政的影响较为明显；另一方面，随着城市群一体化的推进以及城市群内部高速交通的快速建设与发展，旅游流表现出沿高速交通流动的特性，长江中游城市群旅游流呈现出沿京广高铁流动的特征明显，武汉市→长沙市、长沙市→湘潭市是长江中游城市群旅游流“五一”小长假期间的主要流动方向。

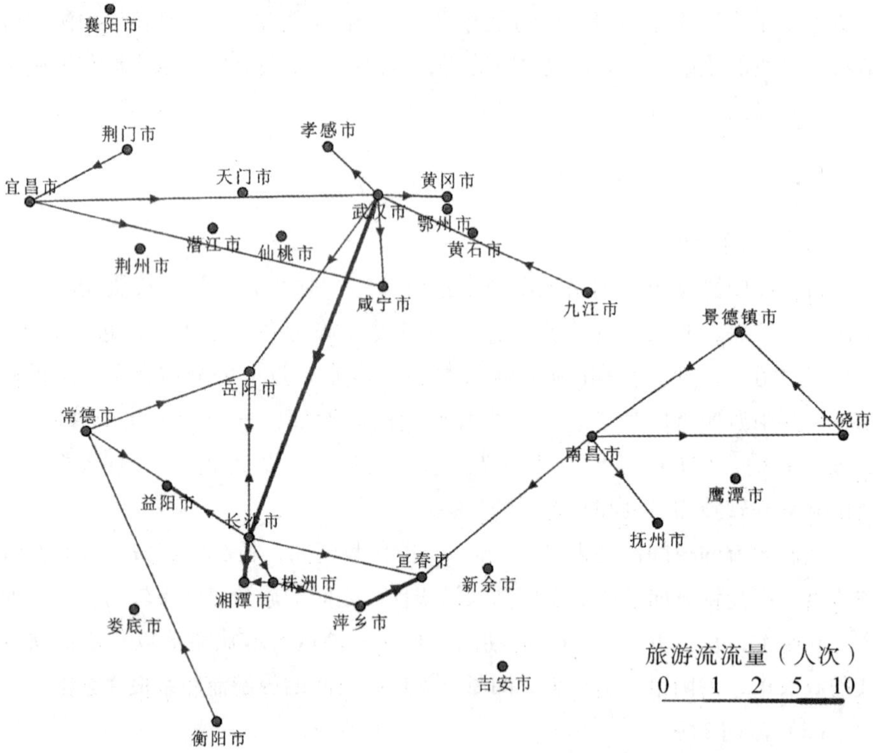

图 3.6　长江中游城市群“五一”小长假旅游流空间流动

（3）网络结构。

在已构建的“五一”小长假长江中游城市群旅游流关系矩阵的基础之上，运用 Netdraw 软件中的网络功能，生成“五一”小长假长江中游城市群旅游流网络结构图。如图 3.7 所示，“五一”小长假期间，长江中游城市群旅游流是以武汉市、长沙市、南昌市、宜春市、宜昌市、岳阳市等为重要节点展开的旅游流网络结构，这些节点对“五一”小长假期间长江中游城市群旅游流的控制性较强，特别是武汉市、长沙市在旅游流网络中具有较强的影响力和竞争力。为了进一步分析“五一”小长假这一特殊时段旅游流的网络结构，下面将以是否存在旅游流关系为断点值，来对“五一”小长假这一特殊时段的旅游流网络结构进行深入的分析。

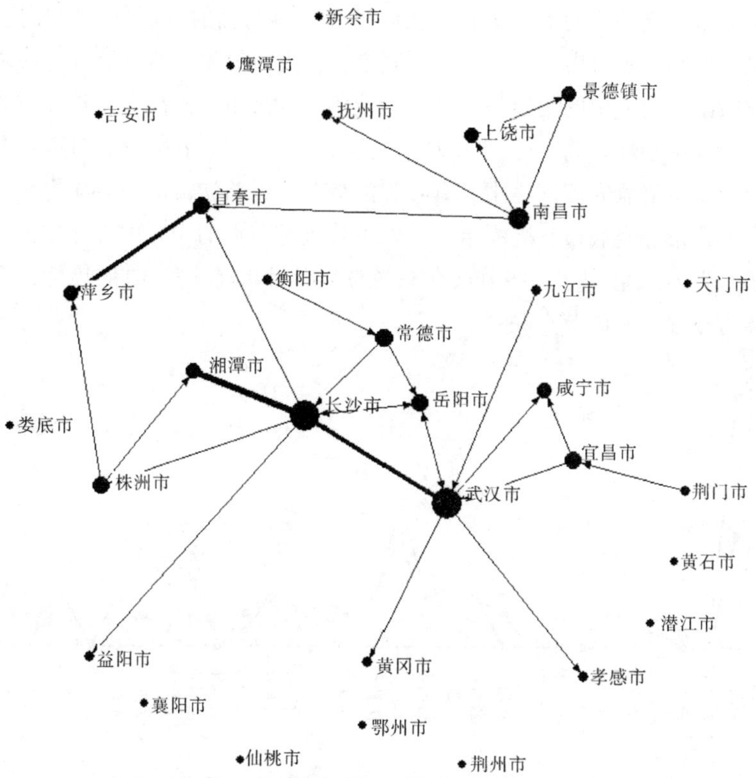

图 3.7　长江中游城市群“五一”小长假旅游流网络

从整体结构来看，如表 3.5 所示，“五一”小长假期间，长江中游城市群旅游流整体网络密度为 0.031，各节点之间的旅游流联系十分松散，旅游流联系较多地集中在武汉市、长沙市、湘潭市等少数旅游节点之间，而其他大多数旅游节点之间的旅游流联系较少。“五一”小长假期间，长江中游城市群旅游流网络的程度中心势和中介中心势分别为 19.20%、5.83%，可见长江中游城市群旅游流主要由少数节点控制。

表 3.5　特殊时段长江中游城市群旅游流网络的整体结构指标

特殊时段	路径条数	平均流量	网络密度	程度中心势	中介中心势
“五一”小长假	29	1.276	0.031	19.20%	5.83%
“十一”黄金周	61	1.705	0.066	47.36%	31.33%

从节点结构来看，武汉市、长沙市、南昌市、景德镇市、上饶市等旅游节点的程度中心性较高（见图 3.8），表明在“五一”小长假期间这些节点是长

江中游城市群旅游流的集散中心，在旅游流集聚与辐射方面具有明显的优势，对外联系紧密。黄石市、天门市、娄底市、吉安市等旅游节点的程度中心性较低，在旅游流网络中的集聚与扩散能力较弱。武汉市、南昌市、长沙市等旅游节点的中介中心性较高（见图3.9），表明在“五一”小长假期间这些节点在长江中游城市群旅游流网络中具有较强的控制力，旅游流的中转能力较强。黄石市、鄂州市、娄底市、鹰潭市、吉安市等旅游节点的中介中心性较低，表明在“五一”小长假期间这些节点在旅游流网络中具有较强的依赖性，需要与中转能力较强的旅游节点联系。

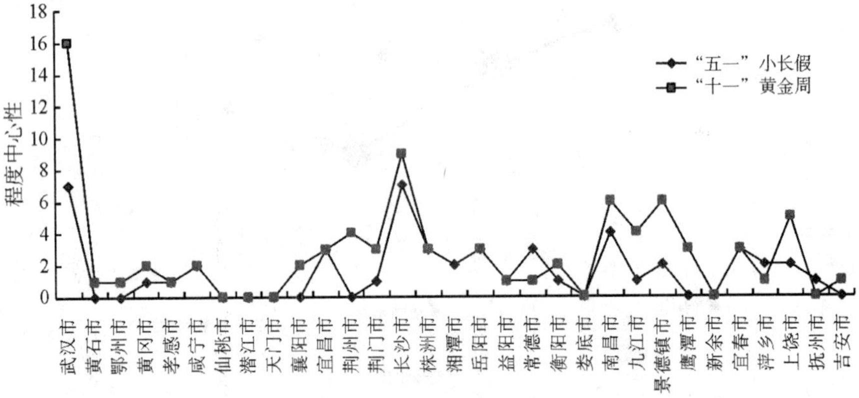

图3.8　特殊时段长江中游城市群旅游流网络节点程度中心性

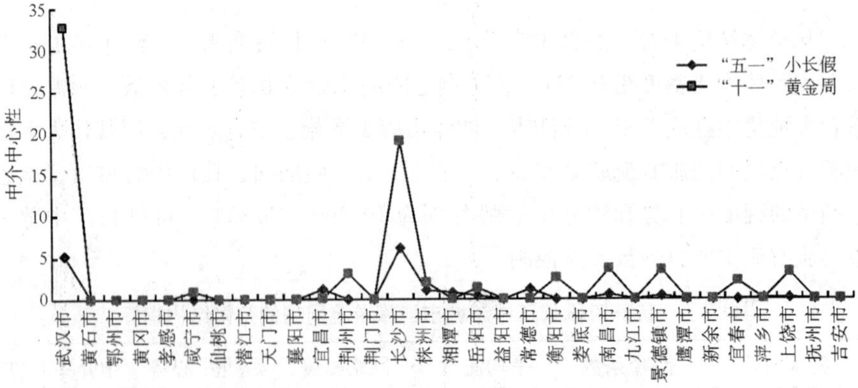

图3.9　特殊时段长江中游城市群旅游流网络节点中介中心性

3.2.2 “十一”黄金周

(1) 空间分布。

对长江中游城市群网络旅游文本进行筛选，对“十一”黄金周期间长江中游城市群旅游点的旅游流流量（旅游者到访人次）进行整理，统计出“十一”黄金周期间旅游流在旅游点上的分布状况。结果显示，在“十一”黄金周期间，长江中游城市群旅游流具有较强的空间集聚性，旅游流主要集中在武汉市、长沙市、上饶市、岳阳市、宜昌市、衡阳市、九江市、景德镇市等地区。相对于“五一”小长假，“十一”黄金周不仅在旅游流流量上有了很大的提升，而且旅游流的地域分布更广。

从旅游流的空间流动来看，如图3.10所示，“十一”黄金周期间，长江中游城市群旅游流的空间流动范围较大，旅游流在空间上受行政界限、交通条件的影响较为明显。一方面，长江中游城市群旅游流在空间上表现出行政藩篱现象，即旅游流在空间上具有地方行政化色彩，旅游流在省域内的流动较为明显。另一方面，长江中游城市群旅游流在空间上表现出沿高速交通流动的趋势，京广高铁、沪汉蓉高铁以及沪昆高铁沿线的地区之间的旅游流联系较为紧密。沪汉蓉高铁沿线的武汉市、荆州市、宜昌市旅游流在空间上联系紧密，京广高铁沿线的武汉市、咸宁市、岳阳市、长沙市、衡阳市旅游流在空间上联系十分紧密，沪昆高铁沿线的上饶市、鹰潭市、南昌市、宜春市、萍乡市、长沙市的旅游流空间联系正逐步增强。

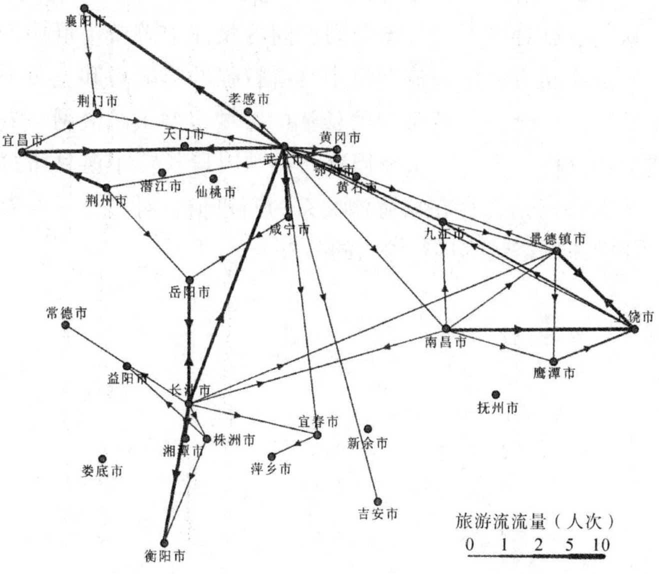

图3.10 长江中游城市群“十一”黄金周旅游流空间流动

（2）流向关系。

从无向旅游流的流动关系看，长江中游城市群旅游流主要集中在武汉市-宜昌市、景德镇市-上饶市、长沙市-岳阳市、宜昌市-荆州市、南昌市-上饶市等主要地区之间，与“五一”小长假相比，“十一”黄金周的旅游流流量更大，各地区之间的旅游流联系进一步增强。如图3.10所示，武汉市-宜昌市的旅游流联系最大，流动频次最高；其次为景德镇市-上饶市的旅游流联系；再次为长沙市-岳阳市、宜昌市-荆州市的旅游流联系；武汉市-南昌市、长沙市-衡阳市、南昌市-上饶市也存在较强的旅游流联系。从有向旅游流的流动关系看，长江中游城市群旅游流的流动方向主要为武汉市→宜昌市、长沙市→岳阳市、景德镇市→上饶市以及宜昌市→荆州市，主要表现为从社会经济发展水平高、客源市场大的中心城市流向资源禀赋较好的地区以及旅游流在资源禀赋较好地区之间的流动。就旅游流的流动方向的强度而言，在长江中游城市群在“十一”黄金周的旅游流中，武汉市→宜昌市、景德镇市→上饶市的流动方向占重要地位。

（3）网络结构。

在已构建的“十一”黄金周长江中游城市群旅游流关系矩阵的基础之上，运用Netdraw软件中的网络功能，生成“十一”黄金周长江中游城市群旅游流网络结构图。如图3.11所示，“十一”黄金周期间，长江中游城市群旅游流是以武汉市、长沙市、南昌市、宜春市、宜昌市、岳阳市等为重要节点展开的旅游流网络，这些节点对“十一”黄金周期间的长江中游城市群旅游流的控制性较强，特别是武汉市在旅游流网络中具有较强的影响力和竞争力。与“五一”小长假相比，“十一”黄金周的长江中游城市群旅游流网络发育程度更高。为了进一步分析“十一”黄金周这一特殊时段长江中游城市群旅游流的网络结构，下面将以是否存在旅游流关系为断点值，对“十一”黄金周这一特殊时段的旅游流网络结构进行深入的分析。

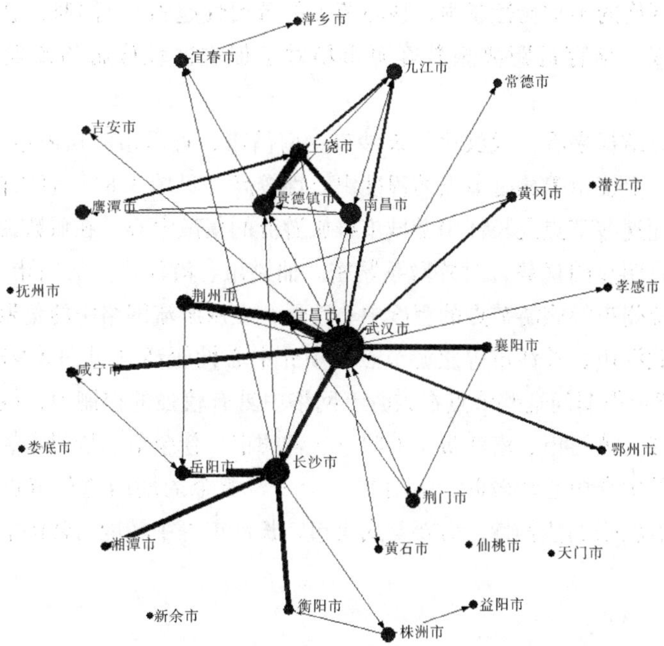

图 3.11　长江中游城市群“十一”黄金周旅游流网络

从整体结构来看，如表 3.5 所示，“十一”黄金周期间，长江中游城市群旅游流整体网络密度为 0.066，表明各节点之间的旅游流联系十分松散。旅游流联系较多地集中在武汉市、长沙市等少数旅游节点之间，而其他大多数旅游节点之间的旅游流联系较少。“十一”黄金周期间，旅游流网络的程度中心势和中介中心势分别为 47.36%、31.33%，可见长江中游城市群旅游流主要由少数节点控制。相对于“五一”小长假，“十一”黄金周旅游流的网络中心势更高。其主要原因在于，“五一”小长假相对较短，旅游者以近距离旅游为主，旅游地的客源多集中在近程；而“十一”黄金周相对较长，旅游者可以进行远距离旅游，旅游地的远程客源增多①。近距离旅游主要集中在城市周边，跨区域流动较少，对核心节点的依赖性相对较弱。对于远距离旅游而言，核心节点在旅游资源的吸引力以及交通可达性等方面具有明显优势，旅游者对核心节点的依赖性更高。这一结论吻合了郑嫱婷等的观点，即出游时间越长，旅游流

① 刘泽华，顾宗欣，王楠楠，等. 闲暇时间约束对中山陵景区国内客源市场空间结构的影响[J]. 地理研究，2013，32 (9)：1737-1746.

整体空间网络的不均衡性越强，核心节点的重要性越强①。同时，这在一定程度上也体现了培育近距离旅游客源市场对于促进区域旅游均衡发展的重要意义。

从节点结构来看，武汉市、长沙市、南昌市、宜昌市、岳阳市、九江市、景德镇市、上饶市等旅游节点的程度中心性较高（见图3.8），表明在“十一”黄金周期间这些节点是长江中游城市群旅游流的集散中心，在旅游流集聚与辐射方面具有明显的优势，对外联系紧密。仙桃市、潜江市、天门市、娄底市、新余市、抚州市等旅游节点的程度中心性低，在旅游流网络中的集聚与扩散能力较弱。武汉市、长沙市等旅游节点的中介中心性较高（见图3.9），表明在“十一”黄金周期间这些节点在旅游流网络中具有较强的控制力，旅游流的中转能力较强。黄石市、潜江市、天门市、常德市、新余市、抚州市、吉安市等旅游节点的中介中心性较低，表明在“十一”黄金周期间这些节点在旅游流网络中具有较强的依赖性，需要与武汉市、长沙市等中转能力强的节点加强交流与合作。

3.3 三大子城市群旅游流空间格局

通过对长江中游城市群旅游流总体空间格局以及特殊时段旅游流空间格局的分析，可以看出长江中游城市群旅游流的空间流动具有较强的地域性。长江中游城市群是由武汉城市群（圈）、环长株潭城市群、环鄱阳湖城市群三大子城市群构成的特大型城市群，三大子城市群相互联系，共同组成长江中游城市群②。在长江中游城市群旅游流空间格局中，三大子城市群内部旅游流占整个城市群旅游流总量的80.84%。因此，有必要对三大子城市群内部旅游流的空间格局进行分析，进而全面揭示长江中游城市群旅游流的空间格局。

3.3.1 武汉城市群

武汉城市群旅游流空间分布不均衡性强，旅游流主要集中在武汉市、宜昌市，呈现出明显的核心-边缘结构。就旅游流的空间分布而言，武汉城市群旅

① 郑嬗婷，陆林，陈浩．长江三角洲团队旅游者区内游空间网络结构研究：基于旅行社推荐线路［J］．资源科学，2015，37（12）：2371-2380.

② 蒋大亮，孙烨，任航，等．基于百度指数的长江中游城市群城市网络特征研究［J］．长江流域资源与环境，2015，24（10）：1654-1664.

游流空间分布不均，旅游流主要集中在武汉市、宜昌市等地区。武汉市作为湖北省的省会城市以及武汉城市群的增长极、核心，经济社会发展水平高，不仅是重要的旅游客源市场，而且旅游资源也颇为丰富，吸引力强。例如，黄鹤楼是“江南三大名楼”之一，也是国家5A级旅游景区；东湖风景区是国家重点风景名胜区，也是国家5A级旅游景区，对旅游者的吸引力强。宜昌市作为湖北省的副中心城市，经济社会发展水平较高，同时旅游资源也较为丰富。例如，世界上最大的水坝——三峡大坝、屈原故里、三峡人家等旅游景点都颇有名气。

如图3.12所示，武汉城市群旅游流主要集中在武汉市、宜昌市两个地区之间。随着鄂西生态文化旅游圈、武汉城市圈战略的不断推进，依托沪汉蓉高铁、沪渝高速、沪蓉高速，武汉市、宜昌市两个地区之间旅游流空间关联性强，两地的旅游流空间联系量占武汉城市群旅游流总流动量的34.50%，而其他地区之间的旅游流流动较小。从图3.12可进一步看出，武汉市在武汉城市群旅游流网络中处于中心位置，与大多数地区之间存在旅游流联系，在武汉城市群旅游流系统中居于核心地位，具有很强的旅游流集散能力与竞争优势。宜昌市在武汉城市群旅游流网络中的位置也较为明显，与武汉市、荆州市均有较强的旅游流联系，在旅游流网络中的优势也较为明显，旅游流的集聚与扩散能力也较强。天门市、仙桃市在武汉城市群旅游流网络中处于孤立位置，尚未融入武汉城市群旅游流系统。而孝感市、黄石市、潜江市等地区在武汉城市群旅游流网络中的中心性水平低，处于旅游流网络的边缘区，竞争优势不明显，需要与武汉市、宜昌市加强旅游交流和合作。

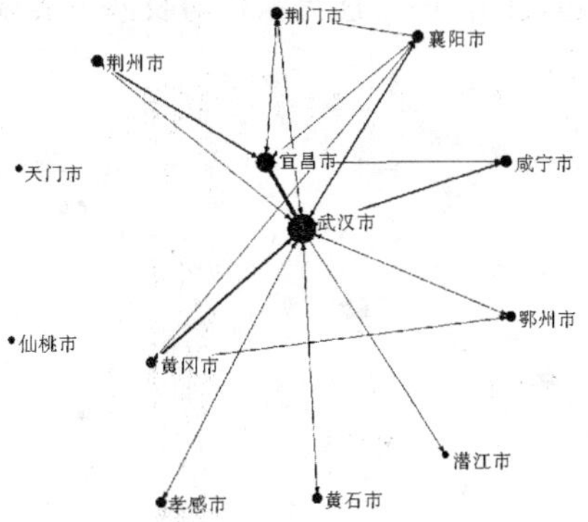

图3.12　武汉城市群旅游流的空间流动及其网络结构

3.3.2 环长株潭城市群

环长株潭城市群旅游流空间分布集中性强，呈现出明显的线性空间流动特征。就旅游流的空间分布而言，环长株潭城市群旅游流空间分布较为集中，主要集中在长沙市、岳阳市、衡阳市、湘潭市等地区。长沙市作为湖南省的省会城市以及环长株潭城市群的核心，经济社会发展水平高，同时旅游资源也十分丰富，吸引力强。例如，岳麓山是国家重点风景名胜区，也是国家5A级旅游景区，对旅游者的吸引力强。衡阳市的衡山是“五岳”之一，也是我国著名的佛教圣地和道教名山；岳阳市的岳阳楼是“江南三大名楼”之一、国家重点风景名胜区，也是国家5A级旅游景区，对旅游者的吸引力强。

如图3.13所示，环长株潭城市群旅游流表现为沿京广高铁沿线流动的特征。随着环长株潭城市群战略的推进，依托京广高铁、京港澳高速，沿线的岳阳市、长沙市、湘潭市、衡阳市之间旅游流互动频繁，这四个地区之间的流动量占环长株潭城市群旅游流总流动量的82.13%。由图3.13也可以进一步看出，长沙市在环长株潭城市群旅游流网络中处于中心位置，与环长株潭城市群大多数地区之间存在旅游流联系，在环长株潭城市群旅游流系统中居于核心地位，具有很强的旅游流集散能力与竞争优势。岳阳市、湘潭市、衡阳市在环长株潭城市群旅游流网络中的位置也较为明显，与其他地区之间也存在较强的旅游流联系，中心性水平相对较高，在旅游流网络中的优势也较为明显，旅游流集聚与扩散能力也较强。而娄底市、益阳市等地区在环长株潭城市群旅游流网络中的中心性水平低，处于旅游流网络的边缘地带，竞争优势不明显。这些地区在加强旅游目的地建设的同时，还需强化与长沙市的旅游合作。

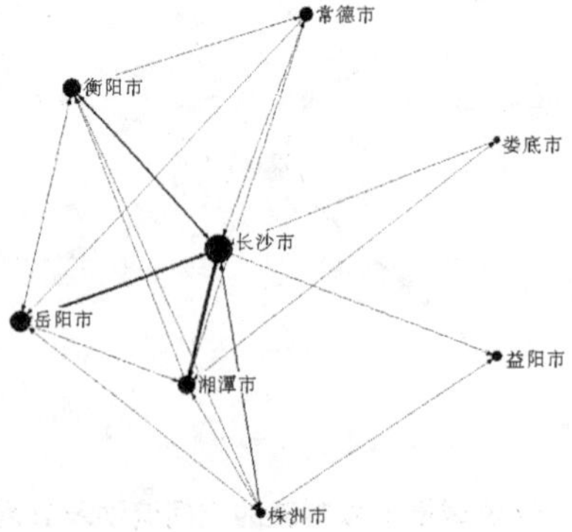

图3.13 环长株潭城市群旅游流的空间流动及其网络结构

3.3.3 环鄱阳湖城市群

环鄱阳湖城市群旅游流空间分布呈现出多核驱动的态势，轮轴状流动格局明显。就旅游流的空间分布而言，环鄱阳湖城市群旅游流存在多个集聚中心，旅游流主要集中在九江市、上饶市、景德镇市、南昌市等地区。例如，九江市的庐山素有“匡庐奇秀甲天下”的美誉，是世界文化遗产、国家重点风景名胜区、国家5A级旅游景区；上饶市的三清山素有“天下第一峰”的美誉，是世界自然遗产，也是道教名山、国家5A级旅游景区；上饶市的婺源自然风光优美，素有“中国最美的乡村”的美誉，具有较强的市场竞争力，旅游流的空间集聚性强。

如图3.14所示，环鄱阳湖城市群旅游流表现为以南昌市、九江市、景德镇市、上饶市为中心的轮轴状流动格局。赣东北旅游资源丰富，特别是随着赣东北合作的深化，以及旅游业的快速发展，赣东北地区的旅游流互动性增强。随着昌九一体化的推进，南昌与九江之间的要素流动也更为频繁。依托沪昆高铁、昌九城铁以及杭瑞高速、沪昆高速等交通廊道，四个地区之间的旅游流空间联系紧密，构成了环鄱阳湖城市群旅游流空间流动的基本骨架，且这四个地区旅游流的流动量占环鄱阳湖城市群旅游流总量的72.50%。由图3.14可进一步看出，南昌市在环鄱阳湖城市群旅游流网络中处于中心位置，与大多数地区之间存在旅游流联系，旅游流集散能力与竞争优势明显。同时，九江市、景德镇市、上饶市的旅游资源丰富，对旅游者的吸引力强，在环鄱阳湖城市群旅游流网络中的地位明显，中心性水平较高，具有较强的旅游流竞争力。而抚州市、新余市、吉安市等地区受区位条件、资源禀赋等因素的制约，在旅游流系统中处于劣势地位，竞争优势不明显，需加强与南昌市、九江市、景德镇市、上饶市的旅游交流和合作。

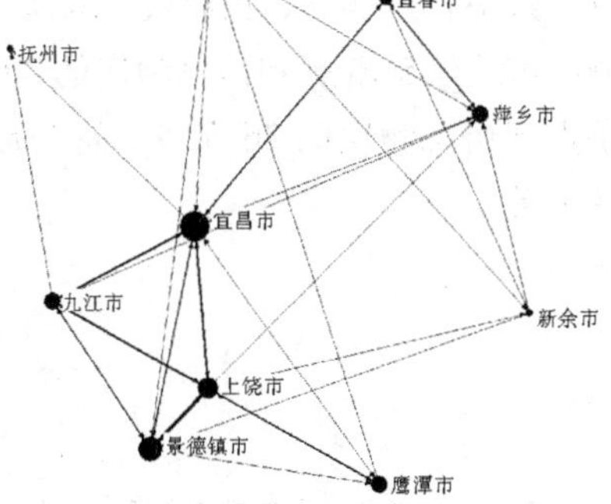

图3.14 环鄱阳湖城市群旅游流的空间流动及其网络结构

3.4 三大中心城市旅游流空间格局

中心城市是城市群的集聚与扩散中心，在城市群的发展过程中扮演着非常重要的角色。武汉、长沙、南昌分别是湖北省、湖南省、江西省的省会城市，同时也是长江中游城市群的中心城市。长江中游城市群以武汉、长沙、南昌为主的中心城市驱动周边城市联动发展的格局基本形成，中心城市对周边城市的辐射带动作用明显①。三大中心城市不仅是重要的旅游客源市场，而且是长江中游城市群重要的旅游目的地。通过对长江中游城市群旅游流的总体空间格局、特殊时段旅游流空间格局以及三大子城市群旅游流空间格局的分析可以看出，武汉、长沙、南昌三大中心城市在很大程度上影响并决定了长江中游城市群旅游流的空间格局。下面将从城市内部旅游流分布、旅游流流向关系以及旅游流网络结构等方面对长江中游城市群三大中心城市的旅游流空间格局进行深入分析。

3.4.1 武汉

（1）旅游流分布。

旅游点在网络旅游文本中的到访频次可以反映出该旅游点的受欢迎程度以及旅游流流量。对长江中游城市群网络文本进行筛选，对涉及武汉旅游的网络文本数据进行统计分析，提取旅游者在武汉城区实际到访的旅游点（含景区景点、休闲广场、文化街区等目的地），将其视为旅游节点，并构建武汉旅游流空间数据库。如图 3.15 所示，武汉旅游点的受欢迎程度差异较大，冷热不均现象突出，旅游点的旅游流流量差异较为明显。户部巷、黄鹤楼、武汉大学、长江大桥、东湖、昙华林、江汉路、湖北省博物馆、光谷广场、汉口江滩等是武汉的热点旅游点。其中，户部巷、黄鹤楼、武汉大学、长江大桥、东湖这 5 个旅游点的到访频次占武汉旅游点到访总频次的 49.67%，到访频次前 10 位的旅游点占武汉旅游点到访总频次的 76.55%，这与旅游点的知名度、影响力以及地理区位等紧密相关。

---

① 汤放华，汤慧，孙倩，等. 长江中游城市集群经济网络结构分析 [J]. 地理学报，2013，68（10）：1357-1366.

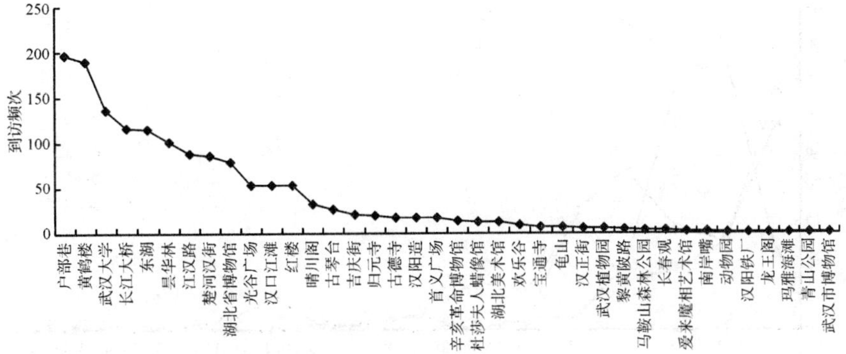

图 3.15　武汉主要旅游点到访频次

（2）旅游流流向关系。

在武汉城市内部旅游流关系中，有 38 个旅游点之间存在直接的旅游流联系，存在 254 对有向旅游流关系。然而在理想状态下应存在 1 406 对有向旅游流关系，这反映出武汉旅游流的空间流动不均衡性强，流动的集中性较为明显。在已存在的 254 对旅游流关系中，其旅游流的流动关系也表现出两极分化现象（见表 3.6）。从流动频次大于 10 的关系对可以看出，旅游流互动性强的旅游点偏向于地理近邻的旅游点之间，体现了地理空间不仅影响地区之间的旅游流关系，而且对城市内部旅游流的影响也较为明显。从图 3.16、图 3.17 可进一步看出，武汉内部旅游流总体上遵循距离衰减规律。武汉城市内部旅游流有 54.16%的流动分布在 3 km 范围内的旅游点之间，其中，有 33.19%的流动发生在 1 km 范围内的旅游点之间，有 12.43%的流动发生在 1~2 km 范围的旅游点之间。这与靳诚等（2014）对南京城市内部旅游流研究的结论较为吻合，即距离对城市内部旅游点间的旅游流流动有着重要影响，有 52.45%的流动集中在3 km范围内的旅游点间[①]。可见城市内部旅游流有大部分的流动集中在 3 km范围以内的旅游点之间，3 km 对于城市内部旅游流空间组织以及旅游点建设具有重要的意义。

---

① 靳诚，徐菁，黄震方，等. 南京城市内部景点间游客流动特征分析［J］. 地理学报，2014，69（12）：1858-1870.

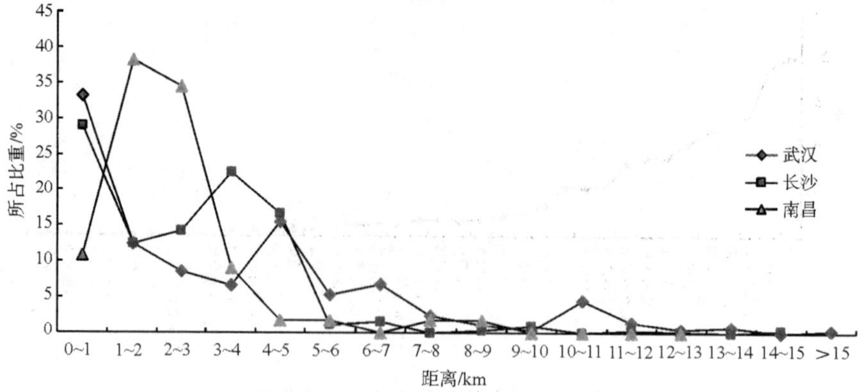

图 3.16　三大中心城市旅游流空间流动的距离衰减情况

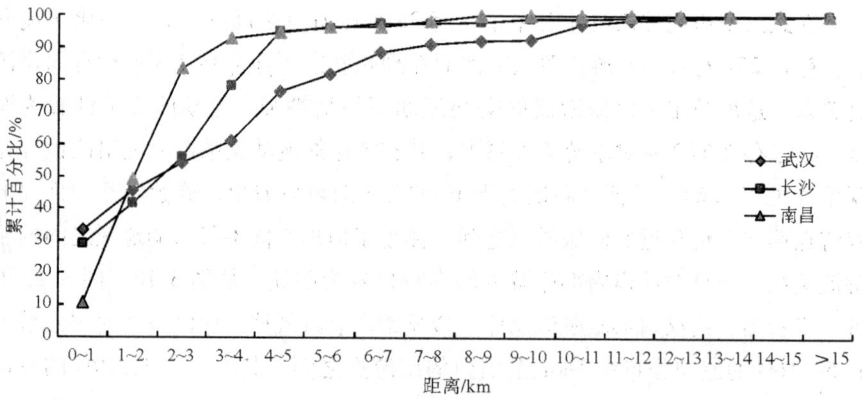

图 3.17　三大中心城市旅游流空间流动的累计曲线

表 3.6　武汉旅游流有向流动频次

关系对	流动频次	关系对	流动频次	关系对	流动频次
黄鹤楼→户部巷	49	东湖→户部巷	9	户部巷→汉口江滩	6
户部巷→黄鹤楼	41	汉口江滩→江汉路	9	黄鹤楼→楚河汉街	6
户部巷→长江大桥	40	户部巷→武汉大学	9	黄鹤楼→辛亥革命博物馆	6
武汉大学→东湖	33	黄鹤楼→昙华林	9	江汉路→户部巷	6
长江大桥→户部巷	22	江汉路→汉口江滩	9	江汉路→吉庆街	6
黄鹤楼→红楼	21	楚河汉街→杜莎夫人蜡像馆	8	楚河汉街→武汉大学	5
黄鹤楼→长江大桥	20	昙华林→光谷广场	8	龟山→晴川阁	5
长江大桥→黄鹤楼	17	武汉大学→湖北省博物馆	8	红楼→户部巷	5

表3.6(续)

关系对	流动频次	关系对	流动频次	关系对	流动频次
东湖→武汉大学	16	长江大桥→晴川阁	8	首义广场→红楼	5
武汉大学→楚河汉街	16	户部巷→红楼	8	昙华林→楚河汉街	5
昙华林→户部巷	15	户部巷→湖北省博物馆	8	昙华林→汉口江滩	5
湖北省博物馆→东湖	15	昙华林→黄鹤楼	7	昙华林→长江大桥	5
东湖→湖北省博物馆	14	武汉大学→户部巷	7	武汉大学→光谷广场	5
户部巷→江汉路	14	长江大桥→江汉路	7	武汉大学→黄鹤楼	5
东湖→楚河汉街	12	湖北省博物馆→武汉大学	7	户部巷→光谷广场	5
户部巷→昙华林	12	黄鹤楼→武汉大学	7	黄鹤楼→湖北省博物馆	5
红楼→黄鹤楼	10	楚河汉街→户部巷	6	江汉路→光谷广场	5
湖北省博物馆→美术馆	10	湖北省博物馆→楚河汉街	6		

注：限于篇幅，表中仅列出有向流动次数不小于5的关系对。

（3）旅游流网络结构。

如表3.7所示，在不同旅游流流量的控制下，武汉旅游流网络的节点、旅游流路径及其节点之间的关系具有较强的差异性。随着旅游流流量阈值的不断增大，核心旅游节点在网络中的地位更加明显。从表3.7可以看出，当 $l_{ij}\geqslant 1$ 时，武汉旅游流网络的节点数为38，存在254条有向旅游流路径，网络密度为0.181，网络的程度中心势和中介中心势分别为36.19%和6.34%。当 $l_{ij}\geqslant 2$ 时，武汉旅游流网络的节点数为26，存在130条有向旅游流路径，网络密度为0.200，网络的程度中心势和中介中心势分别为39.67%和16.42%。这反映了武汉旅游流网络的不均衡性，旅游流主要由少数节点控制。随着 l_{ij} 流量阈值的不断增大，旅游流联系的节点、有向旅游流路径不断减少，但旅游节点之间的旅游流联系更为频繁、紧密。这进一步反映出核心旅游点及其空间关联对城市内部旅游流空间组织的重要影响。

表3.7　不同流量控制下的武汉旅游流网络指标

流量阈值	节点数	路径数	平均流量	网络密度	程度中心势	中介中心势
$l_{ij}\geqslant 1$	38	254	3.642	0.181	36.19%	6.34%
$l_{ij}\geqslant 2$	26	130	6.162	0.200	39.67%	16.42%
$l_{ij}\geqslant 5$	19	53	11.453	0.155	43.46%	22.51%
$l_{ij}\geqslant 10$	11	18	20.944	0.164	24.44%	9.67%

如图 3.18 所示，在武汉旅游流空间组织过程中，存在两个明显的组团。即在武汉旅游目的地系统空间结构演化过程中逐渐形成了黄鹤楼、东湖两大组团格局①，这体现了旅游流对旅游目的地空间结构的响应。武汉城市内部旅游流即游客流动主要集中在黄鹤楼、户部巷、长江大桥、武汉大学、东湖等旅游点之间，这些旅游点的中心性水平较高，具有较强的旅游流扩散能力以及集聚能力，对武汉旅游流的控制力较强，在旅游流网络中处于优势地位。而龟山、汉正街、南岸嘴、吉庆街、武汉植物园等节点的旅游流扩散能力以及集聚能力较弱，对黄鹤楼、武汉大学、户部巷、东湖等少数节点的依赖性较强，在旅游流网络中处于劣势地位。黄鹤楼、武汉大学、户部巷、东湖、长江大桥等节点除了要完善基础设施以及服务设施外，还应该对旅游流进行合理引导和调控，保障游客旅游满意度及其品质的提升。同时，这些节点应该充分发挥其在网络中的优势，加强与龟山、汉正街、南岸嘴、吉庆街、武汉植物园等不具有优势的节点之间的联系，带动处于劣势地位旅游点的发展，从而发挥整个旅游流网络系统的整合效应。

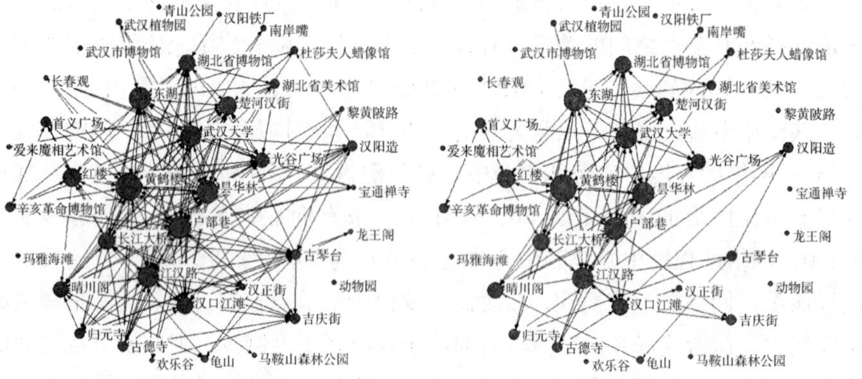

a.$l_{ij}\geq 1$　　b.$l_{ij}\geq 2$

① 陈君子，刘大均，谢双玉．武汉市旅游景区空间结构演化［J］．热带地理，2013，33（3）：349-355.

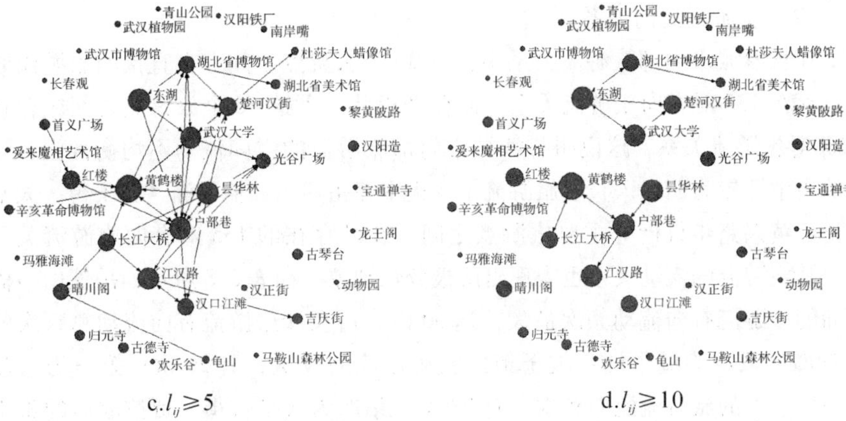

图 3.18　不同流量控制下的武汉旅游流网络

3.4.2　长沙

（1）旅游流分布。

对长江中游城市群网络旅游文本进行筛选，对涉及长沙旅游的网络旅游文本数据进行统计分析，提取旅游者在长沙城区各旅游点（含景区景点、休闲广场、文化街区等目的地）的实际到访频次，并构建长沙旅游流空间数据库。如图 3.19 所示，长沙旅游点的冷热不均现象突出，受欢迎程度差异较大。岳麓山、橘子洲、坡子街、太平古街等旅游点的旅游流分布较为集中。其中，岳麓山的游客到访频次最高，达 213 次；其次为橘子洲，到访频次为 190 次；再次为坡子街，到访频次为 175 次。岳麓山、橘子洲、坡子街 3 个旅游点的到访频次占长沙各旅游点到访总频次的 58.98%，到访频次前 10 位的旅游点占长沙各旅游点到访总频次的 89.80%。

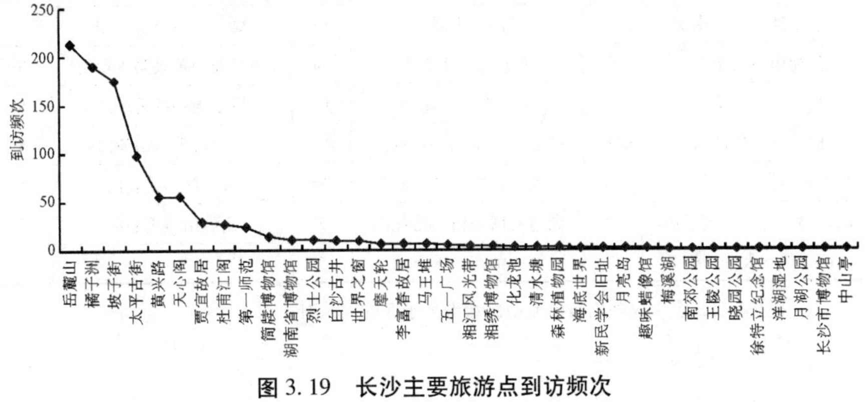

图 3.19　长沙主要旅游点到访频次

（2）旅游流流向关系。

在长沙城市内部旅游流关系中，有 36 个旅游点之间存在直接的旅游流联系，存在 135 对有向旅游流关系。而在理想状态下这 36 个旅游点之间应存在 1 260对旅游流关系，这说明长沙城市内部旅游流的空间流动不均衡性强，流动的集中性较为明显。长沙旅游流主要集中在岳麓山、橘子洲、坡子街、太平古街、黄兴路步行街等主要旅游点之间。在已存在的 135 对有向旅游流关系中，其旅游流的流动关系也表现出两极分化现象。如表 3. 8 所示，岳麓山→橘子洲的旅游流有向流动频次最大，达 60 次，占长沙旅游流有向流动总频次的 11. 90%；其次为橘子洲→坡子街的旅游流流向频次，有 29 次；第三为岳麓山→坡子街的旅游流流向频次，有 23 次；第四为太平古街→贾谊故居的旅游流流向频次，有 21 次。这不仅反映了城市内部旅游流空间的不均衡性，而且体现了旅游点的知名度、影响力、资源互补性、地域近邻性等对城市内部旅游流空间组织的作用。如图 3. 16、图 3. 17 所示，长沙城市内部旅游流遵循距离衰减规律。长沙城市内部旅游流有 94. 84%的流动分布在 5 km 范围内的旅游点之间，仅有 5. 16%的流动分布在>5 km 范围的旅游点之间。其中，有 28. 97%的流动分布在 1 km 范围内的旅游点之间，有 22. 42%的流动分布在 3~4 km 范围的旅游点之间。可见，核心旅游点的空间关联对旅游流空间距离衰减具有一定的干扰，但城市内部旅游流总体上遵循距离衰减规律。此外，长沙有 55. 75%的旅游流流动分布在 3 km 范围以内的旅游点之间，这进一步体现了 3 km 对于城市内部旅游空间组织以及旅游发展的重要意义。

表 3. 8　长沙旅游流有向流动频次

关系对	流动频次	关系对	流动频次	关系对	流动频次
岳麓山→橘子洲	60	岳麓山→太平古街	16	贾谊故居→坡子街	5
橘子洲→坡子街	29	橘子洲→太平古街	14	橘子洲→杜甫江阁	5
岳麓山→坡子街	23	坡子街→橘子洲	14	橘子洲→黄兴路步行街	5
太平古街→贾谊故居	21	坡子街→岳麓山	13	坡子街→杜甫江阁	5
橘子洲→岳麓山	19	坡子街→黄兴路步行街	10	太平古街→岳麓山	5
太平古街→坡子街	18	太平古街→橘子洲	8	天心阁→岳麓山	5
黄兴路步行街→坡子街	17	湖南省博物馆→岳麓山	7	岳麓山→天心阁	5
坡子街→太平古街	17	第一师范→天心阁	5		

注：限于篇幅，表中仅列出有向流动次数不小于 5 的关系对。

（3）旅游流网络结构。

如表 3.9 所示，长沙在不同旅游流流量阈值的控制下，旅游流路径、网络节点之间的关系差异较大。旅游流流量阈值越大，长沙的核心旅游节点在旅游流网络中所表现出来的地位越明显。当 $l_{ij} \geq 1$ 时，长沙旅游流网络的节点数为 36，存在 135 条有向旅游流路径，网络密度为 0.107，表明长沙旅游流整体网络非常松散；长沙旅游流网络的程度中心势为 37.65%，中介中心势为 12.11%，进一步反映出长沙旅游流网络的不均衡性较为明显，旅游流主要由少数节点控制。随着 l_{ij} 流量阈值的不断增大，旅游流联系的节点数、有向旅游流路径不断减少，但旅游节点之间的联系更为紧密。可见，长沙旅游流空间不均衡性强，少数旅游节点掌握着绝对的网络权力。

表 3.9　不同流量控制下的长沙旅游流网络指标

流量阈值	节点数	路径数	平均流量	网络密度	程度中心势	中介中心势
$l_{ij} \geq 1$	36	135	3.733	0.107	37.65%	12.11%
$l_{ij} \geq 2$	20	68	6.426	0.179	41.52%	17.72%
$l_{ij} \geq 5$	10	23	14.174	0.256	41.67%	27.78%
$l_{ij} \geq 10$	6	13	20.846	0.433	40.00%	41.00%

如图 3.20 所示，橘子洲、岳麓山、坡子街、太平古街、天心阁等节点处于长沙旅游流网络的核心位置，中心性水平较高，具有较强的旅游流集散能力，对长沙旅游流的控制力较强，在旅游流网络中处于优势地位。清水塘、蜡像馆、化龙池、月湖公园等节点位于长沙旅游流网络的边缘位置，旅游流的集聚能力较弱，对橘子洲、岳麓山、坡子街等少数节点的依赖性较强，在长沙旅游流网络中处于劣势地位。橘子洲、岳麓山、坡子街、太平古街等节点在旅游流网络中具有结构洞优势，一方面除了要完善其基础设施以及服务设施外，还应该对旅游流进行合理引导和调控，保障游客旅游满意度及其品质的提升；另一方面，具有结构洞优势的节点应该充分发挥其在旅游流网络中的优势，加强与清水塘、蜡像馆、化龙池、月湖公园等不具有结构洞优势节点之间的联系，带动在旅游流网络中处于劣势的旅游点的发展，从而发挥长沙旅游流网络系统的整合效应，促进长沙旅游流系统的优化升级。

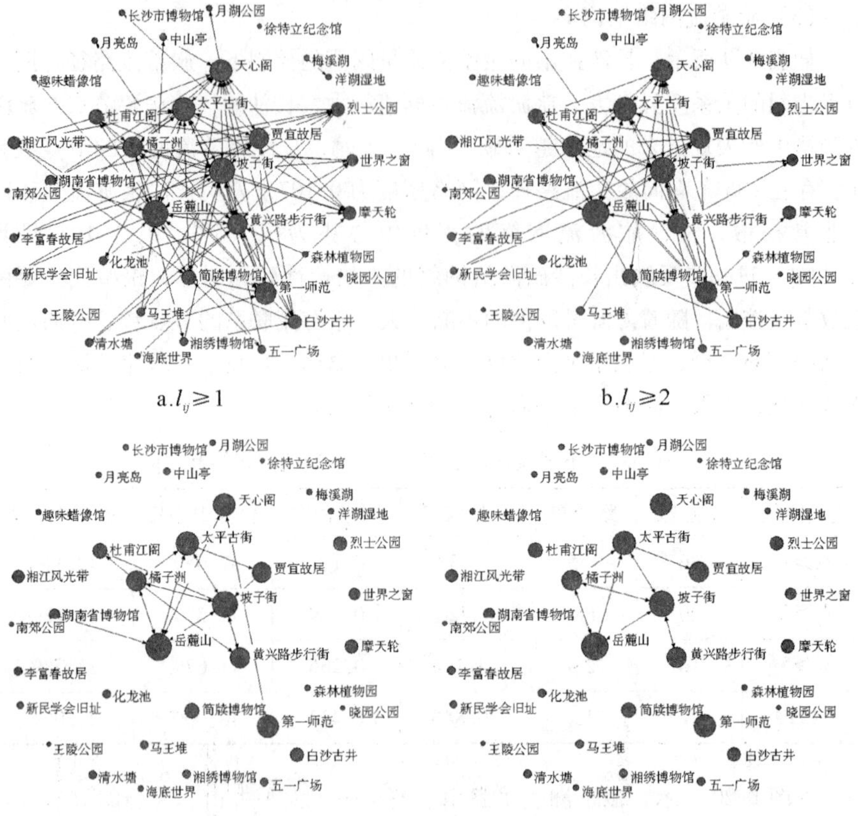

a. $l_{ij} \geq 1$　　b. $l_{ij} \geq 2$

c. $l_{ij} \geq 5$　　d. $l_{ij} \geq 10$

图 3.20　不同流量控制下的长沙旅游流网络

3.4.3　南昌

(1) 旅游流分布。

对长江中游城市群的网络旅游文本数据进行筛选，对涉及南昌旅游的网络旅游文本进行统计分析，提取旅游者在南昌城区到访的旅游点（包含景区景点、休闲广场、文化街区等目的地），并构建南昌旅游流空间数据库。如图 3.21 所示，南昌旅游点的受欢迎程度两极分化严重，冷热不均现象突出。滕王阁、八一广场、八一南昌起义纪念馆、南昌之星摩天轮等是南昌的热门旅游点，受旅游者的欢迎程度较高。其中，滕王阁的游客实际到访频次最高，达 59 次；其次为八一广场，其游客实际到访频次为 32 次；再次为八一南昌起义纪念馆，其游客实际到访频次为 15 次。滕王阁、八一广场、八一南昌起义纪念馆这 3 个旅游点的到访频次占南昌各旅游点到访总频次的 69.74%，到访频次前10位的旅游点占南昌各旅游点到访总频次的94.08%。此外，从旅游者到访的旅游点个数以及旅游点的到访频次上可以看出，相对于武汉、长沙的旅游发展而言，南昌旅游流流量、旅游点的数量以及旅游点的旅游流互动等方面均有待加强。一方面，需要加强旅游点的建设力度，提升旅游服务水平与质量；另一方面，需进一步强化旅游宣传营销，开拓旅游消费市场。

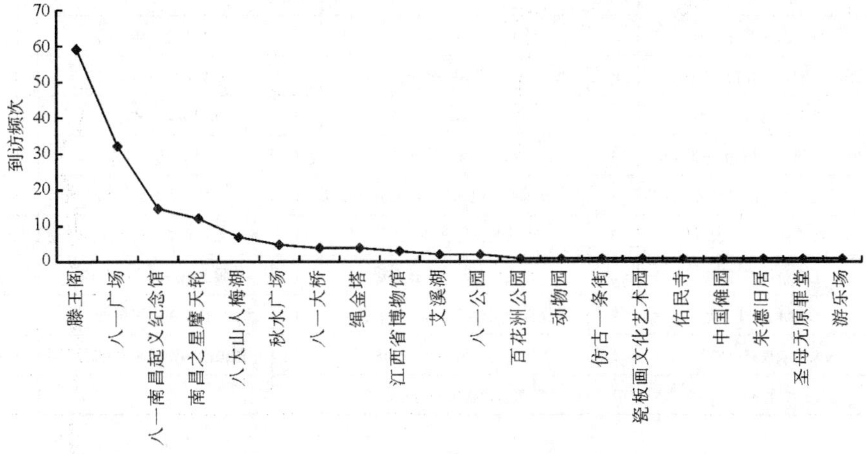

图3.21 南昌主要旅游点到访频次

（2）旅游流流向关系。

在南昌城市内部旅游流关系中，有20个旅游点之间存在直接的旅游流联系，存在29对有向旅游流关系。然而在理想状态下这20个旅游点之间应存在380对旅游流关系，这反映出南昌旅游流的空间流动不均衡性强，流动的集中性较为明显。南昌的旅游流主要集中在滕王阁、八一广场、八一南昌起义纪念馆等主要旅游点之间。在已存在的29对旅游流关系中，其旅游流的流动关系也表现出两极分化现象。如表3.10所示，滕王阁→八一广场、滕王阁→八一南昌起义纪念馆的旅游流流向频次最大，均达到10次，这2对旅游流关系占南昌旅游流流动总频次的35.09%；其次为八一广场→滕王阁、八一南昌起义纪念馆→滕王阁的旅游流流向频次，均为4次，占南昌旅游流流动总频次的14.04%。与此同时，南昌城市内部旅游流距离衰减特征明显（见图3.16、图3.17）。南昌城市内部旅游流有83.64%的流动发生在3 km范围内的旅游点之间，仅有16.36%的流动分布在>3 km范围的旅游点之间。其中，有38.18%的流动分布在1~2 km范围的旅游点之间，有34.55%的流动分布在2~3 km范围的旅游点之间。此外，从图3.17可进一步看出，武汉、长沙、南昌三大中心城市内部的旅游流距离衰减态势表现出一定的差异性，南昌城市内部旅游流的距离衰减速度更快，这在一定程度上体现了城市内部旅游流系统的发育程度对旅游流距离衰减的影响。在城市旅游发展过程中，旅游流系统的发育程度越高，旅游流的距离衰减趋势就越缓慢；反之，旅游流距离衰减趋势就越迅速。

表 3.10　南昌旅游流有向流动频次

关系对	流动频次	关系对	流动频次	关系对	流动频次
滕王阁→八一广场	10	八一大桥→摩天轮	1	摩天轮→滕王阁	1
滕王阁→八一南昌起义纪念馆	10	八一公园→滕王阁	1	摩天轮→游乐场	1
八一广场→滕王阁	4	八一公园→佑民寺	1	秋水广场→摩天轮	1
八一南昌起义纪念馆→滕王阁	4	八一广场→摩天轮	1	秋水广场→滕王阁	1
八一广场→八一南昌起义纪念馆	2	八一南昌起义纪念馆→八大山人梅湖	1	绳金塔→滕王阁	1
滕王阁→八一大桥	2	八一南昌起义纪念馆→八一广场	1	圣母无原罪堂→八大山人梅湖	1
滕王阁→江西省博物馆	2	百花洲公园→朱德旧居	1	滕王阁→仿古一条街	1
滕王阁→摩天轮	2	瓷板画文化艺术园→摩天轮	1	滕王阁→绳金塔	1
八大山人梅湖→滕王阁	1	仿古一条街→八一广场	1	中国傩园→瓷板画文化艺术园	1
八一大桥→八一广场	1	江西省博物馆→八一广场	1		

（3）旅游流网络结构。

如表 3.11 所示，在不同旅游流流量阈值的控制下，南昌旅游流路径、旅游流网络节点之间的关系差异较大。旅游流流量阈值越大，南昌的核心旅游节点在旅游流网络中的地位越明显。当 $l_{ij} \geq 1$ 时，南昌旅游流网络的节点数为 20，存在 29 条有向旅游流路径，网络密度为 0.076，表明南昌旅游流整体网络极其松散；南昌旅游流网络的程度中心势为 44.44%，中介中心势为 21.84%，进一步反映出南昌旅游流网络的不均衡性强，旅游流主要由个别节点控制。随着 l_{ij} 流量阈值的不断增大，南昌旅游流网络中存在旅游流关系的节点数、有向旅游流路径不断减少，但旅游节点之间的联系则更为紧密。

表 3.11　不同流量控制下的南昌旅游流网络指标

流量阈值	节点数	路径数	平均流量	网络密度	程度中心势	中介中心势
$l_{ij} \geq 1$	20	29	1.966	0.076	44.44%	21.84%
$l_{ij} \geq 2$	7	8	4.500	0.190	76.67%	23.33%
$l_{ij} \geq 5$	3	2	6.667	0.333	100.00%	0.00%
$l_{ij} \geq 10$	3	2	6.667	0.333	100.00%	0.00%

由于滕王阁、八一广场、八一南昌起义纪念馆具有较高的知名度以及影响

力、地理区位优势明显、交通方便，在南昌旅游流网络中位于核心位置。特别是随着地铁 1 号线的开通运营，这 3 个旅游点的旅游流空间互动将更为明显；同时，这 3 个旅游点具有较强的旅游流扩散能力以及集聚能力，对南昌旅游流有较强的控制力，在旅游流网络中处于优势地位。如图 3. 22 所示，艾溪湖、秋水广场、八一公园等旅游节点位于南昌旅游流网络的边缘区，对滕王阁、八一广场、八一南昌起义纪念馆的依赖性较强。滕王阁、八一广场、八一南昌起义纪念馆在旅游流网络中具有结构洞优势，一方面，除了要对其加强基础设施以及旅游服务设施外，还应该对旅游流进行合理引导和调控，保障游客旅游满意度及其旅游品质的提升；另一方面，应以滕王阁、八一广场、八一南昌起义纪念馆为中心，重点建设周边 3 km 辐射圈的旅游点，并加强与周边旅游点的互动，带动处于劣势地位旅游点的发展。此外，南昌还应进一步挖掘丰富的红色旅游资源和宗教旅游资源，充分发挥其地理区位优势，增强旅游目的地的吸引力。

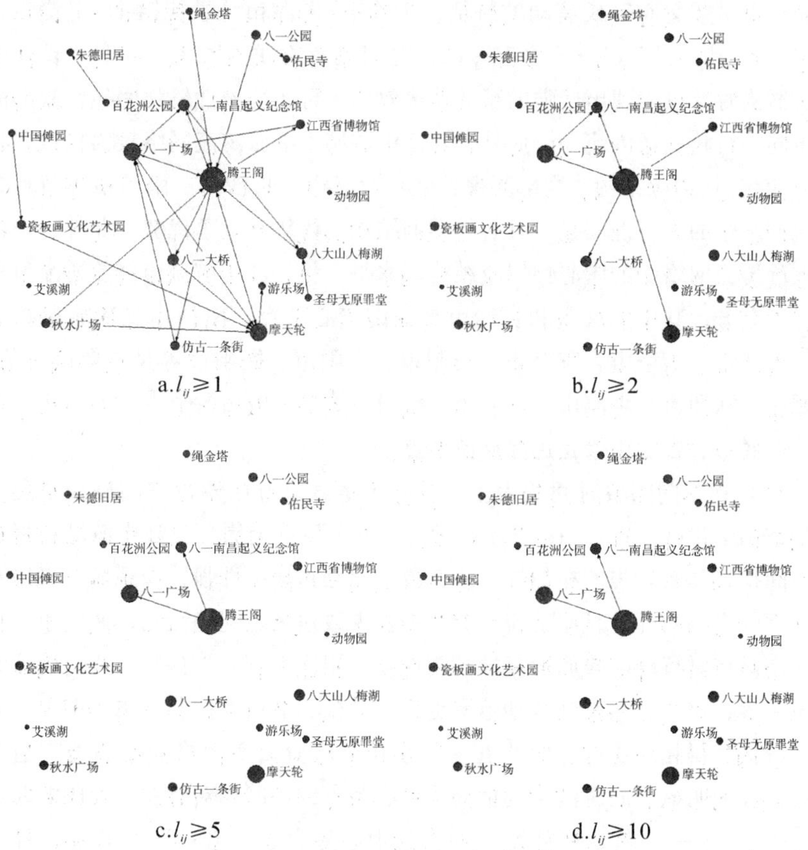

图 3. 22 不同流量控制下的南昌旅游流网络图

3.5 本章小结

本章运用 GIS 空间分析法、社会网络分析法对城市群旅游流空间的总体格局、特殊时段旅游流空间格局、三大子城市群旅游流空间格局、三大中心城市内部旅游流空间格局的现状进行深入解析，全面分析长江中游城市群旅游流的现状格局。

（1）长江中游城市群旅游流总体上呈集聚态分布格局，具有向大城市、旅游资源富集区、交通便利等地区集聚的特征。旅游流在空间上形成了以武汉市、长沙市、南昌市为重要支撑的“品”字形流动格局，表现出中心城市之间的流动、中心城市与资源禀赋较好地区之间的流动、资源禀赋好地区之间的流动、沿主要交通轴线流动的特征，长沙市-湘潭市、景德镇市-上饶市、武汉市-宜昌市、武汉市-长沙市等地区之间旅游流联系紧密。同时，长江中游城市群旅游流也表现出较强的行政藩篱效应，行政地域性较为明显，旅游流趋向于同一行政地域内流动。此外，长江中游城市群旅游流网络较为松散，存在明显的核心-边缘结构，内部凝聚性强。武汉市、长沙市、南昌市等节点在旅游流网络中的中心性明显，具有较强的结构洞优势和竞争优势。此外，根据节点在旅游流网络中的中心性以及结构洞水平，将长江中游城市群旅游流节点进行类型划分，其中武汉市和长沙市是旅游核心节点，南昌市是次旅游核心节点，九江市、上饶市、宜昌市、襄阳市、岳阳市、衡阳市等是重要旅游节点，湘潭市、株洲市、鹰潭市、萍乡市、荆门市等是一般旅游节点，黄石市、孝感市、娄底市、吉安市等是边缘旅游节点。

（2）在不同闲暇时间约束下，长江中游城市群旅游流空间格局呈现出较强的空间承接性。在“五一”小长假、“十一”黄金周，长江中游城市群旅游流空间格局具有较强的相似性，旅游流空间分布集中性强，受地域因素以及交通条件的影响明显，且旅游流主要集中在少数地区之间的流动，武汉市、长沙市、南昌市对特殊时段旅游流的控制性强。相比而言，“十一”黄金周旅游流流量更大，空间分布及其流动范围更广，受核心节点的控制性更为明显，旅游流系统构建得相对更好。而“五一”小长假旅游流空间格局受高速交通条件的影响较为明显，旅游流空间格局受核心节点的控制相对较弱。在闲暇时间的约束下，“十一”黄金周旅游流网络的中心势高于“五一”小长假，且“十一”黄金周旅游流对核心节点的依赖性更强，这表明特殊时段的闲暇时间越长，其旅游流对核心节点的依赖程度就越高，旅游流网络的不均衡性越强。这一结论对最近试行的 2.5 天小短假具有重要启示意义。在 2015 年 8 月国务院出台的《关于进一步促进旅游投资和消费的若干意见》中，指出鼓励有条件的地方和单位推行 2.5 天小短假。2.5 天小短假的试行，将进一步促进短途旅游的发展。一方面，政府及旅游企业应注重城市周边旅游点的建设，完善旅游基础设施和服务设施；另一方面，要注重近距离旅游市场的宣传与开拓，并加强与旅游核心、集散中心的联系。

（3）长江中游城市群旅游流的空间流动具有较强的地域性，80.84%的旅游流在三大子城市群内部流动，体现了行政力量及地区分割所造成的地域差异。由于武汉城市群、环长株潭城市群以及环鄱阳湖城市群三大子城市群的地理空间格局、资源禀赋、社会经济状况以及基础设施等的不同，三大子城市群旅游流空间格局差异较大，处于不同的发展阶段。就武汉城市群而言，旅游流空间分布不均衡性强，旅游流空间流动主要集中在武汉市、宜昌市，呈现出明显的核心-边缘结构。就环长株潭城市群而言，旅游流空间流动集中在岳阳市、长沙市、湘潭市、衡阳市之间，呈现出沿京广高铁沿线地区流动的特征。就环鄱阳湖城市群而言，旅游流空间分布呈现出多核驱动的局面，南昌市、九江市、景德镇市、上饶市构成了旅游流空间流动的基本框架，轮轴状流动格局明显。

（4）城市是城市群旅游流重要的空间载体，城市内部旅游流遵循距离衰减规律，三大中心城市内部旅游流表现出较强的相似性和差异性。武汉、长沙、南昌三大中心城市是长江中游城市群旅游流重要的空间载体，三大中心城市内部旅游流遵循距离衰减规律。武汉、长沙、南昌城市内部旅游流分别有 54.16%、55.75%、83.64%的流动发生在 3 km 范围内的旅游点之间。可见，对于城市内部旅游流而言，由于受空间距离的影响，大部分流动集中在 3 km 范围以内的旅游点之间。在城市内部旅游流空间格局中，旅游流主要围绕核心旅游点展开，核心旅游点对城市内部旅游流的控制性强，对城市内部旅游流空间组织具有重要作用，体现出以核心旅游点为中心的 3 km 空间范围内是城市内部旅游流的活跃地带，这一结论对城市旅游发展及其建设具有重要的启示意义。当然，还需要更多的实证研究去验证“3 km 现象”。与此同时，武汉、长沙、南昌三大中心城市内部的旅游流距离衰减速度表现出较大的差异性，武汉城市内部旅游流的空间距离衰减速度相对较缓，长沙城市内部旅游流空间距离衰减速度次之，南昌城市内部旅游流空间距离衰减速度相对较快。城市内部的旅游流距离衰减速度与旅游流发育程度表现出较强的相关性，旅游流系统发育程度越好，旅游流距离衰减速度就越缓。此外，受旅游资源禀赋、旅游业发展水平、社会经济状况以及城市规模等诸多因素的影响，三大中心城市内部旅游流表现出较强的相似性和差异性。武汉、长沙、南昌城市内部旅游流均表现出较强的集聚性，空间流动的不均衡性强。相比而言，武汉城市内部旅游流的集中化程度相对较低，长沙城市内部旅游流的集中化程度次之，南昌城市内部旅游流的集中化程度相对较高。武汉、长沙旅游流系统的发育程度相对较好，而南昌旅游流系统有待进一步加强。

长江中游城市群旅游流空间集聚及其不均衡现象不仅体现在不同特殊时段，也体现在各子城市群以及中心城市内部。旅游流空间格局是人地关系相互作用的结果，旅游流的空间集聚性在一定程度上反映了旅游者活动空间的趋同性，也体现了旅游目的地高级别旅游资源的稀缺性以及旅游发展在空间上的不平衡性。

4 城市群旅游流空间格局演化特征研究

4.1 地理分布演化特征

4.1.1 空间分布演化

（1）演化特征。

长江中游城市群旅游流空间分异明显，多中心分布格局逐渐显现。从旅游流空间分布的规模及流量来看，长江中游城市群旅游流流量呈不断增加的趋势，主要旅游目的地旅游点的旅游流流量在不同程度上得到了提升。从旅游流空间分布范围来看，长江中游城市群旅游流的空间分布范围呈逐渐扩大的趋势，旅游流空间分布范围更广。从旅游流空间分布的集聚区来看，长江中游城市群旅游流空间分布的集聚区日趋凸显，逐渐形成了多个旅游流集聚中心。2004年，长江中游城市群旅游流分布的集聚中心规模较小；伴随着旅游目的地建设的不断推进，2014年，长江中游城市群旅游流规模不断扩大，在空间上逐渐围绕中心城市、旅游资源禀赋较好的地区集聚。

（2）复杂性刻画。

①网格维模型。

分形理论和方法作为分析复杂性、非线性、自组织演化系统的理想工具，可以达到常规数理统计方法根本无法实现的精确效果①。本研究借助分形理论的网格维模型，揭示旅游流空间分布的复杂性及其均衡性。对长江中游城市群旅游流的空间分布进行网格化分析时，旅游流在空间上所占据的网格数 $N(r)$

---

① 黄泰，保继刚，刘艳艳，等. 城市游憩场点系统结构分形及优化：以苏州市区为例［J］. 地理研究，2010，29（1）：79-92.

会随着网格的尺寸 r 而变化，如果旅游流空间分布具有无标度性，则应有

$$N(r) \propto r^{-\alpha} \tag{4.1}$$

式中，$\alpha = D_0$为分维（容量维）①。观察行号为 i、列号为 j 的网格，可设该网格中旅游流的流量为 N_{ij}，研究区总流量为 N，定义其概率为 $P_{ij} = N_{ij}/N$，于是信息量为

$$I(r) = -\sum_{i}^{K}\sum_{j}^{K} P_{ij}(r)\ln P_{ij}(r) \tag{4.2}$$

式中，$K = 1/r$ 为区域各边的分段数目，如果旅游流系统是分形的，则应有

$$I(r) = I_0 - D_1 \ln r \tag{4.3}$$

式中，I_0为常数，D_1为分维（称信息维）②。一般而言，$0<D<2$，D 值越大表示旅游流空间分布越均衡，反之，则说明旅游流空间分布越集中。在正常情况下，$D_1<D_0$；当旅游流空间分布处于简单分形时，$D_1 = D_0$③。

②复杂性变化。

在长江中游城市群旅游流空间分布的矢量化图上取一个矩形，且视该矩形的边长为 1 个单位长度，分别将各边分成 K 等分，则研究区域被划分成为 K^2 个网格。分别统计 2004 年、2009 年、2014 年长江中游城市群旅游流所占据的网格数 N（r），统计每个网格内的旅游流流量 N_{ij}（r），计算出概率 P_{ij}（r）。随着 r 取值的变化，便可得到相应的 N_{ij}（r）和 P_{ij}（r），通过计算模型便可得到相应的 I（r）。将［N（r），K］和［I（r），K］分别绘制成双对数坐标图，通过最小二乘法分别求出 2004 年、2009 年、2014 年长江中游城市群旅游流空间分布的容量维数值和信息维数值。

如图 4.1、图 4.2、图 4.3 所示，长江中游城市群旅游流空间分布的无标度区宽大，线性拟合状况良好，可见长江中游城市群旅游流空间分布是分形的，旅游流空间分布具有自组织优化的趋势，旅游流空间分布呈“大分散、小集聚”的特征，分形结构较为复杂。从容量维数值来看，2004 年、2009 年、2014 年长江中游城市群旅游流空间分布的容量维数值分别为 1.339、1.450、1.647，容量维数值均大于 1，且呈逐渐增大的趋势，表明长江中游城市群旅游流在自组织演化过程中具有空间扩散的趋势，旅游流空间分布范围逐渐扩大。从信息维数值来

---

① 许志晖，戴学军，庄大昌，等. 南京市旅游景区景点系统空间结构分形研究［J］. 地理研究，2007，26（1）：132-140.

② 刘继生，陈彦光. 城镇体系空间结构的分形维数及其测算方法［J］. 地理研究，1999，18（2）：171-178.

③ 戴学军，庄大昌，丁登山. 旅游景区（点）系统空间结构网格分形维数研究［J］. 人文地理，2009，24（4）：37，120-123.

看，2004 年、2009 年、2014 年长江中游城市群旅游流空间分布的信息维数值分别为 0.451、0.443、0.404，信息维数值均较小，这表明旅游流在空间上的集聚态势明显。旅游流空间分布的信息维与容量维数值差异较大，这表明长江中游城市群旅游流在空间上呈不等概率分布，分形结构较为复杂。这在一定程度上说明，旅游开发在长江中游城市群不同地区逐渐受到重视，旅游流在空间上的流动范围逐渐扩大。但受旅游消费需求和旅游资源的基础性作用，旅游流也进一步地向城市、资源禀赋较好的地区集聚。表 4.1、表 4.2、表 4.3 分别为 2004 年、2009 年、2014 年长江中游城市群旅游流空间分布网格维数测算数据。

表 4.1 2004 年长江中游城市群旅游流空间分布网格维数测算数据

K	2	3	4	5	6	7	8	9	10
$N(r)$	4	8	13	19	24	26	27	34	35
$I(r)$	1.297	1.780	2.002	2.236	2.374	2.678	2.520	2.685	2.792

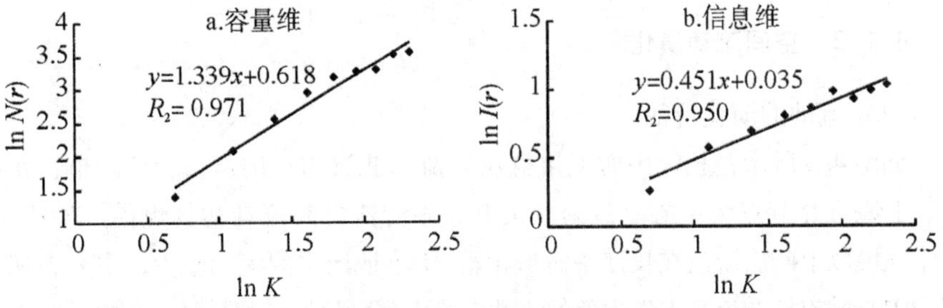

图 4.1 2004 年长江中游城市群旅游流空间分布网格维数双对数散点图

表 4.2 2009 年长江中游城市群旅游流空间分布网格维数测算数据

K	2	3	4	5	6	7	8	9	10
$N(r)$	4	8	14	20	22	28	31	39	44
$I(r)$	1.304	1.514	1.909	2.175	2.189	2.471	2.314	2.644	2.578

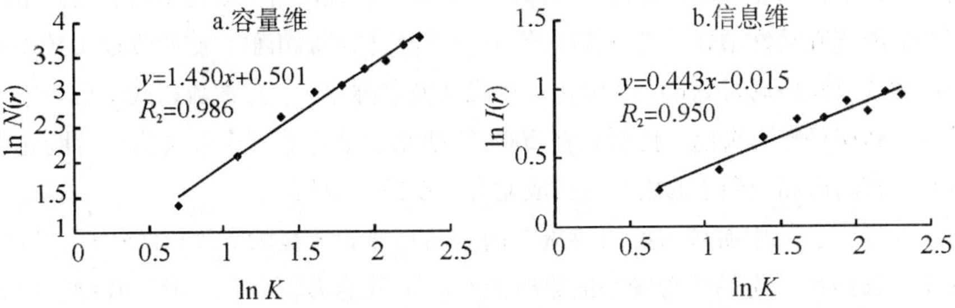

图 4.2 2009 年长江中游城市群旅游流空间分布网格维数双对数散点图

表 4.3　2014 年长江中游城市群旅游流空间分布网格维数测算数据

K	2	3	4	5	6	7	8	9	10
$N(r)$	4	8	13	22	25	34	40	48	57
$I(r)$	1.217	1.585	1.828	1.964	2.127	2.433	2.273	2.384	2.255

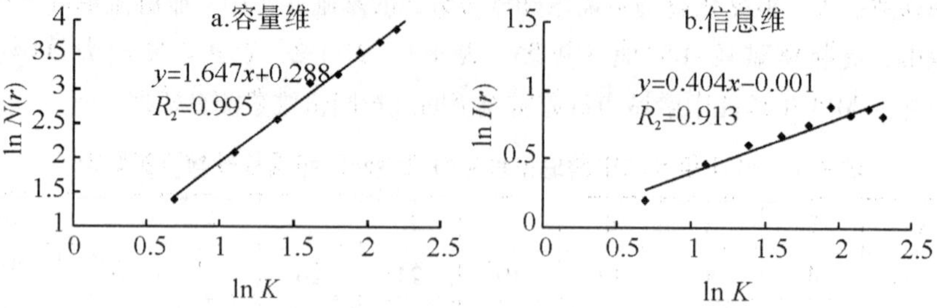

图 4.3　2014 年长江中游城市群旅游流空间分布网格维数双对数散点图

4.1.2　空间流动演化

（1）流动的演化特征。

如图 4.4 所示，长江中游城市群旅游流以武汉市、南昌市、长沙市、九江市、上饶市等节点为中心呈放射状展开，旅游流空间流动初具规模。2004 年，一定规模以上的旅游流在长江中游城市群 31 个地区之间流动较少，主要表现为三个中心城市旅游流在本省内部的流动，绝大部分旅游流都是与三个中心城市之间产生的。2009 年，长江中游城市群旅游流空间流动规模不断扩大，三个中心城市之间的旅游流联系增强，促使跨省域旅游流联系逐步增多。2014 年长江中游城市群旅游流呈多中心放射状格局展开，旅游流不仅在规模上得到进一步提升，而且各节点之间的旅游流互动性增强，跨省域的旅游流联系逐步增多，空间流动的地域范围有所扩展。值得一提的是，在环鄱阳湖城市群，由于昌九一体化的推进以及赣东北开放合作的不断深入，上饶市、九江市、景德镇市、南昌市之间的旅游流互动性增强，发育程度较高；在环长株潭城市群，旅游流以长沙市为中心的放射状格局得到进一步强化；在武汉城市群片区，旅游流以武汉市为中心的放射状格局较为突出，特别是在 2008 年湖北省推进鄂西生态文化旅游圈建设以来，宜昌市和襄阳市的旅游流集散能力正在进一步加强。

此外，长江中游城市群旅游流空间流动存在着明显的等级扩散特征。以武汉市、长沙市、南昌市为中心的旅游流空间扩散能力较强，三个子城市群的旅游流以三个节点为中心呈放射状格局。环长株潭城市群旅游流以长沙市为中心沿着京广高铁轴线集聚的态势明显，旅游流联系主要在京广高铁沿线上的社会经济发展水平较高、旅游资源禀赋较好的地区之间。武汉城市群旅游流以武汉市为中心沿着沪汉蓉高铁集聚的态势明显，旅游流联系主要在武汉市与宜昌市之间流动，并通过京广高铁轴线与环长株潭城市群进行旅游流空间互动。环鄱阳湖城市群旅游流呈多核驱动的态势，形成了以南昌市、九江市、景德镇市、上饶市为中心的轮轴状空间格局。

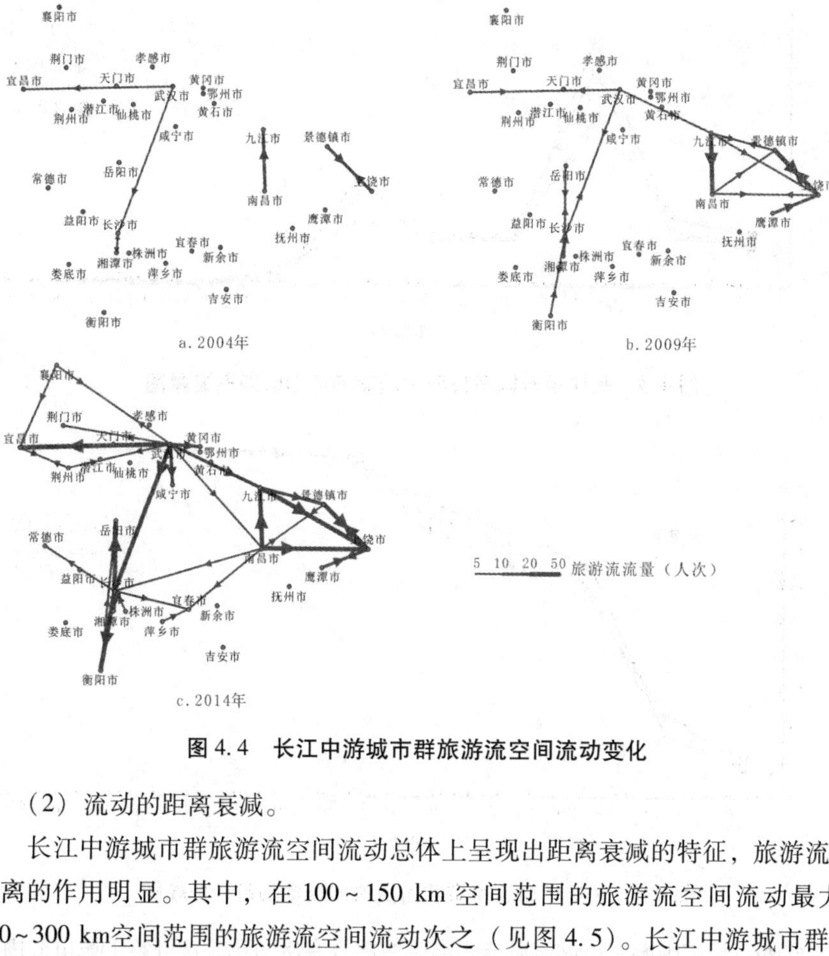

图 4.4　长江中游城市群旅游流空间流动变化

（2）流动的距离衰减。

长江中游城市群旅游流空间流动总体上呈现出距离衰减的特征，旅游流受距离的作用明显。其中，在 100～150 km 空间范围的旅游流空间流动最大，250～300 km空间范围的旅游流空间流动次之（见图 4.5）。长江中游城市群大部分旅游流主要集中于在 150 km 空间范围内流动，150 km 是长江中游城市群旅游流的临界点。这一结论与党宁的中国城市居民游憩活动出游规律相吻合，即 150 km 空间距离是游憩活动的密集地带，大多数居民选择在 150 km 的空间距离内活动，150 km 是双休日出游的理想活动空间[①]。此外，250~300 km 是长江中游城市群旅游流的另一个峰值，主要原因在于武汉、长沙、南昌三大中心城市之间的空间距离正好处于 250~300 km 这一范围。这说明城市群旅游流体现出了城市群这一特殊地理单元的个性，城市群旅游流还受城市群内部中心城市之间的空间关联作用。图 4.6 为长江中游城市群旅游流空间流动的累计曲线图。

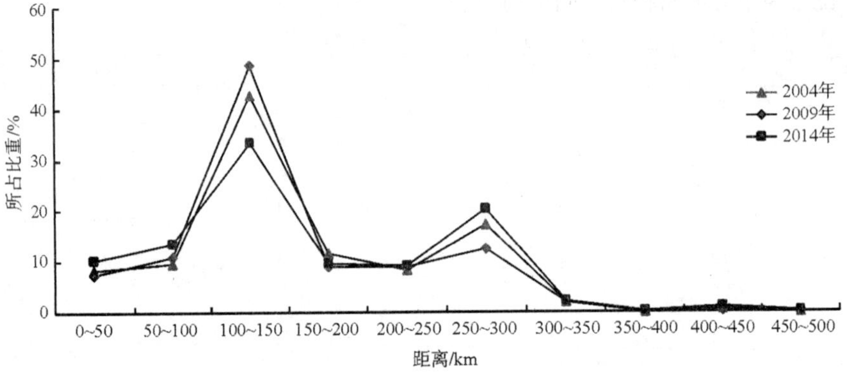

图 4.5　长江中游城市群旅游流空间流动的距离衰减图

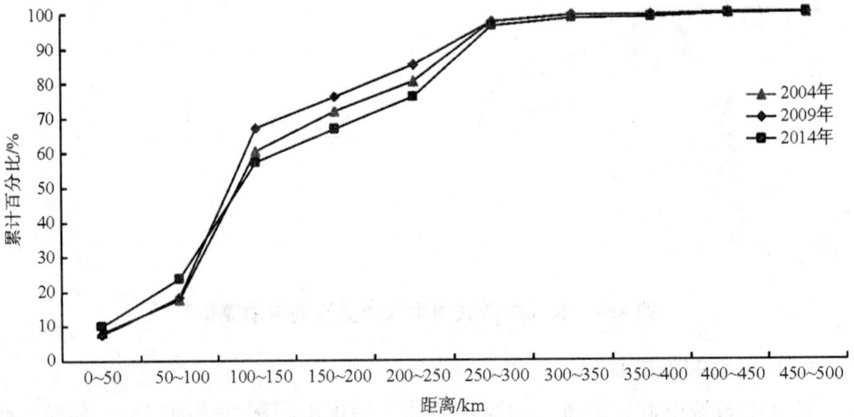

图 4.6　长江中游城市群旅游流空间流动的累计曲线图

此外，长江中游城市群旅游流距离衰减趋势有所弱化。这得益于城市群内部交通网络的不断完善，使旅游者的出游更为便利。需要注意的是，在0~100 km空间范围，2014 年相对于 2004 年、2009 年的旅游流比重有所提升，这主要是由

① 党宁. 环城游憩带空间结构研究 [D]. 北京：北京大学，2007.

于近年来实施的节假日高速免费政策，促进了短途旅游的迅速发展。另外，2009年长江中游城市群旅游流在100~150 km空间范围的流动比重较为凸显，其主要原因是江西省在“十一五”期间重点推进了赣东北经济区建设，赣东北旅游业得到不断发展，同时赣东北与南昌、九江等地区的联系得到进一步强化，从而赣东北内部以及与其他主要地区间的旅游流互动作用增强；而上饶-景德镇、九江-景德镇、南昌-景德镇等主要地区之间的空间距离恰好在100~150 km。由此可见，政府的区域发展战略对旅游流空间格局演化的作用不可忽视。

4.1.3 空间组织演化

Top网络有助于反映旅游流空间组织的演化过程及其发展模式。节点i的度值ki是指节点i的连接边数目，概率p（k）是指度数为k的节点数与总节点数的比值，度值ki、概率p（k）通常是反映Top网络的常用指标。Top1、Top2、Top3、Top5即节点旅游流联系的前1名、前2名、前3名以及前5名的空间组织网络。分别取Top1、Top2、Top3、Top5，并建立2004年、2009年、2014年长江中游城市群旅游流空间组织图。如图4.7、图4.9、图4.11所示，长江中游城市群旅游流的“轴-辐”空间组织模式逐步形成和完善。在旅游业发展的早期，旅游流空间组织模式以重要目的地节点的旅游流集聚为主。随着旅游目的地建设的加快、交通网络体系的完善，城市群内部不同地区之间的旅游流联系更为紧密和复杂，核心节点的旅游流辐射范围增大，在长江中游城市群范围内形成了以武汉市、长沙市、南昌市等节点为轴心的“轴-辐”空间组织模式。该空间组织模式是通过轴心节点联结其他节点地区，有助于各节点之间的旅游流联系。从节点度及其分布概率来看（见图4.8、图4.10、图4.12），长江中游城市群旅游流各节点度分布概率分层现象明显，并具有右倾“斜长尾分布”特征，这表明长江中游城市群大多数地区的度值较小，居于网络边缘，而少数节点度值很大，掌握着绝对的网络权力，长江中游城市群旅游流倾向于高度依赖核心节点的“轴-辐”结构。

（1）2004年旅游流空间组织过程。

2004年长江中游城市群旅游流的“轴-辐”空间组织模式初见雏形，武汉市、长沙市在旅游流空间组织过程中居于核心地位。在Top1、Top2、Top3、Top5旅游流空间组织中，$k>0$的节点地区分别有8、13、14、16个，分别占节点总数的25.81%、41.94%、45.16%、51.61%，这表明长江中游城市群旅游流的空间组织形式尚不成熟，处于发展阶段。此外，各节点度值差距明显，2004年长江中游城市群4种旅游流空间组织形式的节点度值的极差分别为5、

6、6、8，且度值较小的节点占了绝大多数，高度值节点所占比例很小，武汉市、长沙市在 Top1、Top2、Top3、Top5 的度值最高，对城市群旅游流空间组织起核心作用。

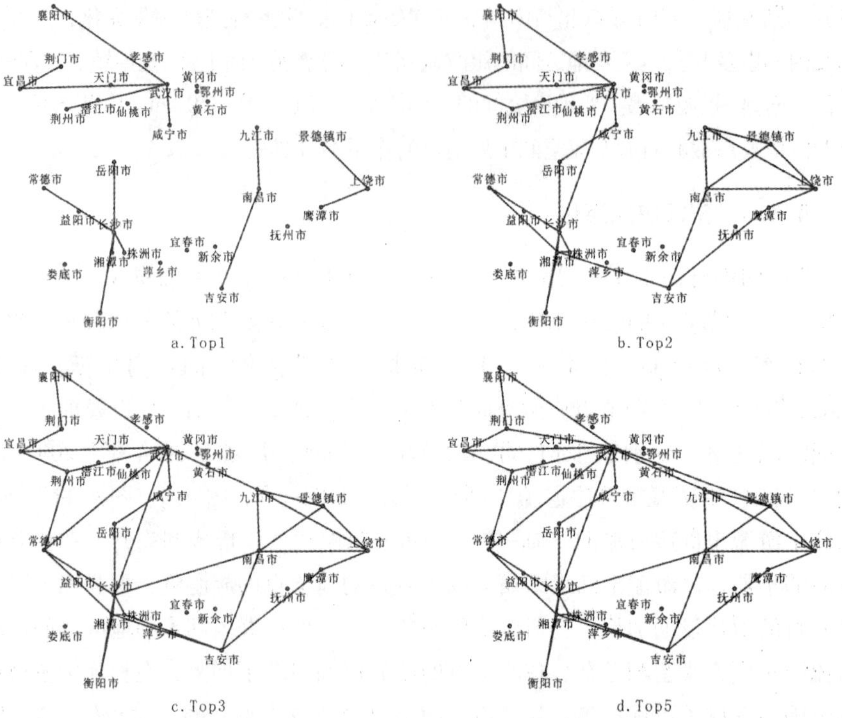

图 4.7　2004 年长江中游城市群旅游流空间组织

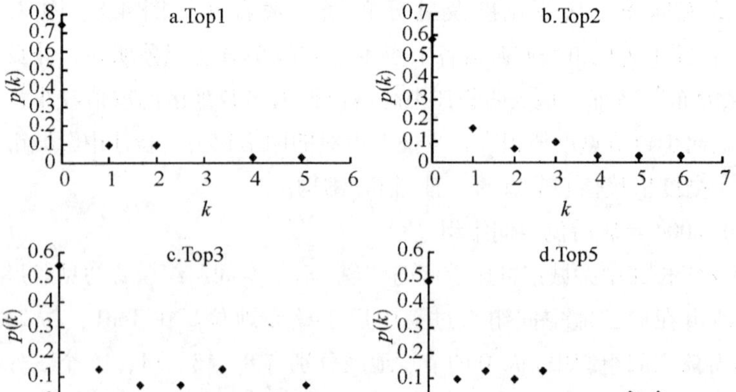

图 4.8　2004 年长江中游城市群旅游流节点度概率分布

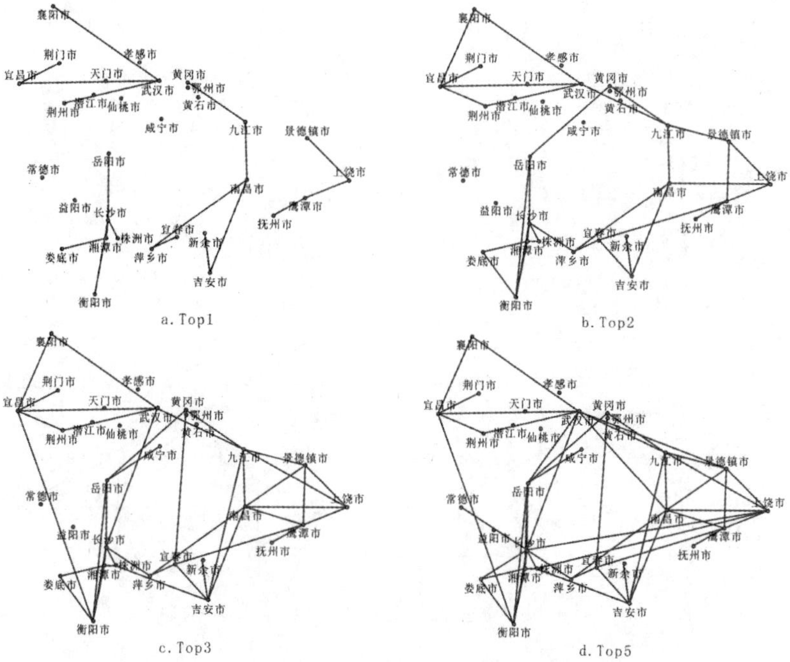

图 4.9　2009 年长江中游城市群旅游流空间组织

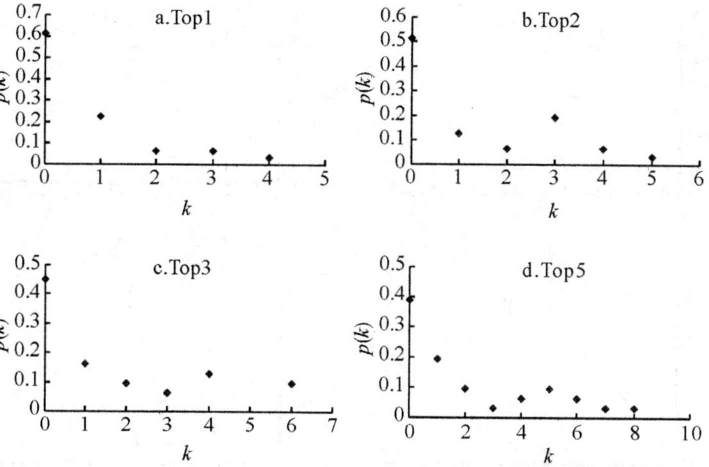

图 4.10　2009 年长江中游城市群旅游流节点度概率分布

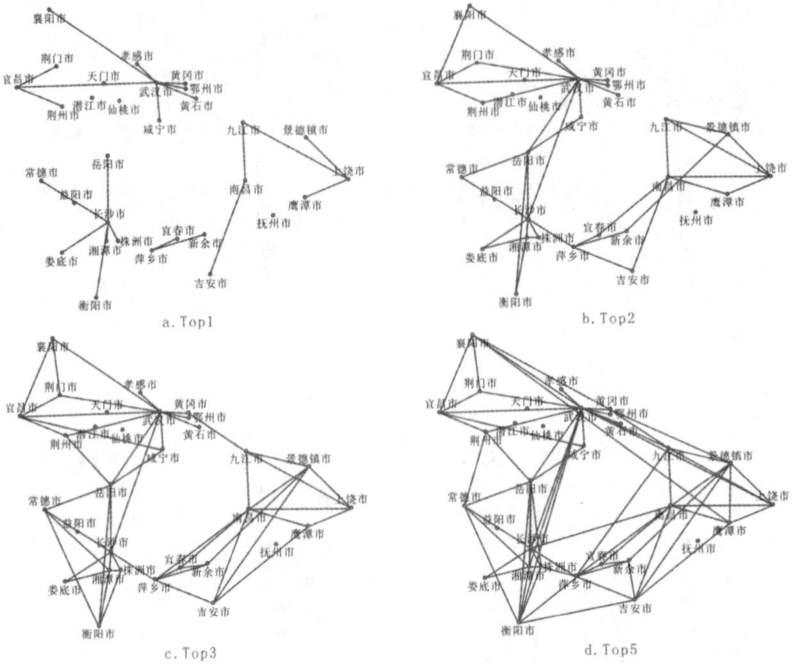

图 4.11　2014 年长江中游城市群旅游流空间组织

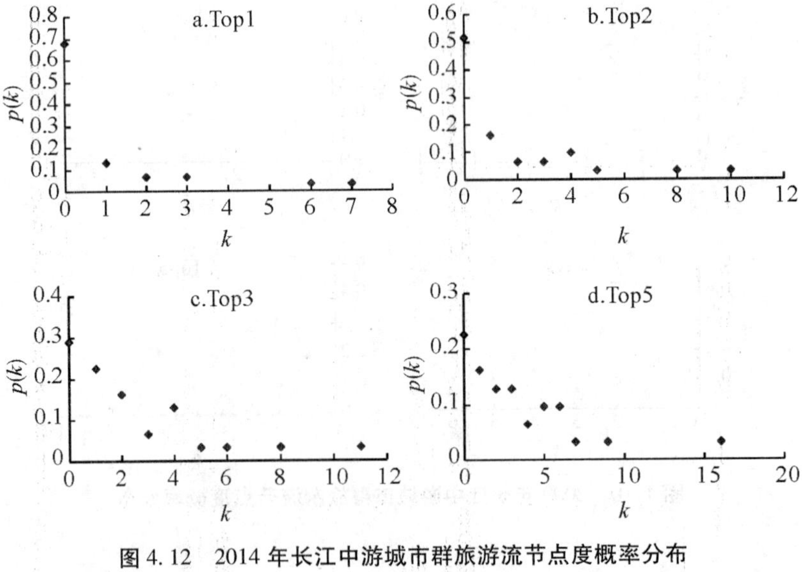

图 4.12　2014 年长江中游城市群旅游流节点度概率分布

（2）2009 年旅游流空间组织过程。

2009 年长江中游城市群旅游流的“轴-辐”空间组织模式发展较快，节点地区的度值均在不同程度上得到提升。在 Top1、Top2、Top3、Top5 旅游流空间组织中，$k>0$ 的节点地区分别有 12、15、17、19 个，分别占节点总数的 38.71%、48.39%、54.84%、61.29%，这表明长江中游城市群旅游流的空间组织形式需要进一步发展，有待进一步整合。此外，各节点的度值差距也较大，2009 年 4 种旅游流空间组织形式的节点度值的极差分别为 4、5、6、8，相对于 2004 年的变化不大。

（3）2014 年旅游流空间组织过程。

2014 年长江中游城市群旅游流的“轴-辐”空间组织模式进一步发展，“轴-辐”系统发育的复杂性程度逐步提高。在 Top1、Top2、Top3、Top5 旅游流空间组织中，$k>0$ 的节点地区分别有 10、15、22、24 个，分别占节点总数的 32.26%、48.39%、70.97%、77.42%，这表明长江中游城市群旅游流的空间组织形式还处于快速发展阶段。此外，各节点的度值差距进一步扩大，2014 年 4 种旅游流空间组织形式的节点度值的极差分别为 7、10、11、16。

4.2 流向关系演化特征

下面将从旅游流的有向流动和无向流动两个方面分别对长江中游城市群旅游流的流向关系演化进行深入分析。

4.2.1 有向流动演化

（1）流动方向的集中性强。

长江中游城市群旅游流的流向主要集中在少数地区之间，有向流动的方向集中性强。如图 4.13 所示，2004 年、2009 年、2014 年长江中游城市群旅游流有向流动频率的洛伦兹曲线均呈上凸的态势，表明旅游流有向流动的集中性程度较为明显。在 2004 年长江中游城市群旅游流有向流动关系对中，景德镇市→上饶市的旅游流流向频次最大，流动频率达 10.19%；其次为南昌市→九江市、上饶市→景德镇市，流动频率分别为 8.28%；第三为武汉市→宜昌市，流动频率为 5.10%。在 2009 年长江中游城市群旅游流有向流动关系对中，九江市→南昌市、上饶市→景德镇市的旅游流流向频次最大，流动频率均达 7.05%；其次为景德镇市→上饶市，流动频率为 6.73%；第三为南昌市→九江市，流动频率为 6.09%。在 2014 年长江中游城市群旅游流有向流动关系对中，长沙市→湘潭市的旅游流流向频次最大，流动频率达 5.90%；其次为上饶市→

景德镇市，流动频率为4.55%；第三为长沙市→岳阳市，流动频率为4.42%。如表4.4所示，长江中游城市群旅游流的有向流动方向较为集中，进一步反映出旅游流空间的不均衡性。

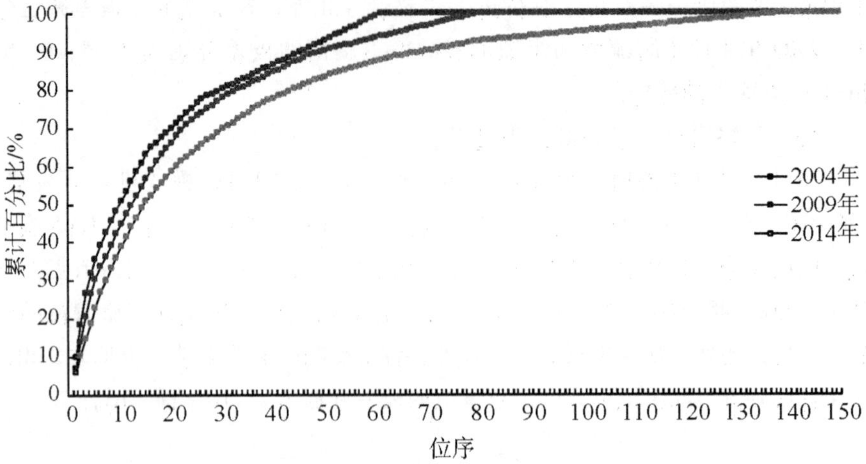

图4.13 旅游流有向流动频率洛伦兹曲线图

表4.4 旅游流有向流动频率变化

2004年		2009年		2014年	
关系对	流动频率/%	关系对	流动频率/%	关系对	流动频率/%
景德镇市→上饶市	10.19	九江市→南昌市	7.05	长沙市→湘潭市	5.90
南昌市→九江市	8.28	上饶市→景德镇市	7.05	上饶市→景德镇市	4.55
上饶市→景德镇市	8.28	景德镇市→上饶市	6.73	长沙市→岳阳市	4.42
武汉市→宜昌市	5.10	南昌市→九江市	6.09	武汉市→宜昌市	4.18
九江市→南昌市	3.82	湘潭市→长沙市	3.53	武汉市→长沙市	4.05
长沙市→湘潭市	3.82	鹰潭市→上饶市	3.21	景德镇市→上饶市	3.93
武汉市→长沙市	3.18	景德镇市→九江市	2.88	长沙市→武汉市	3.19
湘潭市→长沙市	3.18	南昌市→上饶市	2.88	宜昌市→武汉市	3.07
九江市→景德镇市	2.55	长沙市→衡阳市	2.88	长沙市→衡阳市	2.95
上饶市→九江市	2.55	衡阳市→长沙市	2.56	南昌市→九江市	2.70
武汉市→九江市	2.55	武汉市→宜昌市	2.56	南昌市→上饶市	2.70

表4.4(续)

2004 年		2009 年		2014 年	
关系对	流动频率/%	关系对	流动频率/%	关系对	流动频率/%
宜昌市→武汉市	2.55	长沙市→岳阳市	2.56	九江市→上饶市	2.46
鹰潭市→上饶市	2.55	九江市→景德镇市	2.24	岳阳市→长沙市	2.46
长沙市→武汉市	2.55	九江市→上饶市	2.24	湘潭市→长沙市	2.33
武汉市→荆州市	1.91	南昌市→景德镇市	2.24	九江市→南昌市	1.97
长沙市→常德市	1.91	武汉市→九江市	2.24	上饶市→南昌市	1.72
景德镇市→南昌市	1.27	长沙市→湘潭市	2.24	武汉市→黄冈市	1.72
南昌市→景德镇市	1.27	武汉市→长沙市	1.92	鹰潭市→上饶市	1.60
南昌市→上饶市	1.27	上饶市→南昌市	1.60	衡阳市→长沙市	1.47
南昌市→长沙市	1.27	宜昌市→武汉市	1.60	九江市→景德镇市	1.47
上饶市→南昌市	1.27	岳阳市→长沙市	1.60	上饶市→鹰潭市	1.23
武汉市→荆门市	1.27	长沙市→武汉市	1.60	武汉市→九江市	1.23
武汉市→景德镇市	1.27	景德镇市→南昌市	1.28	武汉市→咸宁市	1.23
宜昌市→荆州市	1.27	岳阳市→衡阳市	1.28	荆州市→宜昌市	1.11
长沙市→岳阳市	1.27			武汉市→襄阳市	1.11
株洲市→长沙市	1.27			宜昌市→荆州市	1.11

注：限于篇幅，表中仅列出有向流动频率不小于1%的关系对。

（2）流动方向呈分散的趋势明显。

长江中游城市群旅游流的流动方向呈分散的趋势，空间流动的范围逐步扩大。如图4.13所示，旅游流有向流动频率洛伦兹曲线的上凸程度呈逐渐减小的趋势，反映出长江中游城市群旅游流流向的集中性程度有所降低。2004年长江中游城市群旅游流存在61对有向旅游流关系，其中流动频次前10位的有向旅游流关系对占总频次的50.96%；2009年长江中游城市群旅游流存在80对有向旅游流关系，其中流动频次前10位的有向旅游流关系对占总频次的44.87%；2014年长江中游城市群旅游流存在139对有向旅游流关系，其中流动频次前10位的有向旅游流关系对占总频次的38.94%。这表明随着长江中游城市群的不断发展以及一体化进程的加快、旅游目的地的建设以及旅游业的快速发展，长江中游城市群旅游流的流动方向呈分散的趋势，空间流动范围进一步扩大。

4.2.2 无向流动演化

（1）旅游流空间联系的集中性强。

地区间的旅游流流动频次反映了地区之间旅游流的联系强度及互动关系。长江中游城市群旅游流空间联系的集中性强，旅游流主要集中在武汉市、南昌市、长沙市、宜昌市、湘潭市、九江市、景德镇市、上饶市等地区之间，这些地区之间的旅游流空间联系较强。如图 4.14 所示，2004 年、2009 年、2014 年长江中游城市群旅游流无向流动频率的洛伦兹曲线均呈上凸的态势，这表明旅游流主要集中在少数地区之间，旅游流的空间集中性程度较为明显。2004 年在长江中游城市群旅游流存在的无向旅游流关系中，流动频次前 10 位的无向旅游流关系对占总频次的 66.24%；2009 年在长江中游城市群旅游流存在的无向旅游流关系中，流动频次前 10 位的无向旅游流关系对占总频次的 63.78%；2014 年在长江中游城市群旅游流存在的无向旅游流关系中，流动频次前 10 位的无向旅游流关系对占总频次的 57.86%。如表 4.5 所示，在 2004 年长江中游城市群旅游流无向流动关系对中，景德镇市-上饶市的旅游流流向频次最大，流动频率达 18.47%；其次为南昌市-九江市，流动频率为 12.10%。在 2009 年长江中游城市群旅游流无向流动关系对中，景德镇市-上饶市的旅游流流向频次最大，流动频率达 13.78%；其次为南昌市-九江市，流动频率为 13.14%。在 2014 年长江中游城市群旅游流无向流动关系对中，景德镇市-上饶市的旅游流流向频次最大，流动频率达 8.48%；其次为长沙市-湘潭市，流动频率为 8.23%。这进一步表明，长江中游城市群旅游流互动性较强的地区较少，空间协同发展能力有待进一步提升。

表 4.5 长江中游城市群旅游流无向流动频率变化

2004 年		2009 年		2014 年	
关系对	流动频率 /%	关系对	流动频率 /%	关系对	流动频率 /%
景德镇市-上饶市	18.47	景德镇市-上饶市	13.78	景德镇市-上饶市	8.48
南昌市-九江市	12.10	南昌市-九江市	13.14	长沙市-湘潭市	8.23
武汉市-宜昌市	7.64	长沙市-湘潭市	5.77	武汉市-宜昌市	7.25
长沙市-湘潭市	7.01	长沙市-衡阳市	5.45	武汉市-长沙市	7.25
武汉市-长沙市	5.73	九江市-景德镇市	5.13	长沙市-岳阳市	6.88
武汉市-九江市	3.18	南昌市-上饶市	4.49	南昌市-九江市	4.67

表4.5(续)

2004 年		2009 年		2014 年	
关系对	流动频率/%	关系对	流动频率/%	关系对	流动频率/%
九江市-景德镇市	3.18	武汉市-宜昌市	4.17	长沙市-衡阳市	4.42
九江市-上饶市	3.18	长沙市-岳阳市	4.17	南昌市-上饶市	4.42
鹰潭市-上饶市	3.18	鹰潭市-上饶市	4.17	九江市-上饶市	3.44
武汉市-荆州市	2.55	武汉市-长沙市	3.53	鹰潭市-上饶市	2.83
长沙市-常德市	2.55	南昌市-景德镇市	3.53	九江市-景德镇市	2.33
南昌市-景德镇市	2.55	武汉市-九江市	3.21	武汉市-九江市	2.21
南昌市-上饶市	2.55	九江市-上饶市	3.21	宜昌市-荆州市	2.21
武汉市-景德镇市	1.91	武汉市-襄阳市	1.60	武汉市-襄阳市	1.97
宜昌市-荆州市	1.91	武汉市-景德镇市	1.60	武汉市-黄冈市	1.84
长沙市-株洲市	1.91	武汉市-荆州市	1.28	武汉市-咸宁市	1.72
长沙市-岳阳市	1.91	武汉市-岳阳市	1.28	长沙市-株洲市	1.60
长沙市-南昌市	1.91	岳阳市-衡阳市	1.28	南昌市-景德镇市	1.60
武汉市-咸宁市	1.27			武汉市-岳阳市	1.47
武汉市-荆门市	1.27			宜春市-萍乡市	1.47
长沙市-衡阳市	1.27			武汉市-荆州市	1.35
南昌市-吉安市	1.27			南昌市-宜春市	1.11
				武汉市-南昌市	1.11

注：限于篇幅，表中仅列出无向流动频率不小于1%的关系对。

（2）旅游流空间联系的集中性程度逐渐降低。

长江中游城市群旅游流空间联系的集中性程度呈下降趋势，空间不均衡性有所降低。如图4.14所示，2004年、2009年、2014年旅游流无向流动频次洛伦兹曲线的上凸程度呈逐渐减小的趋势，这表明长江中游城市群旅游流流量的集中性程度有所降低，均衡化发展趋势日趋明显。2004年、2009年、2014年长江中游城市群旅游流的流动频次前10位的无向旅游流关系对分别占当年流动总频次的66.24%、63.78%、57.86%，前10位的流动总频率总体上表现出逐渐降低的趋势。2004年、2009年、2014年长江中游城市群旅游流存在的无向旅游流关系对分别为40对、56对、91对，存在旅游流联系的地区不断增多，由此可见长江中游城市群旅游流空间联系的集中化程度不断减弱，城市群内部地区之间旅游流空间联系的差距呈现出逐渐缩小的发展态势，进一步表明城市群旅游流空间格局不断向优化的方向发展。

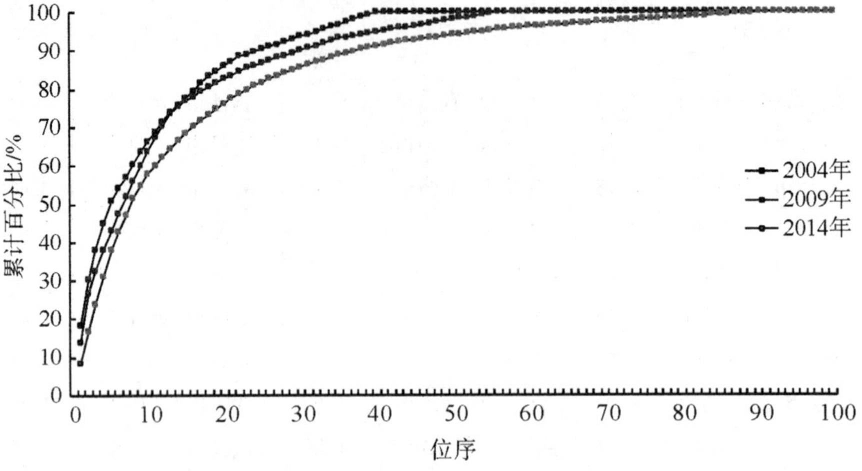

图 4.14 旅游流无向流动频次洛伦兹曲线图

4.3 网络结构演化特征

受诸多影响因素的作用及影响，长江中游城市群旅游流网络在不同发展阶段表现出差异化的特征。本部分选取 2 为断点值，把 2004 年、2009 年、2014 年的长江中游城市群旅游流赋值矩阵分别转换成二分矩阵，并运用 Netdraw 软件绘制出长江中游城市群旅游流网络结构演化图（见图 4.15），在此基础上揭示长江中游城市群旅游流网络结构的演化特征。选取 2 为断点值主要是基于以下几个方面的考虑：①排除偶然性流动对旅游流数据真实性的影响；②当 $l_{ij} \geq 2$ 时，2004 年、2009 年、2014 年的流量占比分别达 77.71%、89.74%、92.88%，保留了长江中游城市群不同时间截面的绝大部分旅游流流量；③选取 2 为断点值，能够使得长江中游城市群不同时间截面的旅游流网络结构更具完整性，有助于全面揭示旅游流网络结构的演化规律。

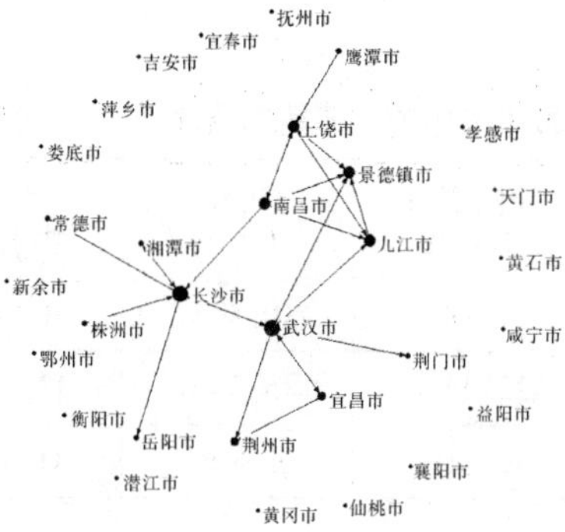

a.2004年

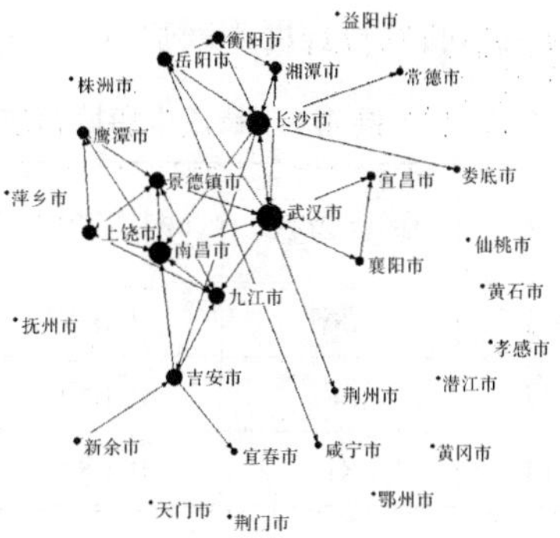

b.2009年

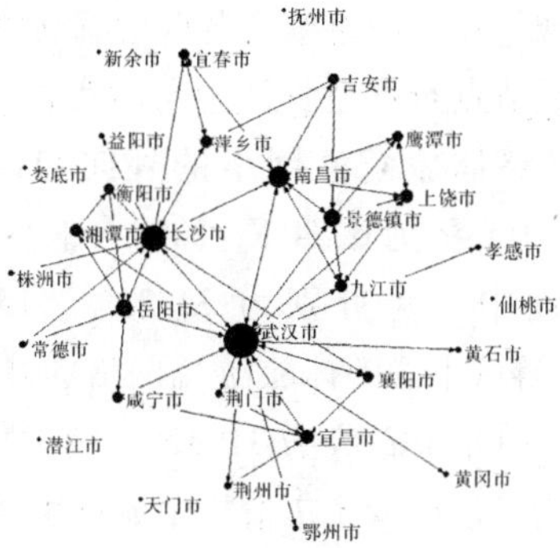

c.2014年

图 4.15　长江中游城市群旅游流网络结构演化图

4.3.1　整体结构演化

（1）旅游流网络密度逐步提高。

通过网络密度分析（见表4.6）发现，长江中游城市群旅游流整体网络较为松散，旅游节点之间的旅游流联系逐渐增强。2004 年长江中游城市群旅游流网络旅游节点之间的实际联结路径为 26 条，整体网络密度值为 0.028；2009 年长江中游城市群旅游流网络节点之间的实际联结路径增加至 48 条，整体网络密度值为 0.052；2014 年长江中游城市群旅游流网络节点之间的实际联结路径逐步增加到 81 条，整体网络密度值提升到 0.087。长江中游城市群旅游流整体网络密度值均较低，城市群内部地区之间的旅游流联系非常松散，且主要集中在少数地区之间的流动。此外，随着长江中游城市群内部各地区旅游目的地的开发与建设以及旅游基础设施、服务设施的不断完善，旅游流整体网络密度值呈现出逐步提升的态势，城市群内部不同地区之间的旅游流联系逐步增强，旅游流网络的发育程度不断提升。

表 4.6　长江中游城市群旅游流网络的整体结构指标

年份	路径条数	网络密度	外向程度中心势	内向程度中心势	中介中心势
2004	26	0.028	17.78%	10.89%	6.74%
2009	48	0.052	22.22%	15.33%	13.69%
2014	81	0.087	46.11%	28.89%	31.32%

（2）旅游流网络不均衡性逐步提升。

通过中心势分析发现，长江中游城市群旅游流网络节点中心性程度的不均衡性呈增强的趋势，少数节点对整个长江中游城市群旅游流的控制逐渐增强。2004 年长江中游城市群整体旅游流网络的外向和内向程度中心势分别为 17.78%、10.89%，中介中心势为 6.74%；2009 年长江中游城市群整体旅游流网络的外向和内向程度中心势分别为 22.22%、15.33%，中介中心势为 13.69%；2014 年长江中游城市群整体旅游流网络的外向和内向程度中心势分别为 46.11%、28.89%，中介中心势为 31.32%。通过比较可以发现，其程度中心势不断增强，这表明长江中游城市群旅游流网络结构的不均衡性增强，整体网络受几个核心旅游节点控制不断得到强化。中介中心势值的提升也表明较多旅游节点通过核心旅游节点发生联结的趋势得到强化，长江中游城市群旅游流网络的核心-边缘结构日趋凸显。这体现了近年来在武汉城市圈、长株潭城市群、鄱阳湖生态经济区发展战略的推动下，中心城市在旅游流网络中的优势地位得到强化。

（3）旅游流网络内部结构日趋复杂。

采用 Unicet 软件中的 concor 算法，对旅游流网络分析发现，长江中游城市群旅游流网络呈明显的内部凝聚性，内部结构日趋复杂。如图 4.16 所示，长江中游城市群旅游流凝聚子群呈逐步完善的趋势，结构日趋复杂，各子群相互作用，处在不断演化和发展之中。2004 年长江中游城市群旅游流网络在三级层面存在 5 个凝聚子群，2009 年长江中游城市群旅游流网络逐步发展成 6 个凝聚子群，2014 年长江中游城市群旅游流网络发展到 7 个凝聚子群，各子群相互作用进一步增强。2004 年，由武汉市、株洲市构成的第 1 凝聚子群，内部旅游流联系较弱，与第 3 凝聚子群、第 4 凝聚子群的旅游流联系密度分别为 0.625、0.200，具有较强的旅游流辐射效应。2009 年，由武汉市、襄阳市、宜昌市构成的第 1 凝聚子群，其内部旅游流网络密度为 0.833，旅游流联系较强，与第2凝聚子群、第3凝聚子群、第4凝聚子群的旅游流联系密度分别为0.111、0.222、0.111，具有较强的旅游流辐射效应。由南昌市、宜春市、九江市等构成的第2凝聚子群旅游流网络密度为0.533，旅游流联系较为紧密，但与其他凝聚子群的旅游流联系较为薄弱。2014年，由武汉市构成的第1凝聚子群，具有较强的旅游流辐射效应，对第2凝聚子群、第3凝聚子群、第4凝聚子群的密度均为1.000，具有很强的旅游流辐射效应。由南昌市、景德镇市、上饶市、九江市构成的第2凝聚子群，其内部旅游节点之间的旅游流联系紧密，与第1凝聚子群、第7凝聚子群的旅游流网络联系密度分别为0.750、0.417，也表现出较强的旅游流辐射效应。由长沙市、湘潭市、岳阳市构成的第4凝聚子群，内部各节点之间的旅游流联系紧密，其旅游流网络密度为0.833。第4凝聚子群与第1凝聚子群、第6凝聚子群的旅游流联系密度分别为0.667、0.400，旅游流联系也较为紧密。

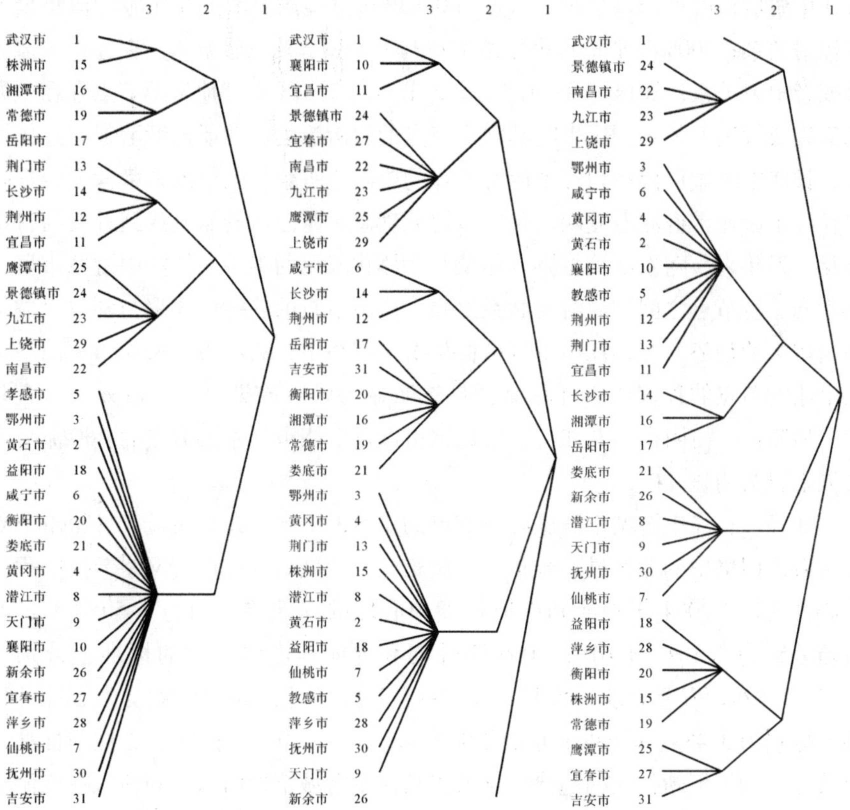

a.2004年　　b.2009年　　c.2014年

图4.16　长江中游城市群旅游流网络的凝聚子群演化图

如图 4.16 所示，长江中游城市群旅游流网络在演化过程中表现出如下特征：①凝聚子群构成更加精细化，其内部结构逐渐趋于完整；②各凝聚子群相互作用程度进一步增强，处于相互影响和发展的过程中；③旅游流网络在演化过程中的藩篱效应明显，各凝聚子群的内部构成大多趋向于同一省级行政区或地域近邻的地区；④三个中心城市在旅游流网络的演化过程中作用明显，通常是凝聚子群的凝聚核心。

4.3.2 节点结构演化

（1）节点中心性。

①程度中心性。

通过程度中心性分析发现，长江中游城市群旅游流网络节点的集聚与扩散功能总体上较弱，但集散功能逐步得到增强（见图 4.17、图 4.18）。2004 年长江中游城市群平均每个旅游节点与 0.839 个其他旅游节点存在旅游流集聚或者辐射关系；2009 年平均每个旅游节点与 1.548 个其他旅游节点存在旅游流集聚或者辐射关系；2014 年平均每个旅游节点与 2.613 个其他旅游节点存在旅游流集聚或者辐射关系，这表明其网络节点的旅游流集散功能逐渐增强。总体而言，长江中游城市群平均每个旅游节点的旅游流集聚与辐射关系都偏低，反映出长江中游城市群旅游业缺乏跨区域协同理念，跨区域的旅游线路开发与打造不足。近年来，随着区域旅游合作及其一体化战略的推进，长江中游城市群内部不同旅游节点之间的旅游流联系增强，旅游节点的旅游流集聚与辐射效益呈不断增大的趋势。在长江中游城市群旅游流网络中，武汉市、长沙市、南昌市三个旅游节点的程度中心性较高，具有明显的旅游流集聚与扩散效应。宜昌市、岳阳市、衡阳市、九江市、景德镇市以及上饶市等旅游节点的旅游流集散功能也较为明显。

此外，长江中游城市群旅游流节点的旅游发展水平差异明显，各旅游节点在旅游流网络中的差距进一步扩大。就长江中游城市群旅游流网络节点的程度中心性而言，2004 年外向和内向程度中心性的标准差分别为 1.505、1.272，方差分别为 2.264、1.619；2009 年外向和内向程度中心性的标准差分别为 2.27、1.829，方差分别为 5.151、3.344；2014 年外向和内向程度中心性的标准差分别为 3.489、2.648，方差分别为 12.173、7.011。程度中心性的标准差以及方差均呈不断扩大的趋势，反映出长江中游城市群内部不同地区在旅游流网络中的程度中心性差距不断加大，两极分化现象明显。

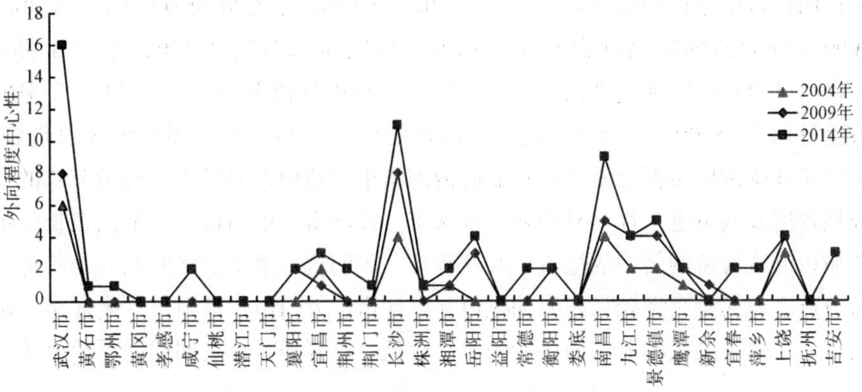

图 4.17　长江中游城市群旅游流网络外向程度中心性变化

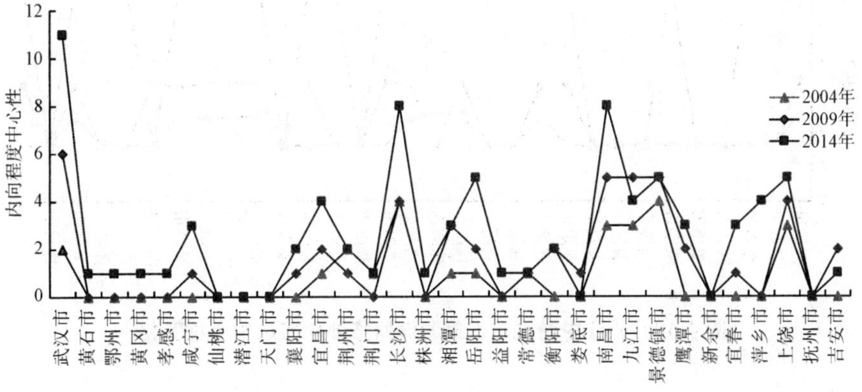

图 4.18　长江中游城市群旅游流网络内向程度中心性变化

②接近中心性。

通过接近中心性分析发现，长江中游城市群旅游流网络节点之间的紧密性程度逐渐提升，旅游节点的可进入性以及便捷性得到加强（见图 4.19、图 4.20）。在长江中游城市群旅游流网络中，2004 年节点的外向接近中心性与内向接近中心性的均值分别为 3.772 和 3.728；2009 年节点的外向接近中心性与内向接近中心性的均值分别为 4.833 和 4.517；2014 年节点的外向接近中心性与内向接近中心性的均值分别为 9.828 和 8.130。接近中心性均值较低，表明长江中游城市群旅游节点之间的联系相对松散，紧密性程度较低。与此同时，接近中心性均值逐渐增大，表明长江中游城市群旅游节点之间的紧密性程度呈现出逐渐提升的态势。

就长江中游城市群旅游流网络节点的接近中心性差异而言，2004 年外向和内向接近中心性的标准差分别为 0.792、0.634，方差分别为 0.627、0.402；2009 年外向和内向接近中心性的标准差分别为 1.773、1.100，方差分别为 3.142、1.209；2014 年外向和内向接近中心性的标准差分别为 4.243、2.416，方差分别为 18.002、5.839。接近中心性的标准差和方差呈逐渐扩大的趋势，表明长江中游城市群旅游节点在旅游流网络中的地位差异较大，旅游节点的便捷性程度及其可进入性差异明显。武汉市、长沙市、南昌市三个节点在长江中游城市群旅游流网络中的接近中心性较高，表明这三个节点之间及其与其他旅游节点之间的紧密性较强。而仙桃市、潜江市、天门市、益阳市、娄底市、新余市、抚州市等旅游节点的接近中心性较低，与其他节点之间的联系较松散。

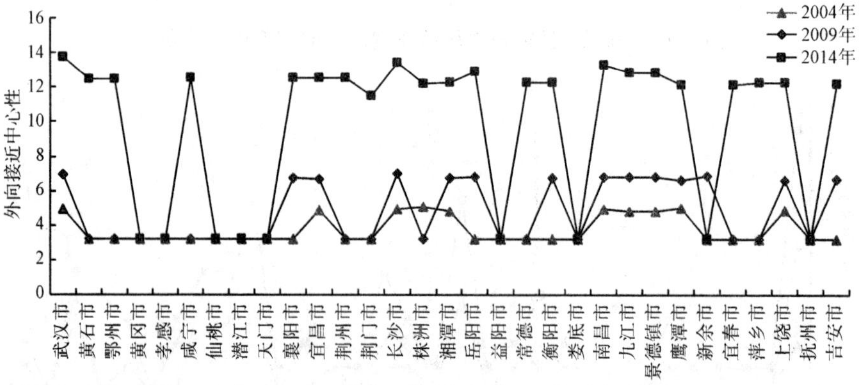

图 4.19 长江中游城市群旅游流网络外向接近中心性变化

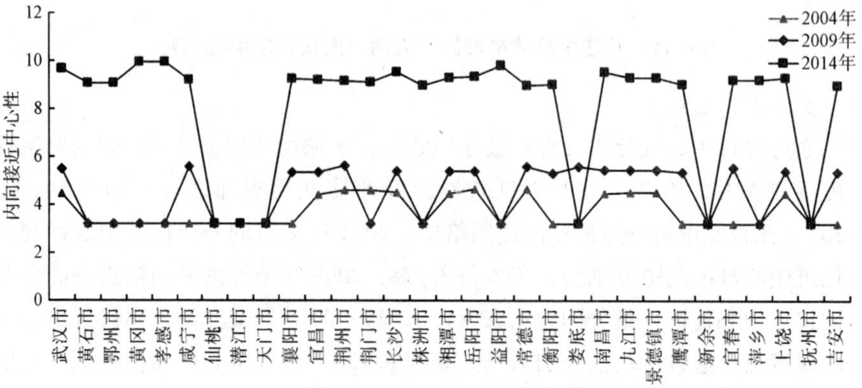

图 4.20 长江中游城市群旅游流网络内向接近中心性变化

③中介中心性。

通过中介中心性分析发现，长江中游城市群旅游流网络节点的中转能力较弱，但中转能力逐渐增强（见图 4.21）。2004 年长江中游城市群旅游节点的旅游流中转能力较小，平均每个节点充当中介者的次数仅为 0.601。近年来随着长江中游城市群旅游发展水平的不断提升，特别是高速交通的快速建设，2014 年旅游节点的旅游流中转能力显著增强，充当中介者的次数提高到 2.432。总体而言，长江中游城市群旅游节点在旅游流网络中的中介能力较低，但呈现出逐渐提升的发展态势。

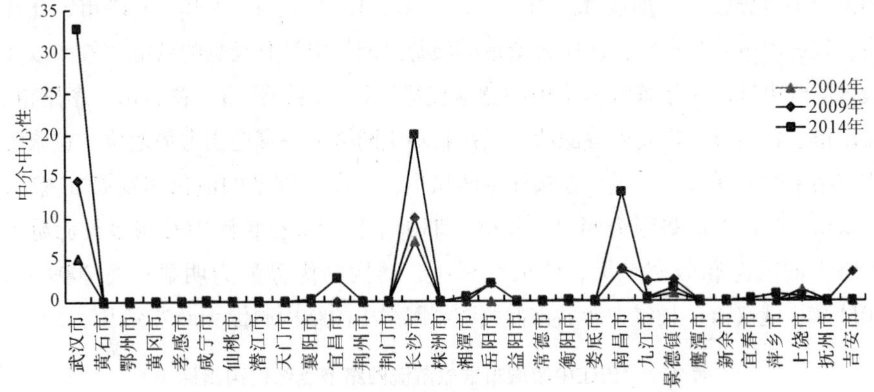

图 4.21 长江中游城市群旅游流网络中介中心性变化

此外，长江中游城市群旅游节点在旅游流网络中的中介能力的差异进一步扩大。2004 年长江中游城市群旅游流网络节点的中介中心性标准差为 1.640，方差为 2.691；2009 年长江中游城市群旅游流网络节点的中介中心性标准差为 3.136，方差为 9.835；2014 年长江中游城市群旅游流网络节点的中介中心性标准差为 6.892，方差为 47.499。旅游节点中介中心性的标准差和方差均不断增大，表明长江中游城市群旅游流网络节点的旅游流中转能力的差异性扩大，即旅游流被少数中介能力强的旅游节点控制，且这种控制能力进一步强化，大多数节点对少数中介力强的旅游节点依赖性增强。由于武汉市、长沙市、南昌市具有独特的政治、经济、文化地位以及地理区位优势，在旅游流网络中的中介中心性较高，对长江中游城市群旅游流的控制性较强，其他大多数旅游节点的旅游流受武汉市、长沙市、南昌市这三个旅游节点的控制性较强。

（2）节点结构洞。

对旅游流网络节点的结构洞分析发现，长江中游城市群旅游流网络节点的结构洞优势明显，且这种结构洞优势总体呈不断提升的趋势（见表 4.7）。长江中游城市群旅游流网络节点的平均效能由 2004 年的 0.951 提升到 2014 年的 1.373，网络节点的平均效率由 2004 年的 0.370 提升到了 2014 年的 0.494，表明长江中游城市群旅游流网络节点的竞争优势总体呈上升的趋势。长江中游城市群旅游流网络节点的约束性均值由2004年的0.377提升到2014年的0.560，旅游流网络节点的约束性总体上得到增强，其主要原因在于株洲市、萍乡市、常德市、娄底市、荆门市等旅游业发展水平相对较低的旅游节点逐渐融入旅游流网络系统，系统中各节点的结构洞优势差异明显，且差距进一步扩大。

就不同节点的结构洞优势而言，各节点在长江中游城市群旅游流网络中的结构洞水平差异较大。如表4.7所示，武汉市、长沙市、南昌市、上饶市、九江市、景德镇市等节点在长江中游城市群旅游流网络中具有较高的效能、效率以及较低的约束性，在旅游流网络中的竞争优势明显。而鄂州市、黄石市、孝感市、益阳市、新余市、吉安市等旅游节点在旅游流网络中一直处于劣势地位，在旅游流网络中的发展较为缓慢。在长江中游城市群旅游流网络的演化和发展过程中，武汉市、长沙市优势颇为明显。其中，2004年长沙市在长江中游城市群旅游流网络中的效能和效率最大，约束性最小，结构洞优势最为明显；而2009年、2014年，武汉市在长江中游城市群旅游流网络中的结构洞优势最为突出。

表4.7 长江中游城市群旅游流网络节点结构洞指标

城市名	2004年			2009年			2014年		
	效能大小	效率性	约束性	效能大小	效率性	约束性	效能大小	效率性	约束性
武汉市	5.438	0.906	0.289	7.607	0.845	0.292	9.100	0.910	0.239
长沙市	6.000	1.000	0.188	6.958	0.870	0.308	7.346	0.918	0.231
南昌市	2.857	0.714	0.625	4.150	0.593	0.498	3.944	0.657	0.533
上饶市	2.583	0.646	0.685	2.000	0.500	0.694	2.500	0.625	0.583
九江市	2.100	0.525	0.777	2.722	0.544	0.622	2.250	0.563	0.659
景德镇市	2.333	0.583	0.736	2.500	0.500	0.625	1.000	0.333	0.926
襄阳市	0.000			1.000	0.500	1.235	1.000	0.500	1.235
宜昌市	1.167	0.583	1.003	1.000	0.500	1.235	1.600	0.533	0.933
岳阳市	1.000	1.000	1.000	2.800	0.700	0.707	1.500	0.500	1.042
衡阳市	0.000			1.500	0.500	1.042	1.000	0.500	1.235
荆州市	1.000	0.500	1.389	1.000	1.000	1.000	1.000	0.500	1.125
湘潭市	1.000	1.000	1.000	1.500	0.500	1.042	1.000	1.000	1.000
株洲市	1.000	1.000	1.000	0.000			1.000	1.000	1.000
鹰潭市	1.000	1.000	1.000	1.000	0.333	1.024	1.000	1.000	1.000
萍乡市	0.000			0.000			1.000	1.000	1.000
宜春市	0.000			1.000	1.000	1.000	2.333	0.778	0.611
黄冈市	0.000			0.000			1.000	1.000	1.000
咸宁市	0.000			1.000	1.000	1.000	1.000	1.000	1.000

表4.7(续)

城市名	2004 年			2009 年			2014 年		
	效能大小	效率性	约束性	效能大小	效率性	约束性	效能大小	效率性	约束性
常德市	1.000	1.000	1.000	1.000	1.000	1.000	1.000	1.000	1.000
荆门市	1.000	1.000	1.000	0.000			1.000	1.000	1.000
鄂州市	0.000			0.000			0.000		
黄石市	0.000			0.000			0.000		
孝感市	0.000			0.000			0.000		
娄底市	0.000			1.000	1.000	1.000	0.000		
潜江市	0.000			0.000			0.000		
天门市	0.000			0.000			0.000		
益阳市	0.000			0.000			0.000		
新余市	0.000			1.000	1.000	1.000	0.000		
仙桃市	0.000			0.000			0.000		
抚州市	0.000			0.000			0.000		
吉安市	0.000			4.300	0.860	0.420	0.000		

4.4 本章小结

城市群旅游流空间格局演化是一个动态变化的过程。本章运用 GIS 空间分析法、网格维模型、社会网络分析法等方法对旅游流空间格局的地理分布演化、流向关系演化、网络结构演化特征进行深入分析，全面揭示长江中游城市群旅游流空间格局的演化特征。

（1）长江中游城市群旅游流空间分布范围呈逐步扩大的趋势，“大分散、小集聚”的分布态势明显，在演化过程中逐渐形成了多个集聚中心，分形结构日趋复杂。长江中游城市群旅游流主要以武汉市、长沙市、南昌市、上饶市等节点为中心呈放射状格局展开，“轴-辐”空间组织模式逐步形成并发展。同时，长江中游城市群旅游流空间流动总体呈现出距离衰减的特征，受空间距离的影响明显，大部分旅游流主要集中在 150 km 空间范围内流动，250~300 km也是长江中游城市群旅游流的另一个峰值。随着城市群内部交通网络的不断完善、政府区域发展战略及政策的引导，旅游流距离衰减趋势有所弱化。城市群旅游流地理分布演化反映了旅游活动在地理环境中的分布状态与变化过程，体现了旅游资源和市场的基础性作用，以及政府区域发展战略及政策的导向作用。

（2）长江中游城市群旅游流的有向流动主要集中在少数地区之间，武汉市→宜昌市、武汉市→长沙市、长沙市→湘潭市、上饶市→景德镇市、景德镇市→上饶市等是旅游流演化过程中的主要流动方向，流动方向呈分散的趋势明显，集中性程度有所降低。就无向流动而言，景德镇市-上饶市、南昌市-九江市、长沙市-湘潭市、武汉市-宜昌市、武汉市-长沙市等地区之间的旅游流联系构成了长江中游城市群旅游流空间格局演化的基本骨架，对长江中游城市群旅游流的演化趋势和发展走向起着重要作用。旅游流流向关系及其演化体现了旅游供给与旅游需求的空间关系以及发展过程，也反映了旅游目的地之间的空间互动及其作用过程。

（3）长江中游城市群旅游流整体网络较为松散，旅游节点之间的旅游流空间联系逐渐增强。武汉市、长沙市、南昌市、九江市、上饶市等少数节点对旅游流的控制进一步强化，核心-边缘结构日趋凸显。旅游流网络呈现出明显的内部凝聚性，内部结构日趋复杂，且各凝聚子群处于相互影响和发展过程中。此外，长江中游城市群旅游流网络节点的中心性水平以及结构洞优势总体上得到逐步提升，但中心性水平以及结构洞优势的差距进一步扩大，两极分化现象日趋明显。城市群旅游流网络结构的演化体现了不同地区之间旅游流的空间关联特性，以及不同地区在相互作用过程中所形成的角色地位。

5　城市群旅游流空间格局演化模式研究

5.1　空间演化模式判别

城市群旅游流空间格局是依托于城市群这一特殊地理单元之上的旅游流空间联系及其流动，城市群的特性直接影响城市群旅游流规律。城市群旅游流空间格局演化模式是城市群旅游流规律的重要体现。在不同发展阶段以及不同影响因素的作用下，城市群旅游流空间格局演化模式呈现出动态变化的过程。点、线、面是空间结构中不可或缺的要素①，同样也是城市群旅游空间的三大要素②。因此，下面主要从旅游流节点、旅游流路径以及旅游流域面这三个方面来探究城市群旅游流空间格局演化模式的判别依据。

5.1.1　旅游流节点

旅游流节点是旅游流空间集聚与扩散的中心，也是旅游流空间模式中最基本的要素。旅游流节点的形态特征、空间相互作用及其组合模式，在一定程度上决定了旅游流的空间模式，并在很大程度上影响旅游流效益的发挥。

（1）旅游流节点的基本特征。

第一，空间性。旅游流节点会占据一定的空间，且具有方位性和区位性。旅游流节点的空间属性、所处的地理区位在很大程度上决定了旅游流节点在旅游流网络中的位置，并影响旅游业的发展及其效益的发挥。

---

①　曾菊新. 空间经济：系统与结构［M］. 武汉：武汉出版社，1996. 129.

②　陈浩，陆林，郑嬗婷. 珠江三角洲城市群旅游空间格局演化［J］. 地理学报，2011，66（10）：1427-1437.

第二，等级性。旅游流节点具有不同的规模等级，旅游流节点的功能表现出较强的差异性，同时不同规模等级的旅游流节点的影响力与空间辐射范围也具有较大的差异。旅游流节点在演化发展过程中，随着节点等级规模的提升，旅游流节点的空间辐射力及其影响范围随之扩大；反之，旅游流节点的空间辐射力及其影响范围随之减小。

第三，相对性。旅游流节点作为区域旅游流空间集聚与扩散的中心，在空间上具有相对性。在小尺度区域空间，可将旅游景区（点）视为旅游流节点；在中观尺度空间，可将旅游城市或地市区域视为旅游流节点；在宏观尺度空间，可将省域视为旅游流节点；在更为宏观尺度空间上，可将一个国家视为旅游流节点。旅游流节点所代指的范围通常根据研究的空间尺度以及目的来确定。

第四，复合性。就中观和宏观尺度的旅游流节点而言，旅游流节点具有复合性。一方面，旅游流节点具有一定的资源本底，对旅游者有一定的吸引力，是旅游者的活动空间；另一方面，旅游流节点内部往往具有生产、服务、消费功能，是社区居民的生活空间，旅游流节点在功能上具有重叠性和多样性。

（2）旅游流节点的分类。

由于旅游流节点的等级规模、区位条件、资源禀赋及其发展水平的差异性，旅游流节点在旅游流系统中具有不同的地位角色，其类型以及所表现出来的功能也往往具有多样性和差异性。在国外，Lew 等（2002）根据旅游流节点在旅游流网络中的地位，将旅游流节点划分为核心旅游地、门户旅游地、终点旅游地等基本类型①。而国内学者大多在此基础上，对旅游流节点的功能地位与类型进行划分。刘法建等（2010）将我国大陆 31 个省级旅游地划分为全国旅游中枢、区域旅游枢纽、一般性旅游地、边缘性旅游地四种类型②③。彭红松等（2014）将旅游流节点划分为旅游核心、次旅游核心、重要旅游目的地、一般旅游目的地等类型④。虞虎等（2014）将城市旅游地划分为中心旅游地、

① LEW A A, McKercher B. Trip destinations, gateways and itineraries: the example of Hong Kong [J]. Tourism Management, 2002, 23 (6): 609-621.

② 刘法建，张捷，陈冬冬. 中国入境旅游流网络结构特征及动因研究 [J]. 地理学报，2010，65 (8): 1013-1024.

③ 刘法建，张捷，章锦河，等. 中国入境旅游流网络省级旅游地角色研究 [J]. 地理研究，2010，29 (6): 1141-1152.

④ 彭红松，陆林，路幸福，等. 基于社会网络方法的跨界旅游客流网络结构研究：以泸沽湖为例 [J]. 地理科学，2014，34 (9): 1041-1050.

次中心旅游地、一般旅游地和边缘旅游地等类型①。结合国内外相关研究，城市群内部旅游流节点可划分为旅游核心、次旅游核心、重要旅游节点、一般旅游节点、边缘旅游节点等类型。

第一，旅游核心。旅游核心节点通常也是城市群旅游流的集散中心，对整个城市群旅游流具有较强的影响力和控制力，是城市群旅游流的核心。旅游核心节点的旅游流集聚、扩散功能强，与城市群绝大多数旅游节点存在旅游流联系，且旅游业发展水平高。

第二，次旅游核心。次旅游核心节点在功能上类似于旅游核心节点，在空间影响力和辐射力方面仅次于旅游核心节点。次旅游核心节点的旅游流集聚、扩散功能较强，与城市群大部分旅游节点存在旅游流关系，旅游业发展水平较高。

第三，重要旅游节点。重要旅游节点具有一定的空间影响力和辐射力，与城市群其他旅游节点存在旅游流关系，旅游业发展水平较高。重要旅游节点通常旅游资源禀赋较好，旅游产品具有较强的竞争力，对旅游流的吸引能力较强。

第四，一般旅游节点。一般旅游节点与核心、次核心旅游节点的旅游流联系较强，与其他旅游节点的旅游流联系较少。一般旅游节点在旅游流网络中处于依附地位，对核心旅游节点的依赖性较强，独立发展能力相对较弱。

第五，边缘旅游节点。边缘旅游节点与其他旅游节点的旅游流联系少，处于城市群旅游发展的边缘地带。边缘旅游节点往往是城市群旅游流网络的孤立节点，由于区位条件以及旅游资源禀赋较差，与城市群其他旅游节点之间的旅游流联系较少。

5.1.2 旅游流路径

旅游流路径是旅游流空间模式的基本要素，是节点之间空间联系及相互作用的纽带。旅游流路径即旅游流空间流动的投影，具有较强的空间属性。旅游流各节点主要通过旅游流路径联系，产生相应的空间组合形态及模式，并影响旅游空间结构的功能。旅游流路径具有以下基本特征：

（1）方向性。旅游流路径是旅游流在不同旅游节点之间流动的空间投影，具有方向性。在区域旅游流发展及演化的初期，旅游流路径的方向较为单一，随着旅游节点的建设与发展，旅游流路径表现出多向性。旅游流路径的单向性和多向性是旅游流空间格局演化模式判别的重要标志，即初级阶段旅游流路径

① 虞虎，陈田，陆林，等. 江淮城市群旅游经济网络空间结构与空间发展模式［J］. 地理科学进展，2014，33（2）：169-180.

的方向较为单一，较为成熟阶段旅游流路径的方向较为多向化。根据旅游流路径的方向，我们可将旅游流路径划分为多向旅游流路径、单向旅游流路径。

（2）依托性。旅游流空间流动路径对交通廊道具有依托性，旅游流的空间流动是建立在旅游交通、可进入性的基础之上的。因此，旅游流路径所依托的交通廊道在很大程度上决定旅游流的流量及流向，并影响旅游节点之间的旅游流空间关系。

（3）等级性。受旅游节点的发展水平以及旅游交通廊道的影响，旅游流路径具有一定的等级规模性。根据旅游流路径的强弱，可把旅游流路径划分为强旅游路径、较强旅游路径、弱旅游路径或主要路径、次要路径、一般路径等若干等级。

（4）稳定性。铁路、公路等线状基础设施的建设周期较长，投入较大，形成后的线状基础设施格局具有较强的稳定性①。旅游流路径依托于交通廊道，而区域交通廊道具有一定的稳定性，因此旅游流空间路径相对稳定。

5.1.3 旅游流域面

旅游流域面是旅游流节点、旅游流路径的空间载体，具有地域空间范围。就城市群旅游流域面而言，在其内部存在多个核心，且各核心节点旅游流的空间辐射范围具有较大的差异性，通常在城市群旅游流内部形成不同等级规模、空间辐射范围的次域面。此外，由于各节点在不断的演化和发展中，以核心节点为中心的旅游流域面辐射范围及其空间影响力不断变化，各次域面也处于相互作用和影响的过程中。城市群旅游流域面的发育水平可用旅游流域面的空间辐射范围、次域面的发育程度，以及域面内部旅游节点之间的紧密程度来反映。旅游流节点之间的空间联系越紧密，旅游流域面的空间辐射范围越大，旅游流域面的发育水平越高；反之，旅游流域面的发育水平越低。旅游流域面具有以下基本特征：

（1）空间性。旅游流域面是在旅游流空间运动中，较强旅游流联系的旅游流节点所涉及的地域范围，具有空间属性。

（2）等级层次性。由于旅游流节点规模大小不一，旅游流域面表现出等级层次性。旅游流域面作为旅游节点相互作用的地域空间，域面的空间范围受旅游节点的影响明显。因此，在不同等级规模节点作用下形成的次域面亦表现出等级层次性，且在城市群旅游流域面内部形成的次域面处于相互作用过程中。

---

① 曾菊新. 空间经济：系统与结构［M］. 武汉：武汉出版社，1996：125-126.

（3）自组织性。旅游流域面是旅游流节点以及旅游流路径的作用空间，其辐射的空间范围及其内部的紧密程度随着旅游节点以及旅游节点间空间关联的变化而变化。随着旅游流节点的集散功能增强，旅游流节点之间的紧密性程度提升，旅游流域面的发育程度随之提升；反之，旅游流域面的发育程度降低。

综上所述，旅游流空间演化模式及发育水平可以从旅游流节点、旅游流路径以及旅游流域面这三个方面加以判别。旅游流节点的等级规模、旅游流路径的方向性、旅游流域面的空间辐射范围及其结构的紧密性等可作为旅游流空间格局演化模式判别的重要依据。

5.2 空间演化模式类型

借鉴 Dredge（1999）提出的旅游流空间模式①、黄金火等（2005）提出的区域旅游系统空间结构模式②、靳诚等（2014）提出的目的地系统结构及其流动模式③，结合城市群旅游流空间格局以及城市群的空间特性，可将城市群旅游流空间格局演化模式划分为多中心集聚模式、延伸扩展模式、链状空间模式三种类型。图 5.1 为城市群旅游流空间演化模式的基本类型。

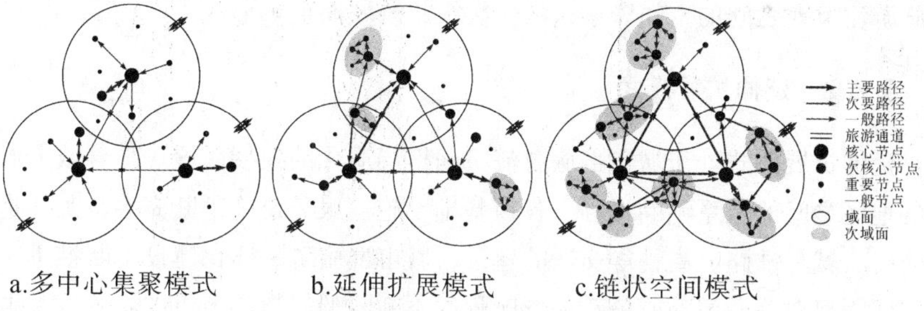

图 5.1　城市群旅游流空间演化模式的基本类型

---

① DREDGE D. Destination place planning and design [J]. Annals of Tourism Research, 1999, 26 (4): 772-791.

② 黄金火，吴必虎. 区域旅游系统空间结构的模式与优化：以西安地区为例 [J]. 地理科学进展，2005，24（1）：116-126.

③ 靳诚，徐菁，黄震方，等. 南京城市内部景点间游客流动特征分析 [J]. 地理学报，2014，69（12）：1858-1870.

5.2.1 多中心集聚模式

多中心集聚模式处于城市群旅游流空间格局演化的起步阶段。在旅游发展早期，旅游流空间流动受到旅游资源基础的制约和交通状况的限制，旅游流主要集中在少数旅游资源禀赋好、交通可达性好的旅游节点，旅游流的空间流动主要流向这些旅游节点，同时这些旅游节点对整个城市群旅游流的控制性强。整体上旅游通道和旅游流路径较少，且主要围绕核心节点展开。随着这些旅游节点的旅游流空间集聚不断强化，旅游基础设施、服务设施不断完善，城市群旅游流逐渐形成以核心节点为中心的等级复合型旅游流空间组织模式。多中心集聚模式的主要特征如下：

（1）核心旅游节点的集聚性。旅游流主要集中在少数旅游节点，特别是核心节点及其核心节点之间，旅游流节点的等级规模体系发育尚不成熟，大多数旅游流节点之间的旅游流联系较为薄弱、松散。

（2）旅游流路径的单向性。由于交通网络发育不完善，旅游通道较少，旅游流的空间流动路径较少，且较为单一。与此同时，旅游流在空间流动过程中流向的单向性明显，旅游流主要流向核心旅游流节点。

（3）旅游流域面空间辐射的有限性。旅游流节点的空间影响力及其辐射范围有限，城市群旅游流的效率较低，整合效应不明显。同时，旅游流域面内部旅游流节点之间的空间联系松散，次级旅游域面也未形成。

5.2.2 延伸扩展模式

延伸扩展模式处于城市群旅游流空间格局演化的发展阶段。随着城市群内部各地区之间的联系不断增强，各项基础设施、服务设施不断完善，尤其是高速公路、城际铁路、高铁等交通的建设，城市群旅游一体化建设不断推进，地理空间距离对旅游流空间流动的影响程度不断降低。核心节点的旅游流溢出效应日趋明显，扩散效应不断增强，旅游流逐渐沿主要交通轴线扩散。区域旅游合作不断得到重视，更多旅游节点融入城市群旅游发展之中。在旅游资源禀赋相对较好的地区，旅游产品也不断得到开发，旅游基础设施和服务设施得到不断完善；在交通区位条件较好的地区，其利用交通区位优势，逐步提升旅游产品的质量。依托旅游通道以及逐步形成的次核心节点或重要节点，形成了与之相应的次域面。城市群旅游流空间结构呈现出以核心节点为中心、以主要交通廊道为轴线的辐合-扩散型旅游流空间组织模式。延伸扩展模式的主要特征如下：

（1）旅游节点的集聚与扩散效应并存。在旅游节点发育程度逐步提升、核心旅游节点旅游流集聚能力进一步增强的同时，旅游流的扩散效应日趋突出，次核心旅游节点、重要旅游节点逐步形成。

（2）旅游流空间扩散路径围绕主要交通轴线展开。随着城市群内部与对外高速交通的建设，交通网络体系逐步完善，旅游流主要围绕交通轴线展开，旅游流空间分布及其空间流动的线型特点非常突出。

（3）次级旅游域面逐步形成。旅游节点的空间影响力、辐射力进一步扩展，次核心旅游节点、主要旅游节点逐步形成，次级旅游域面逐步形成，旅游域面内部的嵌套结构明显。

5.2.3 链状空间模式

链状空间模式处于城市群旅游流空间格局演化的成熟阶段。随着城市群旅游一体化进程的加快，旅游流节点之间的旅游流联系逐步增强，旅游流核心节点的区域吸引范围更广，城市群内部旅游流次域面更为广阔。城市群内形成以核心节点为中心的多个引力单元重叠的复杂系统，各引力单元之间形成双向的旅游流关系。随着城市群一体化的形成，旅游流在城市群范围内实现自由流动，旅游流节点的旅游流集聚和扩散效应得到最大程度发挥。链状空间模式的主要特征如下：

（1）旅游流节点等级结构的有序性。城市群内部不同等级规模结构的旅游流节点发育逐步趋于成熟，形成等级规模结构合理的等级体系，各旅游流节点之间处于良性发展阶段。

（2）旅游路径的多向性。随着城市群交通体系、信息系统、服务体系等的完善，城市群旅游一体化逐渐趋于成熟，旅游流节点之间的旅游流扩散路径的多样化、旅游流空间扩散方向的多向性更为明显。

（3）旅游域面交叉重叠性。不同等级体系的子系统逐步发展，次旅游域面交叉重叠，并相互作用，子系统之间的旅游流联系频繁，一体化态势明显。城市群内部节点联系紧密，旅游流处于有序发展状态。

根据城市群旅游流空间演化模式，结合长江中游城市群旅游流的空间格局及其演化态势，发现长江中游城市群旅游流空间模式处于延伸扩展模式阶段。如图 5.2 所示，武汉市、长沙市两个核心节点以及南昌市次核心节点的旅游流集聚效应非常明显，旅游流扩散效应日趋凸显。与此同时，长江中游城市群旅游流沿京广高铁、沪汉蓉高铁、沪昆高铁等主要高速交通轴线流动，跨地区旅游流联系逐渐增多，在城市群旅游流系统中存在鄂西、赣东北、赣西等多个子嵌套系统。随着高速交通的不断建设、旅游合作的加快，以及城市群一体化的推进，长江中游城市群旅游流空间模式将进一步发展和完善。图 5.2 为长江中游城市群旅游流空间演化模式。

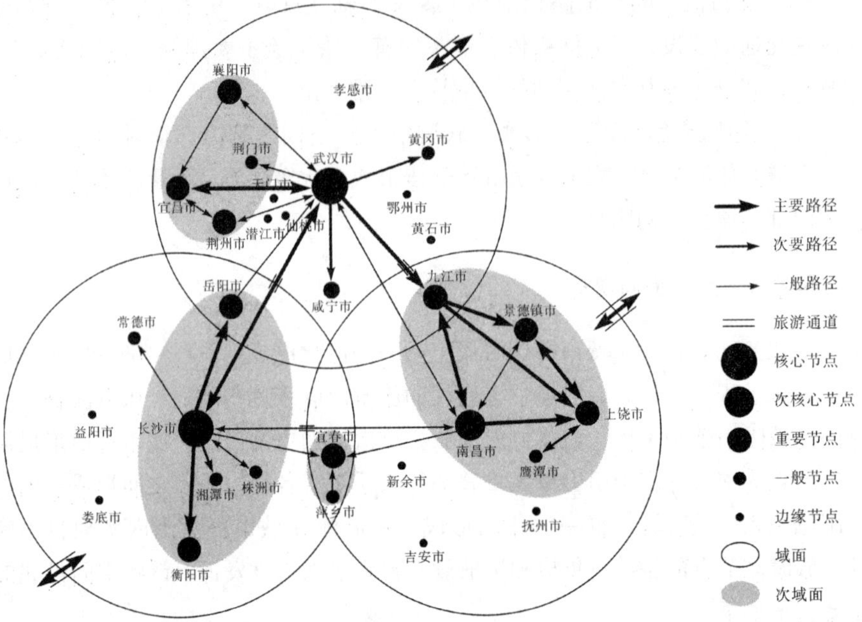

图 5.2　长江中游城市群旅游流空间演化模式

5.3　空间演化模式效益分析

5.3.1　旅游流效益

（1）旅游流效益的测度。

旅游流效益的测度通常用旅游流流质指数来反映和刻画。为了便于对旅游流效益进行分析评价，李振亭、马耀峰等国内学者提出旅游流流质的概念，认为旅游流流质是指特定规模旅游流的质量，即特定旅游流能否带来与其相对应的资金流、信息流、物质流等。由于资金流、信息流、物质流等难以量化，将流质指数简化为特定规模旅游流所带来的资金流规模与游客流规模的比例关系①。其表达式如下：

$$Q = \frac{a_i}{b_i} = \frac{x^t{}_i}{\sum_{i=1}^{n} x^t{}_i} / \frac{y^t{}_i}{\sum_{i=1}^{n} y^t{}_i} \tag{4.1}$$

式中，Q 表示旅游流流质指数，a_i 和 b_i 分别表示第 i 个区域旅游收入的市场份额和旅游者数量的市场份额，x_i^t 和 y_i^t 分别表示第 i 个区域第 t 年的旅游收入和旅游者数量，n 表示区域总数②。Q 越大，旅游流的效益越好，其中 $Q<1$、$Q=1$、$Q>1$ 分别表示该区域的旅游流属于低质旅游流、良质旅游流、优质旅游流。旅游流流质指数将旅游流（狭义的旅游流即游客流）和资金流联系起来，其值的高低很好地反映了旅游流效益的好坏③。

（2）旅游流效益的时空分布。

①旅游流流质的时间变化。

随着国民经济发展水平的不断提升，以及旅游业发展体系的进一步完善，我国旅游业表现出良好的发展态势。对长江中游城市群旅游发展而言，旅游业发展水平也呈现出良性的发展态势，旅游流的效益及质量总体上不断提升。2004 年长江中游城市群旅游流的流质指数 Q 为 0.951；随着长江中游城市群内部交通体系的不断建设以及旅游业的迅速发展，2009 年长江中游城市群旅游流的流质指数 Q 为 0.961；随着高速交通的完善以及旅游合作进程的加快，2014 年长江中游城市群旅游流的流质指数 Q 为 1.044。由此可见，长江中游城市群旅游流不仅在规模上有所扩大，而且旅游流质量也得到进一步的提升。

②旅游流流质的空间分布。

借鉴薛华菊等（2014）对旅游流流质的划分依据④，我们可将长江中游城市群旅游流的流质划分为三个等级，即：优质旅游区、良质旅游区、低质旅游区。如图 5.3 所示，长江中游城市群旅游流流质空间分异显著，且两极分化较为严重。2004 年长江中游城市群旅游流流质指数的极商与极差分别为 4.674 和

---

① 李振亭，马耀峰，李创新，等. 近 20 年来中国入境旅游流流量与流质的变化分析［J］. 陕西师范大学学报（自然科学版），2012，40（1）：94-99.

② 黎霞，雷丽. 西部地区入境旅游流流量与流质的时空差异分析［J］. 西南大学学报（自然科学版），2014，36（12）：107-114.

③ 阎友兵，贺文娟. 国内旅游流流量与流质的时空演化分析［J］. 经济地理，2013，33（4）：179-185.

④ 薛华菊，马耀峰，黄毅，等. 区域入境旅游流质量时空演变及特征研究［J］. 干旱区资源与环境，2014，28（6）：171-176.

1.091，标准差为0.239；2009年长江中游城市群旅游流流质指数的极商与极差分别为2.010和0.698，标准差为0.157；到2014年长江中游城市群旅游流流质指数的极商与极差分别为2.315和0.802，标准差为0.197。武汉市、长沙市、南昌市、九江市一直是长江中游城市群旅游流的优质旅游区，而荆门市、黄石市、咸宁市、益阳市等地区的旅游流流质指数较低，一直是长江中游城市群旅游流的低质旅游区。

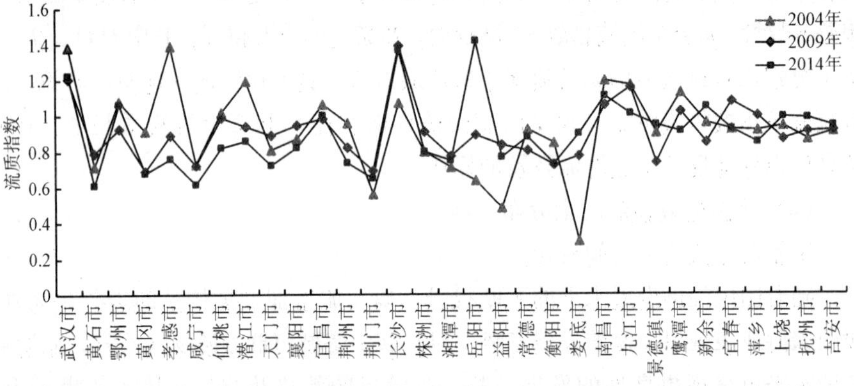

图5.3 长江中游城市群旅游流流质指数分布

从表5.1可以看出，武汉城市群（圈）、环长株潭城市群、环鄱阳湖城市群三大子城市群内部不同地区之间的旅游流效益差异较大。武汉城市群和环长株潭城市群旅游流效益两极分化现象明显，且有进一步扩大的趋势；而环鄱阳湖城市群内部不同地区之间的旅游流效益差异较小。2004年南昌市、九江市、鹰潭市处于优质旅游区，2014年处于优质旅游区的地区数量增加到了5个，除萍乡市外，其他地区均处于良质旅游区范围。

表5.1 长江中游城市群内部不同区域的流质指数对比

年份	区域	最小值	最大值	极商	极差	均值	标准差	方差
2004	武汉城市群（圈）	0.562	1.388	2.470	0.826	0.975	0.250	0.062
	环长株潭城市群	0.297	1.071	3.606	0.774	0.721	0.247	0.061
	环鄱阳湖城市群	0.864	1.191	1.378	0.327	0.989	0.122	0.015
2009	武汉城市群（圈）	0.692	1.204	1.740	0.512	0.884	0.142	0.020
	环长株潭城市群	0.723	1.390	1.923	0.667	0.887	0.213	0.045
	环鄱阳湖城市群	0.738	1.156	1.566	0.418	0.957	0.126	0.016

表5.1(续)

年份	区域	最小值	最大值	极商	极差	均值	标准差	方差
2014	武汉城市群（圈）	0.610	1.226	2.010	0.616	0.813	0.184	0.034
	环长株潭城市群	0.728	1.412	1.940	0.684	0.949	0.278	0.077
	环鄱阳湖城市群	0.847	1.108	1.308	0.261	0.969	0.074	0.005

（3）旅游流效益的空间相关关系演化。

①全局空间相关关系。

长江中游城市群旅游总收入和旅游总人次的 Moran's I 值均为负数（见表5.2），*Z* 值的绝对值大于 1.96，且检验结果也较为显著，这表明长江中游城市群旅游经济发展呈现出负的空间自相关。而全国旅游经济发展的全局空间自相关不显著，总体表现出随机分布的特征①。长江中游城市群旅游发展与全国旅游的总体发展表现出一定的差异性，反映出长江中游城市群旅游业发展有其自身的独特性。

表 5.2　长江中游城市群旅游相关指标的 Moran's I 值

年份	旅游总收入	旅游总人次	旅游流流质
2004	−0.158	−0.126	0.066
2009	−0.142	−0.137	−0.039
2014	−0.153	−0.131	−0.010

2004 年长江中游城市群旅游流流质的 Moran's I 值为 0.066，2009 年长江中游城市群旅游流流质的 Moran's I 值为−0.039，2014 年长江中游城市群旅游流流质的 Moran's I 值为−0.010；此外，其检验结果不显著，可见长江中游城市群旅游流效益的全局空间依赖性不强。通过其与旅游收入、旅游人次的 Moran's I 值对比分析发现，旅游流效益在空间上比旅游收入、人次的表现更为复杂。这进一步印证了黄毅等（2013）关于旅游服务质量的论述，即质量属性的空间相关关系比经济属性复杂②。

②局部空间相关关系。

从长江中游城市群旅游流流质的 Moran 散点图可以看出，长江中游城市群

① 方叶林，黄震方，王坤，等. 基于 PCA-ESDA 的中国省域旅游经济时空差异分析 [J]. 经济地理，2012，32（8）：149-154.

② 黄毅，马耀峰，薛华菊. 中国入境旅游服务质量时空态势演变与区域影响因素 [J]. 地理学报，2013，68（12）：1689-1701.

旅游流流质在空间上逐渐由极化效应向极化与扩散效应并存的趋势发展（见图5.4）。2004年，有9个地区处于高高区，有7个地区处于低高区，有8个地区处于低低区，有7个地区处于高低区。分布在第一象限和第三象限的地区数量占城市群内部地区总数的54.84%，可见长江中游城市群旅游流流质在空间上趋向于高高集聚和低低集聚，这表明旅游流效益在空间上存在极化效应。2009年，有6个地区处于高高区，有11个地区处于低高区，有6个地区处于低低区，有8个地区处于高低区。分布在第二象限和第四象限的地区数量占城市群内部地区总数的61.29%，可见长江中游城市群旅游流流质在空间上趋向于低高集聚和高低集聚，这表明旅游流效益在空间上存在扩散效应。2014年，有11个地区处于高高区，有9个地区处于低高区，有8个地区处于低低区，有3个地区处于高低区。分布在第一象限的地区数量最多，占城市群内部地区总数的35.48%；分布在第二象限的地区数量次之，占城市群内部地区总数的29.03%，这表明长江中游城市群旅游流流质在空间上趋向于高高集聚和低高集聚，旅游流效益在空间上存在极化效应与扩散效应并存的局面。

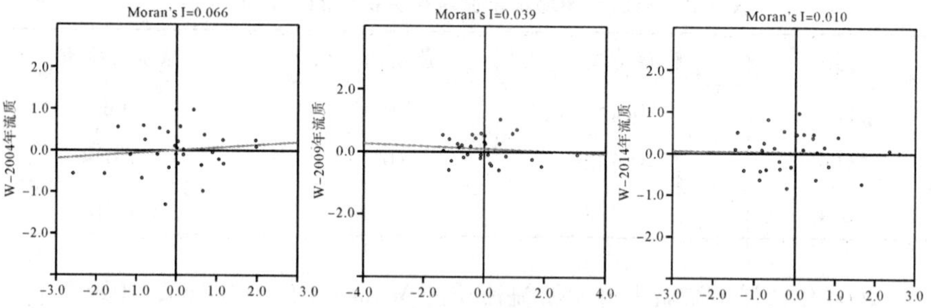

a.2004年流质　　b.2009年流质　　c.2014年流质

图5.4　长江中游城市群旅游流流质的Moran散点图

对长江中游城市群旅游流流质的Moran散点图的空间分布进行可视化，可进一步揭示长江中游城市群旅游流效益的空间效应。就高高区（HH区）而言，2004年主要分布在武汉城市群的武汉市、孝感市、鄂州市等地区，以及环鄱阳湖城市群的南昌市、上饶市、宜春市等地区；2009年HH区则集中在环鄱阳湖城市群的南昌市、宜春市、抚州市、吉安市等地区；2014年HH区的空间分布则更为明显，主要分布在环鄱阳湖城市群大部分地区以及环长株潭城市群的长沙市、岳阳市，呈片带状分布格局，空间范围进一步扩大。就高低区（HL区）而言，2004年主要分布在宜昌市、荆州市、常德市、长沙市、九江市等地区；2009年HL区主要分布在武汉市、襄阳市、宜昌市、长沙市、九江市等地区；2014 年 HL 区主要分布在武汉市、宜昌市、鄂州市，HL 区分布范围逐渐收缩，反映出旅游流效益在空间上的溢出效应逐渐增强。LH 区分布呈带状格局，主要分布在旅游业发展水平、旅游流效益较高地区的周边，而旅游流效益较高地区表现出较强的吸虹效应，其扩散效应有待加强。

就长江中游城市群内部不同区域而言，旅游流效益的空间效应差异也较为明显。武汉城市群的旅游流效益空间差异较为明显，武汉市、宜昌市旅游流效益的极化效应突出；环长株潭城市群旅游流效益的核心-边缘结构突出；环鄱阳湖城市群的旅游流效益呈高高集聚状态，大多处于较高的水平。

5.3.2 旅游流空间模式与效益

旅游流节点作为旅游流空间模式的基本要素，其等级规模、集散能力以及相互作用等在很大程度上决定了旅游流空间模式效益的发挥。伴随着城市群内部旅游流节点的旅游流集散能力进一步提升，旅游流节点之间的空间相互作用逐渐增强，旅游流空间模式不断演进，长江中游城市群旅游流空间模式呈现出低级向高级演化的态势，城市群旅游流的整合效应进一步发挥，旅游流效益不断提高。

（1）节点中心性与效益的关系。

对旅游流节点的中心性与旅游流效益进行相关性分析（见表 5.3），结果显示城市群内部不同地区在城市群旅游流系统中的中心性程度与该地区的旅游流效益存在正相关关系，这说明旅游流节点在城市群旅游发展中所扮演的角色地位在提升旅游流效益过程中起着重要作用。如表 5.3 所示，长江中游城市群内部不同节点的程度中心性、中介中心性与旅游流效益的相关性较强。2004 年、2009 年、2014 年旅游流节点的外向程度中心性与节点的旅游流效益的相关性系数分别为 0.482、0.632、0.646，Sig 检验值均小于 0.01；同时，旅游流节点的内向程度中心性与节点的旅游流效益的相关性水平日趋明显，Sig 检验值逐渐由 2004 年的 0.129 减小到 2014 年的 0.000。此外，旅游流节点的中转能力与旅游流效益也表现出较强的正相关性。可见，旅游流节点的旅游流集聚与扩散能力在很大程度上会影响旅游流的效益。从图 5.5、图 5.6 以及图 5.7 可以看出，程度中心性与旅游流效益之间存在紧密的正相关性。

（2）节点联结路径与效益的关系。

旅游流节点的效益与旅游流路径的强弱也具有明显的关系。具有较强旅游流联结路径的旅游流节点，其旅游流效益普遍较高。景德镇市-上饶市、南昌市-九江市、武汉市-宜昌市、武汉市-长沙市、长沙市-湘潭市、长沙市-岳阳市等节点之间的旅游流联结路径的强度较大，在很大程度上决定了长江中游城市群旅游流空间流动的框架。同时，这些较强旅游流联结路径所联结的旅游流节点的旅游流效益普遍较好，大多属于优质旅游流区以及良质旅游流区。而黄石市、荆门市、娄底市、益阳市等旅游流节点与其他节点之间的旅游流路径较弱，旅游流效益也较差。

表 5.3 旅游流节点的中心性与旅游流效益的相关性分析

中心性指标	2004 年	2009 年	2014 年
外向程度中心性	0.482**（0.006）	0.632**（0.000）	0.646**（0.000）
内向程度中心性	0.279（0.129）	0.447*（0.012）	0.625**（0.000）
外向接近中心性	0.355*（0.050）	0.347（0.056）	0.266（0.148）
内向接近中心性	0.124（0.505）	0.204（0.271）	0.039（0.836）
中介中心性	0.392*（0.029）	0.654**（0.000）	0.582**（0.001）

注：数值为 Pearson Correlation；括号内为 Sig 检验值；**、* 分别表示在 1 %、5 %水平上显著（2-tailed）。

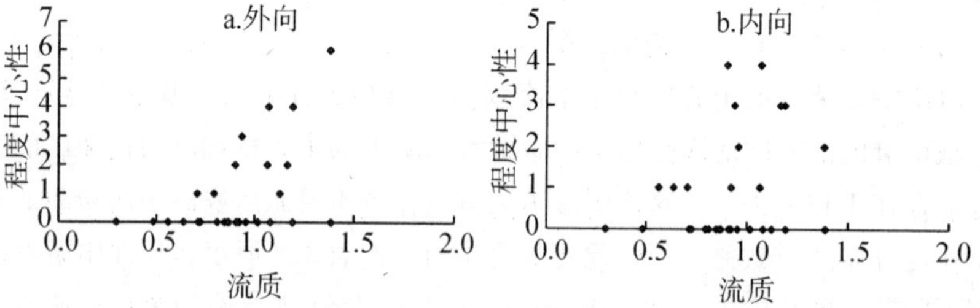

图 5.5 2004 年旅游节点程度中心性与流质的关系

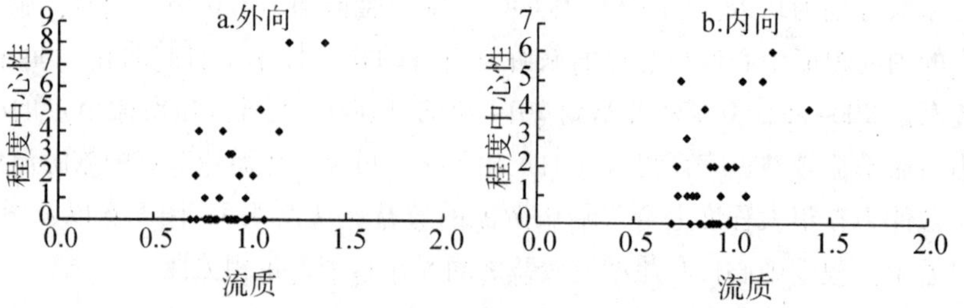

图 5.6 2009 年旅游节点程度中心性与流质的关系

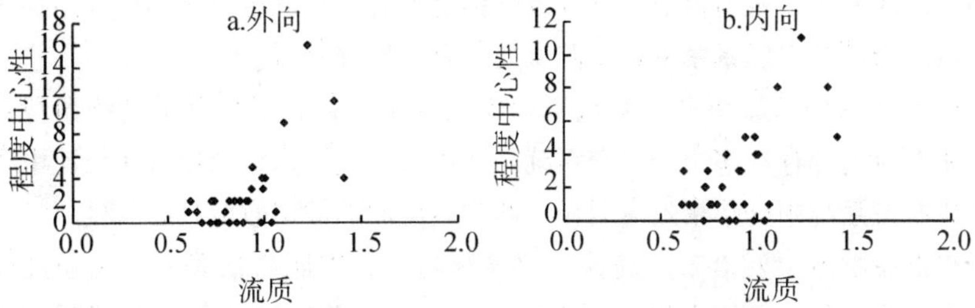

图 5.7 2014 年旅游节点程度中心性与流质的关系

5.4 本章小结

城市群旅游流空间格局演化模式是城市群旅游流空间流动规律的重要体现，在不同发展阶段表现出动态变化的过程。本章在对城市群旅游流空间格局演化模式进行判别分析的基础上，提出城市群旅游流空间演化模式的基本类型，并对城市群旅游流空间格局演化模式与旅游流效益的关系进行深入分析。

（1）城市群旅游流空间格局演化模式可以从旅游流节点、旅游流路径以及旅游流域面等方面加以判别。旅游流节点具有空间性、等级性、复合性等特征，旅游流路径具有方向性、依托性、等级性等特征，旅游流域面具有空间性、等级层次性、自组织性等特征。旅游流节点的等级规模、旅游流路径的方向性、旅游流域面的空间辐射范围及其结构的紧密程度等可作为旅游流空间演化模式判别的重要依据。

（2）城市群旅游流空间演化模式包括多中心集聚模式、延伸扩展模式、链状空间模式等基本类型，不同的空间格局演化模式反映了城市群旅游流的演化过程以及阶段性特征。城市群旅游流空间模式是城市群旅游发展及空间组织过程的重要表征，不同空间模式下城市群旅游流空间格局呈现出不同的特征。多中心集聚模式是城市群旅游流空间演化模式的起步阶段，旅游流主要围绕多个核心节点呈等级辐合型，核心旅游流节点的旅游流集聚性较强，旅游流空间路径较为单一，域面内部节点之间的旅游流空间关联性较弱；延伸扩展模式是城市群旅游流空间演化模式的发展阶段，旅游流以核心节点为中心、以主要交通廊道为轴线呈辐合-扩散型，核心节点的旅游流集聚与扩散效应并存，旅游流空间扩散路径围绕主要交通轴线展开，次级旅游域面逐步形成；链状空间模式是城市群旅游流空间演化模式的成熟阶段，城市群内部存在多个引力单元重叠的旅游流系统，旅游流节点的等级结构合理有序，旅游流空间扩散路径多样化，域面内部节点联系紧密，旅游流处于有序发展状态。

（3）长江中游城市群旅游流空间模式处于延伸扩展模式的初级阶段，城市群旅游流内部存在多个子嵌套系统。武汉市、长沙市、南昌市在长江中游城市群旅游流系统中的集聚效应明显，同时旅游流的溢出效应日趋凸显。长江中游城市群旅游流主要沿京广高铁、沪汉蓉高铁、沪昆高铁等主要交通轴线集散，在演化过程中逐渐形成了多个子嵌套系统，跨区域旅游流空间联系逐渐增强。

（4）城市群旅游流空间格局演化模式影响旅游流效益的发挥，旅游流空间模式发育程度越高，旅游流效益越好。旅游流节点在城市群旅游流空间模式中的角色地位及发育水平与旅游流效益呈现出正相关关系，重要性程度越高的节点，其旅游流效益普遍较高。长江中游城市群旅游流整体效益呈不断提升的态势，在空间上的差异较为明显。同时，长江中游城市群旅游流效益的空间依赖性不强，空间相关关系较为复杂，旅游流效益在空间上逐渐由极化效应转向极化效应与扩散效应并存的局面。

6 城市群旅游流空间格局演化影响机理研究

6.1 影响因素提取过程

扎根理论是由美国社会学家格拉斯（Glaser）和施特劳斯（Strauss）于1967年提出的，是质性研究领域中重要的理论构建方法①。扎根理论是从原始资料中归纳出概念和命题，然后上升到理论的，是一种自下而上建立理论的方法，即在系统收集资料的基础上，寻找反映社会现象的核心概念，然后通过在这些概念之间建立起联系而形成理论；同时，扎根理论注重从经验资料的基础上建立理论，强调从行动中产生理论，从行动者的角度构建理论，理论必须来自资料，与资料之间有密切的联系②。网络旅游文本是旅游者对自身旅游活动的真实记录，是旅游者旅游活动亲身经历的再现。网络旅游文本除了包含大量地理空间信息数据之外，还涉及旅游者流动的成因及影响因素等相关信息。因此，对网络文本资料中的旅游者流动的影响因素进行挖掘，运用扎根理论构建旅游流影响因素理论是可行的。

本研究以2014年2 169篇有效网络文本资料为基础，运用扎根理论对网络文本资料中影响旅游者流动的因素进行挖掘和提炼，通过开放性编码、主轴编码、选择性编码过程，对编码的信度以及理论的饱和度进行检验，构建旅游流影响因素理论。为了便于对网络文本资料进行分析与整理，我们按照出游时间的先后顺序，对每篇有效网络文本（TT）进行编号。例如，出游时间最早的网络文本被编号为TT1，出游时间第二早的网络文本被编号为TT2。为了检验

① 陈向明. 扎根理论的思路和方法［J］. 教育研究与实验，1999（4）：58-63.

② 陈向明. 质的研究方法与社会科学研究［M］. 北京：教育科学出版社，2000：327-330.

所构建理论的饱和度，确保理论类属饱和，本研究随机抽取 80%（1 735 篇）的有效网络文本作为理论建构使用，然后剩余 20%（434 篇）的有效网络文本用于理论饱和度检验。若在进行理论饱和度检验时，文本中不产生新的理论编码，则表明该理论已饱和；反之，该理论尚未达到饱和，需进一步扩大网络文本来源，可对本研究所获取的其他年份的有效网络文本进行挖掘和提炼，再进一步编码，直到不会出现新的理论编码。

6.1.1 开放性编码

开放性编码要求对原始资料所表明的内容保持开放，贴近数据，使编码简短、生动和具有分析性，让编码契合资料数据①。开放性编码实际上是从资料中逐渐提炼概念的过程，包括将材料上升为概念、将概念上升为范畴、命名范畴以及发展范畴四个步骤②。对有效网络文本原始资料进行开放性编码，可将网络文本中涉及的影响旅游者流动的影响因素语句进行概念化和范畴化，用概念和范畴来反映旅游者流动的影响因素。围绕“影响因素”这一核心问题，对网络文本资料逐字逐句地进行编码，从文本资料中提取初始概念，在初始概念的基础上归纳并提炼概念范畴。

初始概念编码是进行理论构建的基础，直接影响理论的范畴及其维度结构。为尽量避免研究者个人因素对初始概念编码的影响、确保编码结果的可靠性与科学性，本研究除了让研究者进行编码外，还邀请了一位从事旅游研究领域多年的学者对文本资料进行独立编码；然后借鉴 Boyatzis 和 Kassarjian 对编码信度进行检验的方法，对编码结果进行检验，信度检验的表达式为③④

$$R = \frac{n \times \bar{K}}{1 + (n - 1) \times \bar{K}} \tag{6.1}$$

$$K = \frac{2M}{N_1 + N_2} \tag{6.2}$$

式中，n 为参与编码人员的数量，M 为不同编码人员相同的编码个数，N_1、N_2

① 凯西·卡麦兹. 建构扎根理论：质性研究实践指南［M］. 重庆：重庆大学出版社，2009：61-73.

② 文军，蒋逸民. 质性研究概论［M］. 北京：北京师范大学出版社，2010：234-236.

③ BOYATZIS R E. Transforming qualitative information：thematic analysis and code development［M］. Thousand Oaks，CA：Sage Publications，1998：52-78.

④ KASSARJIAN H H. Content analysis in consumer research［J］. Journal of Consumer Research，1997，4（1）：8-18.

分别为第 1 位编码员和第 2 位编码员的编码数量，K 为两位编码人员的相互同意度，$\bar{K}$ 为编码人员平均相互同意度①。经过统计分析，两位编码人员对旅游文本中涉及影响因素的编码总数量分别为 836、788，相同的编码个数为 759，编码结果相互同意度为 0.935，信度为 0.966，表明编码结果的可信度较高。最后，研究者对有差异的编码进行反复修正，最终得到 87 个初始概念。根据初始概念编码之间的属性与逻辑关系，我们将其归类提炼为 31 个范畴。对网络文本原始资料中涉及旅游者流动的影响因素语句进行开放性编码，结果如表 6.1 所示。

表 6.1 开放性编码范畴化

原始资料中代表性语句举例	初始概念	范畴
心就像发疯一样想出逃到远方（TT2）；逃离现实的无奈与困惑（TT100）；压抑和紧张节奏使对大自然产生向往（TT1293）；处于高度紧张和压抑的状态，想彻底放松（TT1344）；心烦意乱，想出去走走（TT1776）……	a_1 放松	A_1 出游动机
去体验岳阳楼记的情怀（TT33）；去体验不同的文化（TT817）；去感受一下六祖的禅定思想（TT1278）；去领略更多的风土人情（TT1774）……	a_2 求知	
借着培训的契机，忙里偷闲（TT582）；主要是培训，间隙期间游了一回（TT680）；出差工作，得空去了趟（TT1184）；这次终于借出差的机会实现了（TT1206）……	a_3 出差	
闺蜜在那里，所以成了第一站（TT52）；去探亲，顺便游玩了一下（TT66）；订了中转的票，顺便见老朋友（TT1015）；应朋友之邀，“五一”之行（TT2096）……	a_4 探亲访友	
……	……	……

① 范炳慧，辜应康. 基于顾客的旅游目的地品牌资产结构维度：扎根理论的探索性研究[J]. 旅游学刊，2015，30（11）：87-98.

表6.1(续)

原始资料中代表性语句举例	初始概念	范畴
随着经济条件的好转，开始痴迷于出去旅游（TT1367）；远游不起，工资太低，也舍不得（TT1873）……	a_{14} 经济基础	A_6 出游费用
飞机太贵，所以我们选择坐火车（TT57）；在网上看到特价机票（TT90）；节假日高速免费，我们决定自驾游（TT143）；想省点钱，所以全程都是火车（TT1125）；在携程网上发现机票很便宜（TT1199）；去哪儿网上发现了特价机票（TT1482）……	a_{15} 交通费用	
避开那些收费的旅游景点（TT272）；还要另外收门票，只好作罢（TT763）；可以免费参观，所以顺带去了（TT1378）；门票价格太高，不进去（TT1520）；门票还是蛮贵的，还是远观一下（TT1665）；要门票，没进去（TT1710）；门票太贵，实在是不值，就在不收门票的地方逛逛（TT2161）……	a_{16} 门票价格	
住宿很贵，住宿的性价比太低了（TT1105）；于是就避开了周末，住宿的消费水平都不高（TT1136）……	a_{17} 住宿费用	
……	……	……
雄奇险峻，景色迷人（TT371）；充满魅力的天然山水画卷（TT1130）；领略大峡谷的壮美风光（TT1323）；山势险峻，四面都是悬崖峭壁（TT1740）……	a_{23} 地文景观	A_9 自然风光
到矿疗附属温泉乐园游玩（TT200）；奔向雪景（TT204）；度假村拥有万年稀世珍贵的76℃偏硅酸温泉（TT577）；冬天最适合去泡个温泉（TT845）；去冬天鸟儿栖息的鄱阳湖（TT1141）……	a_{24} 水域风光	
去婺源赏枫香红叶（TT2）；去云中草甸（TT130）；欣赏银杏漫天灿烂金黄的景致（TT789）；去植物园拍郁金香（TT1285）；寻找那美丽的秋叶（TT1291）；去婺源看油菜花（TT1864）……	a_{25} 生物景观	
衡山有雾凇，直奔而去（TT560）；选择了素有避暑胜地美誉的庐山（TT786）；薄刀峰避暑之地，吸引了众多游人（TT1143）；茫茫云海，万分向往（TT1682）；水气迷蒙，山峰如幻（TT1972）……	a_{26} 天象气候	

表6.1(续)

原始资料中代表性语句举例	初始概念	范畴
……	……	……
一部电视剧，让我有了憧憬（TT53）；突然看到电视里播放该景点的宣传片（TT136）；受《庐山恋》的影响，去庐山（TT234）；吸引我前往的却是央视一部纪录片（TT1442）；因为看到了美食节目（TT1502）；无意间在旅游卫视上看到一档节目（TT1588）；看了一部电视剧，所以想去看看（TT1853）……	a_{64} 影视节目	A_{24} 广告宣传
刷新闻，看到主题公园要办葵花展（TT456）；网络新闻报道旅游活动（TT816）；网上一则旅游广告吸引了我（TT1930）……	a_{65} 网络宣传	
翻看各大报纸的旅游版（TT1169）；意外看到旅游景区的宣传册（TT1415）；受《中国国家地理》杂志美景推选的影响（TT1862）……	a_{66} 报纸杂志	
被路边的大幅广告牌吸引住了（TT101）；源于公交车上的车身广告（TT231）；在服务区看到景区几幅广告宣传照片（TT272）；意外瞥见了旅游宣传标示（TT467）；诱人的早餐广告牌（TT728）……	a_{67} 户外广告	
……	……	……

6.1.2 主轴编码

主轴编码的主要任务是发现和建立概念范畴之间的各种联系，以体现资料中各个部分之间的有机联系①。其在开放性编码所提取的范畴基础之上，识别和归纳出影响因素的副范畴以及主范畴。在对旅游者流动影响因素进行开放性编码的基础之上，根据初始范畴之间的逻辑关系，最终归纳出 11 个副范畴和 4 个主范畴（见表 6.2）。

① 陈向明. 质的研究方法与社会科学研究［M］. 北京：教育科学出版社，2000：333-334.

表 6.2 主范畴与对应范畴

开放性编码提取范畴	主轴编码提取范畴	
	副范畴	主范畴
A_1 出游动机 A_2 个人偏好 A_3 身体状况 A_4 避峰出游	B_1 主观条件	C_1 出游条件
A_5 闲暇时间 A_6 出游费用 A_7 天气气候 A_8 出游信息	B_2 客观条件	
A_9 自然风光 A_{10} 人文景观 A_{11} 餐饮美食 A_{12} 节事活动	B_3 吸引力	C_2 资源禀赋
A_{13} 知名度 A_{14} 美誉度	B_4 影响力	
A_{15} 资源多样性 A_{16} 资源集聚度	B_5 组合力	
A_{17} 外部交通可达性 A_{18} 内部交通可达性	B_6 交通可达性	C_3 服务能力
A_{19} 公共设施 A_{20} 游览设施	B_7 服务设施	
A_{21} 公共服务 A_{22} 游览服务	B_8 服务水平	
A_{23} 促销活动 A_{24} 广告宣传	B_9 信息服务	

表6.2(续)

开放性编码提取范畴	主轴编码提取范畴	
	副范畴	主范畴
A_{25}　社会经济状况 A_{26}　旅游氛围 A_{27}　政策制度	B_{10}　客源地环境	C_4　支持环境
A_{28}　社会氛围 A_{29}　生态环境 A_{30}　旅游政策 A_{31}　安全状况	B_{11}　目的地环境	

6.1.3　选择性编码

选择性编码是指在所有已发现的概念范畴中经过系统分析以后选择一个"核心范畴"，核心范畴应该具有统领性，能够将大部分研究结果囊括在一个比较宽泛的理论范围内①。即从主范畴中挖掘"核心范畴"，并通过描述现象的"故事线"来分析核心范畴与主范畴的联结，从而形成理论框架②。本文通过深入分析 11 个副范畴以及 4 个主范畴，并对原始网络文本资料进行反复比较，确定了旅游流影响因素这一核心范畴。本研究围绕这一核心范畴，结合上述分析，构建出影响因素理论模型。旅游流影响因素理论模型由旅游者出游条件、旅游资源禀赋、服务能力以及支持环境这 4 个维度构成，而这 4 个维度及主范畴又分别对应着不同的次范畴以及初始编码。如表 6.2 所示，旅游流的影响因素主要涉及旅游者出游条件、旅游资源禀赋、服务能力以及支持环境这 4 个方面。其中，旅游者出游条件包括出游动机、个人偏好、身体状况、闲暇时间、出游费用、天气气候等因素；旅游资源禀赋包括自然风光、人文景观、餐饮美食、知名度、美誉度、资源多样性、资源集聚度等因素；服务能力包括交通可达性、公共设施、游览设施、游览服务、促销活动、旅游广告等因素；支持环境包括社会经济状况、旅游氛围、政策制度、生态环境、社会氛围、安全状况等因素。

① 陈向明. 质的研究方法与社会科学研究［M］. 北京：教育科学出版社，2000：334-335.

② 苑炳慧，辜应康. 基于顾客的旅游目的地品牌资产结构维度：扎根理论的探索性研究［J］. 旅游学刊，2015，30（11）：87-98.

6.1.4 理论饱和检验

理论饱和是指当收集的新鲜资料不再能产生新的理论见解，也不再能揭示核心理论类属新的属性时，类属就“饱和”了①。理论饱和即分析中的某个点，这时所有的类属在所属属性、维度和变化形式上都得到充分发展，进一步的资料收集和分析几乎对概念没有新的贡献②。为了检验已构建理论的饱和度，将预留的20%有效网络文本量（434篇）运用于影响因素理论的饱和度检验。本研究对434篇网络文本资料进行编码分析，结果发现产生的编码仍然停留在已有范畴之内，未能产生新的理论编码，对影响因素理论构建已经没有新的贡献。此外，影响因素理论模型的范畴已经十分广泛，且具有较强的解释能力。可见，所构建的旅游流影响因素理论已达到饱和状态。

6.2 影响因素互动机理

共现关系网络分析法的相关思想源于文献计量学的引文耦合与共被引概念，即当两个能够表达某一学科领域研究主题或研究方向的关键词在同一文献中出现时，表明这两个词之间具有一定的内在关系，在相关文献中出现的次数越多，表明关系越密切③。近年来，已有学者基于对网络文本中旅游目的地形象认知和感知要素的挖掘，将共现关系网络分析法运用于揭示其构成要素的内部结构以及构成要素之间的互动关系等方面，并取得了很好的效果④⑤。本研究运用共现关系网络分析法，对影响因素之间的互动关系进行分析。在旅游者发表的网络文本中，某一影响因素与其他影响因素的共现次数越多，在一定程度上说明影响因素之间所表现出来的互动越频繁，内在联系越紧密。旅游者流动的影响因素在网络文本中的共现，不仅可以反映旅游者流动的成因机理，而且还

---

① 田霖. 扎根理论评述及其实际应用［J］. 经济研究导刊，2012，(10)：224-231.

② 朱丽叶·M. 科宾，安塞尔姆·L. 施特劳斯. 质性研究的基础：形成扎根理论的程序与方法［M］. 重庆：重庆大学出版社，2015：275-287.

③ 殷沈琴，张计龙，任磊. 基于关键词共现和社会网络分析法的数字图书馆研究热点分析［J］. 大学图书馆学报，2011，(4)：25-30，38.

④ 郭风华，王琨，张建立，等. 成都“五朵金花”乡村旅游地形象认知：基于博客游记文本的分析［J］. 旅游学刊，2015，30 (4)：84-94.

⑤ 滕茜，杨勇，布倩楠，等. 基于网络文本的景区感知及互动研究：以上海为例［J］. 旅游学刊，2015，30 (2)：33-41.

可以反映影响因素之间的关系及其互动机理，进而揭示旅游流空间格局的影响机制。

6.2.1 影响因素的互动关系

旅游流的影响因素之间并不是孤立存在的，而是一个有机整体，处于相互作用、紧密联系的过程中，共同影响旅游流的形成、发展，并作用于旅游流的空间格局。旅游流影响因素理论模型可以清晰地反映旅游流影响因素的结构维度以及不同维度结构的构成要素。为了较为具体地反映出影响因素之间的互动关系及作用程度，下面将以初始编码提炼出的 31 个基本影响因素范畴作为分析对象，揭示影响因素之间的互动关系及其作用机理。本研究统计出 31 个基本影响因素在 2 169 篇有效网络文本中的共现次数，并形成影响因素共现矩阵；然后通过 Netdraw 软件将影响因素共现矩阵进行可视化表达，从而直观地反映影响因素之间的互动关系及其机制。

如图 6.1 所示，每个节点表示影响因素，节点之间的连线表示影响因素之间的互动作用，连线的粗细反映影响因素之间的互动程度。连线越粗，表示影响因素之间出现的共现次数越多，说明互动性越强，影响因素之间的关系越密切。影响因素在其互动过程中，形成了层次分明的共现网络。其中，出游动机与闲暇时间、出游动机与知名度、出游动机与出游费用、闲暇时间与外部交通可达性、闲暇时间与知名度、闲暇时间与天气气候、知名度与外部交通等影响因素之间的互动性强，这些影响因素之间的相互作用及其关系对于旅游流空间格局的形成与发展起着非常重要的作用。

此外，影响因素之间的互动性程度存在明显的差异性，各影响因素在旅游流空间格局的形成与演化过程中所扮演的角色地位差异较大。其中，出游动机与闲暇时间在网络文本中的共现次数最大，其次为出游动机与知名度，第三为闲暇时间与外部交通可达性，第四为闲暇时间与知名度。这体现了旅游流及其形成的空间格局是诸多影响因素综合作用的结果，各影响因素所扮演的地位角色具有差异性。

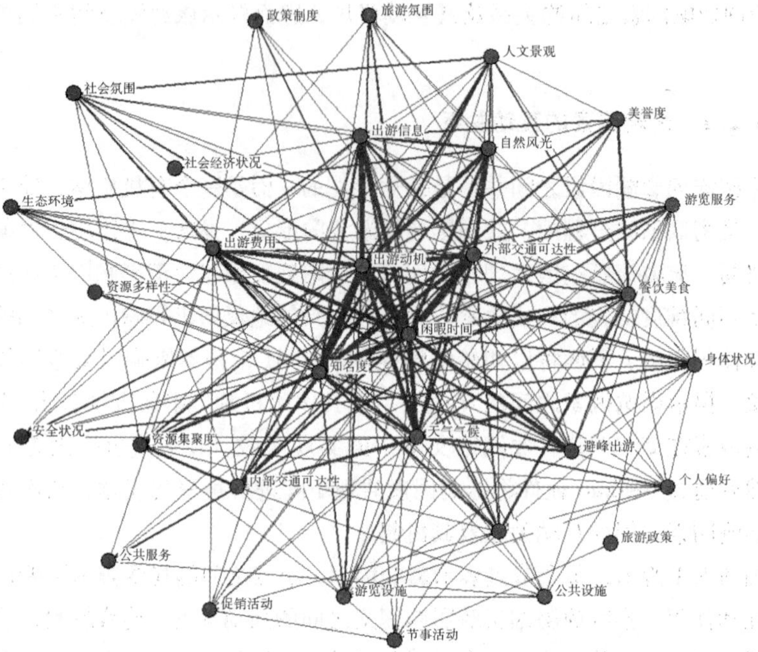

图 6.1　影响因素共现网络图

6.2.2　影响因素的基本结构

程度中心性、接近中心性、中介中心性指标可以用来反映各影响因素在共现网络中的重要性程度。运用 Ucinet 软件计算出影响因素在共现网络中的中心性指标。如表 6.3 所示，出游动机、闲暇时间、目的地知名度、交通可达性、天气气候、出游信息、出游费用、自然风光、广告宣传、身体状况、资源集聚度等在影响因素共现网络中的中心性水平较高，对旅游者流动的影响较明显，是旅游流空间格局形成与发展的主要影响因素。本研究以影响因素在共现网络中的中心性程度为基础，采用 SPSS 16.0 中的 Hierarchical Cluster Analysis 进行聚类分析，揭示影响因素在相互作用过程中所表现出来的结构层次。如图 6.2 所示，在距离阈值的控制下，影响因素之间表现出不同的等级层次，同时也清晰地反映出影响因素对旅游流及其空间格局形成与发展的重要性程度。其中，出游动机和闲暇时间是影响旅游流的核心因素，在影响因素共现网络中处于核心地位，居于核心层面，对旅游流空间格局的形成与发展影响最大。目的地知名度、交通可达性、天气气候是影响旅游流的重要因素，在影响因素共现网络中居于重要地位，是旅游流空间格局形成与发展的重要因素。此外，出游信息、自然风光、出游费用、餐饮美食等因素对旅游流空间格局的影响也较为明显。

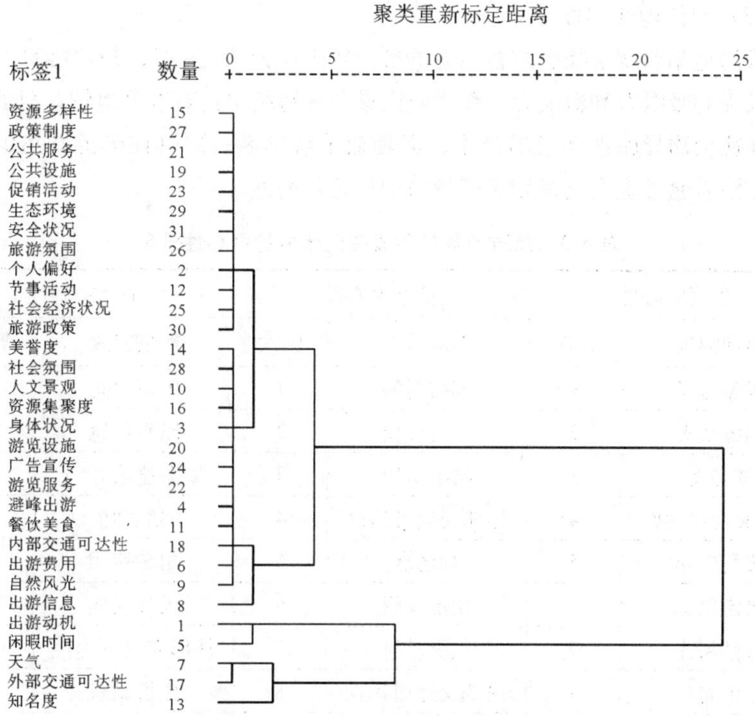

图 6.2 影响因素的聚类分析

(1) 出游动机。

出游动机是旅游者流动的内在动力，是旅游流空间格局形成与发展的核心影响因素。出游动机是旅游活动的内在驱动力，是影响旅游行为的重要内在因素①。出游动机不仅是旅游流产生的内在动力，而且会影响旅游流的空间流动方向及其范围。

(2) 闲暇时间。

闲暇时间是影响旅游流空间格局的核心要素之一，在影响因素共现网络中的中心性水平最高。旅游是人们利用闲暇时间对非惯常环境的一种体验②，旅

① 张宏梅，陆林. 入境旅游者旅游动机及其跨文化比较：以桂林、阳朔入境旅游者为例 [J]. 地理学报，2009，64 (8)：989-998.

② 王玉海. “旅游”概念新探：兼与谢彦君、张凌云两位教授商榷 [J]. 旅游学刊，2010，25 (12)：12-17.

游消费及活动以闲暇时间为载体①。闲暇时间是旅游流得以产生的前提，闲暇时间的长短也会影响旅游流的空间格局。

（3）目的地知名度。

目的地知名度是吸引游客出游的最重要影响因素之一②，知名度高对旅游者有较强的吸引力和影响力，在影响因素共现网络中具有重要地位。目的地知名度往往会诱导旅游动机的产生，促使旅游者出游；同时在出游动机的驱使下，旅游者通常也会选择知名度较高的旅游目的地。

表 6.3　旅游流影响因素在网络中的中心性排名

程度中心性		接近中心性		中介中心性	
影响因素	位次	影响因素	位次	影响因素	位次
闲暇时间	1	闲暇时间	1	闲暇时间	1
出游动机	2	天气气候	2	出游信息	2
知名度	3	出游费用	3	游览服务	3
外部交通可达性	4	外部交通可达性	4	知名度	4
天气气候	5	知名度	5	出游费用	5
出游信息	6	出游动机	6	天气气候	6
自然风光	7	出游信息	7	外部交通可达性	7
出游费用	8	内部交通可达性	8	出游动机	8
餐饮美食	9	餐饮美食	9	避峰出游	9
避峰出游	10	自然风光	10	自然风光	10
内部交通可达性	11	身体状况	11	内部交通可达性	11
广告宣传	12	避峰出游	12	广告宣传	12
身体状况	13	广告宣传	13	餐饮美食	13
人文景观	14	游览服务	14	身体状况	14
资源集聚度	15	人文景观	15	人文景观	15

注：限于篇幅，仅列出中心性前 15 位的影响因素。

（4）交通可达性。

如表 6.3 所示，外部交通可达性是影响旅游流及其空间格局的重要因素之

① 庞世明. 中国旅游消费函数实证研究：兼与周文丽、李世平商榷［J］. 旅游学刊，2014，29（3）：31-39.

② 骆培聪，张明锋. 福建丹霞地貌旅游景区客流时间分布特性及其影响因素［J］. 地理科学，2010，30（3）：377-383.

一，在影响因素共现网络中的中心性突出，与其他影响因素之间的互动性明显。内部交通可达性在旅游流空间格局影响因素中的角色地位也不容忽视。在影响因素共现网络中，交通可达性与闲暇时间之间的联系最为密切。在有了闲暇时间后，旅游者会优先选择交通可达性较好的旅游目的地出游。

6.3 主要因素影响机理

旅游流空间格局是旅游流影响因素在空间上的综合响应，同时各影响因素对旅游流空间格局的作用机理以及影响程度也具有一定的差异性。鉴于数据的可获得性以及不同研究时间截面的可比性，本研究选取交通可达性、目的地知名度、资源集聚度、旅游信息等因素来分析其对长江中游城市群旅游流空间格局演化的影响机理及其作用过程。

6.3.1 交通可达性

交通可达性是影响旅游目的地选择的主要因素之一①，是影响旅游流的流量、流向及其变化的重要因素。交通网络的改善有助于旅游目的地建设，以及合理引导旅游流的空间流动。近年来，随着京广高铁、沪汉蓉高铁、沪昆高铁和城际铁路等交通的快速发展，以及交通网络体系的不断完善，长江中游城市群在强化城市群内部不同地区之间联系的同时，还加强了与长三角、珠三角、环渤海湾、成渝等地区之间的交流。交通网络的完善及其可达性的提升，为长江中游城市群旅游流的发展与演化创造了良好条件。

（1）整体交通可达性。

可达性是指利用一种特定的交通系统从某一区位到达活动地点的便利程度②。本研究利用 ArcGIS 10.0 软件平台，采用栅格分析方法对长江中游城市群的交通可达性进行分析评价。为了确保可达性计算的精确性，本研究将长江中游城市群区域矢量数据转换成 1 km×1 km 大小的栅格数据。然后，根据国家《公路工程技术标准（JTG B01-2003）》③，并参考靳诚、陆玉麒、钟业喜等

---

① 汪德根，牛玉，王莉．高铁对旅游者目的地选择的影响：以京沪高铁为例［J］．地理研究，2015，34（9）：1770-1780.

② 李平华，陆玉麒．可达性研究的回顾与展望［J］．地理科学进展，2005，24（3）：69-78.

③ 中华人民共和国交通部．《公路工程技术标准：JTG B01-2003》［S］．北京：中国标准出版社，2004.

人的研究[1][2][3]，结合长江中游城市群区域的实际状况，设定不同类型交通道路的平均行车速度，即将高铁设定为 250 km/h、铁路设定为 120 km/h、高速公路设定为 100 km/h、国道设定为 80 km/h、省道设定为 60 km/h、其他设定为 20 km/h。结果显示，长江中游城市群交通可达性呈现出以主要城市为核心，沿主要高速交通道路扩展的态势。

如表 6.4 所示，长江中游城市群 31 个地区的平均可达性时间均在不同程度上得到提升，差距逐步缩小。长江中游城市群内部 31 个地区的平均可达性时间的均值由 2004 年的 57.526 分钟提升到 2014 年的 47.921 分钟，交通网络呈现出不断优化的趋势，可达性逐渐增强。2004 年长江中游城市群 31 个地区的平均可达性时间最小值为 29.112 分钟，而 2014 年的平均可达性时间的最小值变化为 25.665 分钟；2004 年长江中游城市群 31 个地区的平均可达性时间最大值为 90.044 分钟，而 2014 年的平均可达性时间最大值变化为 71.664 分钟，可见长江中游城市群交通可达性在最便捷地区以及交通发展滞后地区的可达性时间均得到不同程度的提升。与此同时，长江中游城市群 31 个地区的平均可达性时间的标准差由 2004 年的 17.723 减少到 2014 年的 14.260，地区之间可达性差距正在逐步缩小。

表 6.4　长江中游城市群主要节点地区平均可达性指标　　单位：分钟

年份	最小值（min）	最大值（max）	平均值（avg）	标准差
2004 年	29.112	90.044	57.526	17.723
2009 年	28.138	81.009	54.445	16.533
2014 年	25.665	71.664	47.921	14.260

（2）不同地区的交通可达性。

结果显示，长江中游城市群内部 31 个地区的交通可达性均得到不同程度的提升。2004 年，鄂州市、新余市、鹰潭市、武汉市等地区的交通可达性较好，吉安市、益阳市、九江市等地区的交通可达性相对较差。其中，交通可达性最好的地区为鄂州市，平均可达性时间为 29.112 分钟；其次为新余市，平

---

① 靳诚，陆玉麒，张莉，等. 基于路网结构的旅游景点可达性分析：以南京市区为例［J］. 地理研究，2009，28（1）：246-258.

② 钟业喜，陆玉麒. 基于可达性角度的区域发展机会公平性评价［J］. 地理科学，2009，29（6）：809-816.

③ 冯兴华，钟业喜，徐羽，等. 长江经济带区域空间结构演化研究［J］. 长江流域资源与环境，2015，24（10）：1711-1720.

均可达性时间为32.475分钟。随着城市群内部交通建设力度的加强，特别是京广高铁、沪昆高铁、沪汉蓉高铁等高速交通的先后开通，长江中游城市群内部不同地区之间的联系不断增强、可达性不断提升。到2014年，新余市、鄂州市、武汉市、湘潭市等地区的交通可达性较好，吉安市、常德市、九江市、益阳市等地区的交通可达性相对较差。其中，交通可达性最好的地区为新余市，平均可达性时间为25.665分钟；其次为鄂州市，平均可达性时间为26.889分钟；再次为武汉市，平均可达性时间为28.229分钟。

此外，由于区位条件、社会经济发展水平、地形地貌等因素的影响，2004—2014年长江中游城市群不同地区的交通可达性提升速度的差异也较为明显。其中，抚州市、九江市、上饶市、宜昌市、株洲市等地区的交通可达性提升最为明显，抚州市平均可达性时间提高了19.949分钟，九江市平均可达性时间提高了19.020分钟，上饶市平均可达性时间提高了18.973分钟，宜昌市平均可达性时间提高了16.235分钟。

（3）交通可达性对旅游流的影响。

①交通可达性与旅游流分布。

对长江中游城市群旅游流空间分布等值线与交通可达性进行耦合分析，发现旅游流与交通有着紧密联系。长江中游城市群旅游流在演化过程中形成了武汉、长沙、婺源等多个集聚区，其在旅游流较为集中的地区，可达性也较好。旅游流分布与交通可达性表现出较强的正相关关系，旅游流与交通可达性之间存在较强的联系。一方面，旅游目的地的开发得益于交通的改善，交通可达性较好的地区旅游资源优先得到开发，为旅游流的介入创造了良好环境。另一方面，旅游流的介入在促进当地经济社会发展的同时，对交通可达性的需求更高，能够使得交通条件得到进一步完善。总体而言，长江中游城市群通过改善其交通可达性，较好地促进了旅游流空间格局的变化。交通可达性的提升，不仅改善了目的地的区位优势，而且增强了目的地之间的旅游流联系程度。

②交通可达性与旅游流中心性。

平均可达性时间是逆向指标，其可达性值越小越好，因此需将交通可达性值进行反向归一化处理，然后运用SPSS 16.0将其与节点在旅游流网络中的中心性水平进行相关性分析。分析发现节点交通可达性水平与在旅游流网络中的中心性水平存在相关关系。2004—2014年，节点地区的可达性水平与在旅游流网络中的程度中心性存在弱正相关性，可见交通可达性水平的改善有助于提升在旅游流网络中的地位，但并非起决定性作用。2004—2014年，节点地区的可达性水平与在旅游流网络中的中介中心性存在弱正相关性，相关性系数由

2004 年的0.152 提升到2014 年的0.229，可见交通可达性水平在一定程度上影响旅游流的中转能力。此外，地区可达性水平与在旅游流网络中的约束性存在负相关性，2004 年、2009 年以及 2014 年相关性系数分别为-0.300、-0.229、-0.245，可见交通可达性水平越好的节点地区，在旅游流系统中的约束性就越弱。总体而言，长江中游城市群旅游流空间分布与交通可达性具有较强的时空耦合性，交通可达性的提升为城市群旅游流空间格局的演化创造了条件。在交通可达性的影响下，城市群内部各地区间旅游流空间联系增强，城市群旅游流的整体协调能力不断改善。

6.3.2 目的地知名度

在国家旅游景区质量等级的划分与评定标准中，分别将 5A、4A、3A、2A、1A 级旅游景区的知名度表述为世界知名、全国知名、周边省市知名、全省知名、本地区知名①。同时，学术界也有学者用不同质量等级的 A 级旅游景区来度量知名度的大小②。在旅游过程中，旅游者较多地倾向于选择有高级别旅游点的地方作为旅游目的地，到达目的地后往往只游玩目的地附近级别较高的旅游点③。4A 级及以上景区代表了我国旅游资源开发和旅游地建设的最高水准④。本研究将以 4A 级及以上旅游景区来反映知名度，并在分析目的地知名度空间格局的基础上，进一步研究目的地知名度对长江中游城市群旅游流的影响机理及其作用过程。

（1）知名度空间分布。

由于旅游目的地旅游资源构成要素的多样性、发展历程及开发强度等的不同，旅游目的地知名度表现出较大的差异。本研究借鉴刘嘉毅等人对国家 5A 级旅游景区、4A 级旅游景区的赋值标准，将 5A 级景区赋值为 10 分、4A 级景区赋值为 8 分⑤，进而对长江中游城市群不同地区的旅游知名度进行分析。

如图 6.3 所示，长江中游城市群不同地区的旅游知名度空间差异明显，两

---

① 全国旅游标准化技术委员会. 旅游景区质量等级的划分与评定（修订）（GB/T17775-2003）[S]. 2003.

② 齐莉娜，张毅，吴必虎，等. 重大事件对举办地景区知名度影响测量研究 [J]. 北京大学学报（自然科学版），2009，45（6）：1061-1067.

③ 保继刚，楚义芳. 旅游地理学 [M]. 北京：高等教育出版社，1999：42-43.

④ 潘竟虎，从忆波. 中国 4A 级及以上旅游景点（区）空间可达性测度 [J]. 地理科学，2012，32（11）：1321-1327.

⑤ 刘嘉毅，赵磊. 中国五星级酒店区位布局：特征与影响因素 [J]. 旅游学刊，2013，28（8）：87-93.

极分化现象突出。就不同地区旅游知名度而言，2004 年武汉市旅游知名度最大，其次为长沙市、宜昌市，再次为上饶市；2009 年宜昌市旅游知名度最大，其次为武汉市，再次为长沙市、上饶市。随着旅游业的发展以及旅游目的地的不断建设，资源本底较好的旅游资源得到进一步开发与提升。2014 年宜昌市旅游知名度最大，其次为长沙市，再次为武汉市。就不同地区旅游知名度的差异而言，2004 年旅游知名度的均值为 8.258，标准差为 11.773；2009 年旅游知名度的均值为 22，标准差为 24.238；2014 年旅游知名度的均值为 54.323，标准差为 48.092。可见，随着旅游目的地旅游资源的不断开发与建设，以及目的地旅游宣传营销力度的增强，长江中游城市群旅游知名度呈现出不断增强的态势。与此同时，不同地区之间旅游知名度的差距也进一步扩大，两极分化现象日趋突出。

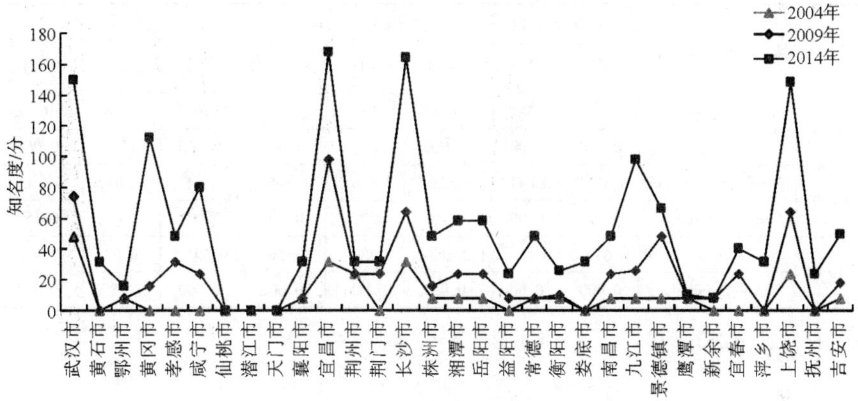

图 6.3 长江中游城市群不同地区知名度

（2）知名度对旅游流的影响。

旅游目的地知名度影响目的地节点在旅游流网络中的中心性水平及其结构洞优势。运用 SPSS 16.0 将旅游知名度与节点在旅游流网络中的中心性水平进行相关性分析，发现节点旅游知名度与节点在旅游流网络中的中心性指标存在较强的正相关关系。如表 6.5 所示，2004—2014 年，长江中游城市群节点的旅游知名度与节点在旅游流网络中的程度中心性存在较强正相关性，相关性系数均在 0.5 以上，可见旅游知名度直接影响旅游流节点的旅游流吸引能力。2004—2014 年，长江中游城市群旅游目的地知名度与目的地节点在旅游流网络中的接近中心性存在正相关性，可见旅游流节点的可接近性程度受旅游资源知名度的影响较明显。

此外，旅游目的地知名度与目的地在旅游流网络中的结构洞指标存在较强的相关关系。2004—2014年，长江中游城市群旅游目的地的知名度与目的地在旅游流网络中的效能大小存在较为明显的正相关性，2004年、2009年、2014年的相关性系数分别为0.796、0.584、0.693，且通过显著性检验，可见旅游目的地知名度是影响旅游流效能大小的重要因素。2004—2014年，长江中游城市群旅游目的地知名度与目的地节点在旅游流网络中的约束性存在较为明显的负相关性，即旅游知名度越大，旅游流的约束性就越小。总体而言，目的地知名度越高，在旅游流系统中的优势越明显，竞争力越强。长江中游城市群通过旅游目的地的建设，提升旅游目的地知名度，有力地促进了旅游流空间格局的演化。旅游目的地知名度的提升对长江中游城市群的旅游发展具有重要作用。

表6.5　旅游知名度与旅游流网络结构指标的相关性

年份	指标	程度中心性		接近中心性		中介中心性	结构洞		
		外向	内向	外向	内向		效能大小	效率性	约束性
2004年	Pearson Correlation	0.787**	0.581**	0.604**	0.596**	0.669**	0.796**	−0.189	−0.503
	Sig.（2-tailed）	0.000	0.001	0.000	0.000	0.000	0.000	0.517	0.067
2009年	Pearson Correlation	0.613**	0.641**	0.523**	0.466**	0.545**	0.584**	−0.198	−0.337
	Sig.（2-tailed）	0.000	0.000	0.003	0.008	0.002	0.001	0.416	0.159
2014年	Pearson Correlation	0.641**	0.683**	0.405*	0.482**	0.556**	0.693**	−0.033	−0.641**
	Sig.（2-tailed）	0.000	0.000	0.024	0.006	0.001	0.000	0.889	0.002

注：**、* 分别表示在1%、5%水平上显著（2-tailed）。

6.3.3　资源集聚度

高级别旅游资源与旅游路径是影响旅游目的地区域发展的两个重要因素，并决定了区域旅游产业的规模、空间分布和旅游流流向①。同时，旅游资源空间结构影响旅游者目的地选择和旅游流流量②。旅游资源集聚度作为旅游资源空间结构的重要方面，在很大程度上影响旅游流的空间分布态势及其集散程度。鉴于此，本研究将以4A级及以上旅游景区的空间集聚程度来反映旅游资源的集聚程度，并在分析旅游资源空间集聚程度的基础上，进一步研究长江中游城市群旅游资源空间集聚程度对旅游流的影响及其作用过程。

---

① 杨新军，马晓龙，霍云霈. 旅游目的地区域（TDD）及其空间结构研究：以西安为例[J]. 地理科学，2004，24（5）：620-626.

② 刘泽华，李海涛，史春云，等. 短期旅游流时间分布对区域旅游空间结构的响应：以云南省黄金周旅游客流为例[J]. 地理学报，2010，65（12）：1624-1632.

（1）集聚度分析。

①空间分布类型。

最近邻距离分析法被广泛运用于旅游空间结构研究中，是衡量点状要素在地理空间中相互邻近程度的地理指标①。利用 ArcGIS 10.0 中的平均最近邻工具计算出 2004 年、2009 年、2014 年长江中游城市群 4A 级及以上旅游景区空间分布的最近邻距离指数 NNI。如表 6.6 所示，2004 年、2009 年以及 2014 年长江中游城市群 4A 级及以上旅游景区空间分布的最近邻距离指数 NNI 值分别为 0.737、0.681、0.651，NNI 值均小于 1 且 P 检验值均显著，表明 4A 级及以上旅游景区在空间分布类型上属于典型的集聚型。此外，长江中游城市群 4A 级及以上旅游景区空间分布的最近邻距离指数 NNI 值呈减小的趋势，NNI 值由 2004 年的 0.737 减小到 2014 年的 0.651，反映出 4A 级及以上旅游景区空间分布的集聚程度逐渐增强。可见，长江中游城市群 4A 级及以上旅游景区属于集聚型分布，且集聚程度逐渐增强。

表 6.6　长江中游城市群 4A 级及以上旅游景区空间分布的最近邻距离指数

年份	平均最近距离 /km	期望最近距离 /km	NNI	Z 值	P 值
2004	36.963	50.166	0.737	−2.848	0.004
2009	21.932	32.197	0.681	−5.590	0.000
2014	14.462	22.200	0.651	−9.571	0.000

②空间分布均衡性。

网格维数可以反映区域旅游景区分布的均衡性，其维数值越大旅游景区的空间分布越均衡，反之则越集中②。通过运用分形理论的网格维模型对长江中游城市群 4A 级及以上旅游景区空间分布的复杂性进行分析，发现长江中游城市群 4A 级及以上旅游景区的空间分布具有分形的特性。如表 6.7、表 6.8、表 6.9、图 6.4、图 6.5、图 6.6 所示，长江中游城市群 4A 级及以上旅游景区空间分布的无标度区宽大，拟合系数 R^2 均在 0.8 以上，线性拟合状况良好，这表明长江中游城市群 4A 级及以上旅游景区空间分布是分形的，空间分布的自组织优化趋势明显。

从容量维数值来看，2004 年、2009 年、2014 年长江中游城市群 4A 级及

① 程海峰，胡文海. 池州市 A 级旅游景区空间结构［J］. 地理科学，2014，34（10）：1275-1280.

② 许志晖，戴学军，庄大昌，等. 南京市旅游景区景点系统空间结构分形研究［J］. 地理研究，2007，26（1）：132-140.

以上旅游景区空间分布的容量维数值分别为0.987、1.432、1.613。容量维数值逐渐大于1，且呈逐渐增大的趋势，表明长江中游城市群4A级及以上旅游景区在自组织演化过程中具有空间扩散的趋势，空间分布范围逐渐扩大。从信息维数值来看，2004年、2009年、2014年长江中游城市群4A级及以上旅游景区空间分布的信息维数值分别为0.455、0.580、0.606，表明长江中游城市群4A级及以上旅游景区在空间上呈不等概率分布态势，空间分布不均匀性强，分形结构较为复杂。此外，长江中游城市群4A级及以上旅游景区空间分布的信息维数值小于容量维数值，且容量维与信息维数值的差值进一步扩大，反映出长江中游城市群4A级及以上旅游景区空间分布的复杂性增强，结构日趋复杂。

表6.7　2004年长江中游城市群旅游景区空间分布网格维数测算数据

K	2	3	4	5	6	7	8	9	10
$N(r)$	4	7	10	12	16	17	17	19	20
$I(r)$	1.224	1.892	1.958	2.317	2.529	2.556	2.575	2.590	2.783

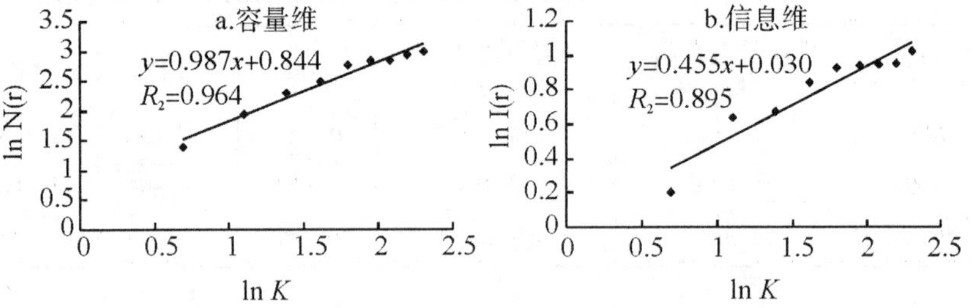

图6.4　2004年长江中游城市群旅游景区空间分布网格维数双对数散点图

表6.8　2009年长江中游城市群旅游景区空间分布网格维数测算数据

K	2	3	4	5	6	7	8	9	10
$N(r)$	4	7	12	18	21	27	28	35	40
$I(r)$	1.272	1.859	2.147	2.522	2.790	2.957	2.976	3.281	3.369

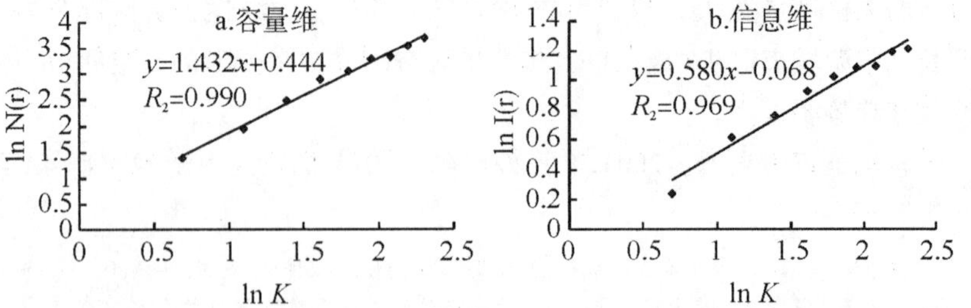

图6.5　2009年长江中游城市群旅游景区空间分布网格维数双对数散点图

表 6.9　2014 年长江中游城市群旅游景区空间分布网格维数测算数据

K	2	3	4	5	6	7	8	9	10
N (r)	4	8	14	22	24	33	38	48	55
I (r)	1.344	1.877	2.426	2.667	2.885	3.160	3.363	3.534	3.642

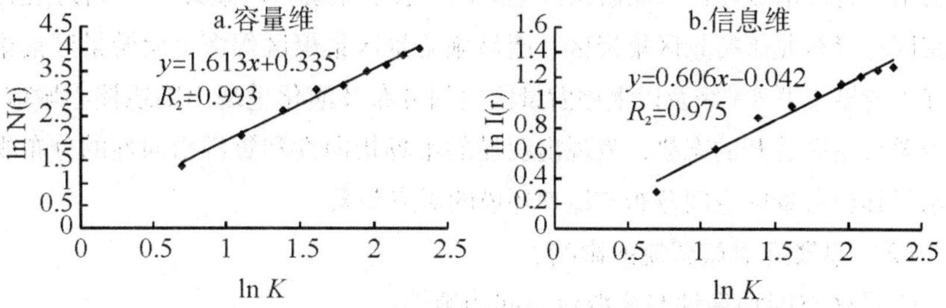

图 6.6　2014 年长江中游城市群旅游景区空间分布网格维数双对数散点图

③空间分布密度。

密度图主要是基于点数据生成的，其以每个待计算网格点为中心，进行圆形区域的搜寻，进而计算每个网格点的密度值①。对长江中游城市群旅游景区空间分布密度的分析，可以揭示旅游景区在空间上的集聚程度。中文运用 ArcGIS 10.0 中的 Kernel Density 工具对长江中游城市群 4A 级及以上旅游景区空间分布进行核密度估计，生成长江中游城市群 4A 级及以上旅游景区空间分布的核密度图。

结果显示，长江中游城市群 4A 级及以上旅游景区空间分布聚集态势明显，呈“大分散、小集聚”的分布格局。长江中游城市群 4A 级及以上旅游景区空间分布密度呈逐渐提升的趋势，且在演化过程中逐渐形成了多个集聚中心。2004 年长江中游城市群 4A 级及以上旅游景区分布呈现出两个明显的集聚区。4A 级及以上旅游景区分布密度最高的区域位于武汉市，武汉市不仅潜在旅游消费市场大，而且旅游资源丰富，有助于高级别旅游景区的建设；另一个旅游景区分布密度较高的地区位于宜昌市，宜昌市旅游资源禀赋好，且对旅游者有较强的吸引力，为高级别旅游景区的发展奠定了物质基础。值得一提的是，位于长沙市的旅游景区集聚区正逐渐形成。2009 年长江中游城市群 4A 级及以上旅游景区分布密度有了进一步提升，逐渐形成了武汉旅游景区集聚区、宜昌旅游景区集聚区、长沙旅游景区集聚区、赣东北旅游景区集聚区四个较为明显的旅游景区集聚区。在

① 汤国安，杨昕. ArcGIS 地理信息系统空间分析实验教程［M］. 北京：科学出版社，2006：258-259.

武汉旅游景区集聚区、宜昌旅游景区集聚区不断壮大与发展的同时，长沙旅游景区集聚区初具规模，且旅游景区分布密度进一步提高。在环鄱阳湖城市群东北部的景德镇市、上饶市，4A 级及以上旅游景区分布密度不断提升，赣东北旅游景区集聚区开始形成和逐渐发展。2014 年，长江中游城市群 4A 级及以上旅游景区空间分布密度进一步提升，多中心分布格局明显，“大分散、小集聚”的空间态势突出，逐渐形成了武汉旅游景区集聚区、宜昌旅游景区集聚区、长沙旅游景区集聚区、赣东北旅游景区集聚区、南昌旅游景区集聚区等多个旅游景区集聚区。长江中游城市群 4A 级及以上旅游景区空间分布及演化呈现出围绕核心城市、旅游资源富集区展开的态势，表现出明显的市场指向性和资源指向性的分布规律，揭示了其旅游景区空间分布与地理环境的对应关系。

（2）集聚度对旅游流的影响。

①景区空间均衡性与旅游流空间均衡性。

长江中游城市群 4A 级及以上旅游景区空间形态与旅游流空间形态及其复杂性程度具有较强的相关性。4A 级及以上旅游景区空间分布的均衡性程度与旅游流空间分布的均衡性程度呈现出显著的正相关性，通过 SPSS 16.0 相关性分析发现，4A 级及以上旅游景区空间分布的容量维与旅游流空间分布的容量维相关性系数高达 0.927。同时，长江中游城市群 4A 级及以上旅游景区空间分布的复杂性与旅游流分布的复杂性程度之间也具有较强的相关性。4A 级及以上旅游景区分布的容量维与信息维差值由 2004 年的 0.889 逐渐增加到 2014 年的 1.234，而旅游流空间分布的容量维与信息维差值由 2004 年的 0.532 逐渐增加到 2014 年的 1.008，两者复杂性程度的相关性系数高达 0.921。这吻合了杨国良等人的结论，即旅游景区系统的空间分形发育对旅游流分形结构的形成及发育有较大影响①，并进一步揭示了对旅游流空间复杂性的影响。随着长江中游城市群 4A 级及以上旅游景区空间复杂性的提升，旅游流分布复杂性也进一步增强。

②景区空间密度与旅游流空间分布。

旅游资源的空间分布格局及集聚度为旅游流的空间流动奠定了物质基础，在很大程度上影响了旅游流的空间格局及其演化态势。对长江中游城市群 4A 级及以上旅游景区空间分布的核密度图与旅游流空间分布的等值线进行耦合分析，可以看出旅游资源禀赋与旅游流空间分布有着紧密联系。长江中游城市群 4A 级及以上旅游景区在演化和发展过程中形成了多个集聚中心，这与旅游流

① 杨国良，张捷，刘波，等. 旅游景区分布约束下的四川旅游流齐夫（Zipf）结构发育特征[J]. 旅游学刊，2007，22（8）：17-23.

空间分布具有较强的相似性，时空耦合性较强，旅游流与旅游资源集聚度存在较强的联系。旅游资源富集区往往旅游流也较为集中，旅游流流量也较大。旅游资源的空间组合在很大程度上影响旅游流的空间分布及空间流动。一方面，由于旅游成本，旅游者在旅游过程中通常会选择多个旅游目的地，目的地间组合条件较好的地区，往往更容易吸引旅游者；另一方面，在旅游业的发展过程中，较为成熟、吸引力强的旅游资源得到开发后，周边旅游资源受其辐射效应的影响，容易得到开发。总体而言，旅游资源空间分布及其组合为旅游流空间格局奠定了基础，也在很大程度上决定并影响了旅游流空间的复杂性程度。

6.3.4 旅游信息

旅游信息主要是指以促成或保障旅游活动顺利进行为目的，向旅游者和潜在旅游者传达有关旅游目的地的各类信息①。旅游信息不仅影响旅游者的决策及其空间行为模式，而且对于旅游流的空间流动格局具有明显的引导作用。特别是随着互联网时代的到来以及在线旅游的快速发展，旅游信息的传播速度以及空间影响范围将更为突出，旅游信息的获取将更为便捷，旅游信息对旅游流的影响也将更为明显。

(1) 旅游信息流表征。

在互联网时代，网络已经成为旅游者获取旅游信息的重要渠道，而百度搜索引擎在我国旅游信息搜寻过程中的使用频率最大②。百度指数是以百度海量网民行为数据为基础的数据分享平台，是当前互联网乃至整个数据时代最重要的统计分析平台之一，能够反映某个关键词在百度的搜索规模以及关注这个词的网民空间分布情况③。近年来，国内越来越多的学者开始基于百度指数，开展信息流研究④⑤。

以“地名+旅游”为关键词进行百度指数查询，不仅可以获得网民对此关键词的百度指数，而且可以获得不同地区网民对此关键词的百度指数。百度指

① 庞闻，马耀峰，郑鹏. 五种旅游信息传播模式的比较与整合［J］. 旅游学刊，2012，27（5）：74-79.

② 李君轶，杨敏. 西安国内游客旅游网络信息搜索行为研究［J］. 经济地理，2010，30（7）：1212-1216，1220.

③ 赵映慧，高鑫，姜博. 东北三省城市百度指数的网络联系层级结构［J］. 经济地理，2015，33（5）：32-37.

④ 蒋大亮，孙烨，任航，等. 基于百度指数的长江中游城市群城市网络特征研究［J］. 长江流域资源与环境，2015，24（10）：1654-1664.

⑤ 熊丽芳，甄峰，席广亮，等. 我国三大经济区城市网络变化特征：基于百度信息流的实证研究［J］. 热带地理，2013，34（1）：34-43.

数反映了某一地区网民对旅游目的地旅游信息的关注程度，同时也折射出旅游目的地旅游信息在空间上的传播及其扩散力。本研究借鉴 Taylor（2004）[①]、熊丽芳等（2013）[②]、蒋大亮等（2015）[④]对信息流的表达方法，将两地区之间的旅游信息流强度用 A 地区和 B 地区之间的旅游信息百度指数乘积 R_k 表征，旅游信息流强度的表达式为

$$R_k = A_b \times B_a \tag{6.3}$$

式中，A_b 表示"A 地区+旅游"为关键词在 B 地区的百度指数均值，B_a 表示"B 地区+旅游"为关键词在 A 地区的百度指数均值。由于系统限制，只能查询到近五年以来某关键词的百度指数。为了便于统计分析，本文基于 2014 年百度指数，分析长江中游城市群旅游信息流的空间格局及对旅游流的影响及其作用过程。值得一提的是，在百度指数查询过程中，以"南昌旅游"为关键词进行百度指数统计时，该关键词在该时段研究区内尚未收录，鉴于旅游大多是围绕旅游景点展开，故以"南昌旅游景点"替代。

（2）旅游信息流空间格局。

根据不同地区之间旅游信息流强度，生成长江中游城市群旅游信息流的空间格局图。如图 6.7 所示，长江中游城市群旅游信息流以武汉市、长沙市、南昌市、宜昌市、九江市等为重要支撑点，旅游信息流主要围绕这几个节点集聚扩散。长江中游城市群旅游信息流空间格局表现出以下特征：

第一，旅游信息流联系强度差异较大。武汉市与长沙市之间的旅游信息流联系强度最大，武汉市与宜昌市之间的旅游信息流联系强度次之。娄底市、天门市、新余市、吉安市、抚州市、鹰潭市等地区之间及其与其他地区之间的旅游信息流联系强度较小。

第二，旅游信息流集散能力差异显著。长江中游城市群旅游信息流强度的不均衡性强，旅游信息流主要由少数地区控制。武汉市、长沙市、南昌市等地区是长江中游城市群旅游信息流的集散中心，旅游信息化水平高，对旅游信息的宣传力度大。同时，这些地区的潜在旅游消费市场大，居民对旅游信息的关注程度高。而娄底市、吉安市、鹰潭市等地区在旅游信息流集聚与扩散方面处于劣势地位，旅游信息化水平低。由于其旅游基础设施欠缺，交通可达性差，旅游信息的可进入性以及对外宣传力度不够，与其他地区的旅游信息互动很弱，需要强化旅游信息的宣传水平与能力。

---

① TAYLOR P J. World city network: a global urban analysis [M]. New York: Routledge, 2004.

② 熊丽芳，甄峰，王波，等. 基于百度指数的长三角核心区城市网络特征研究 [J]. 经济地理，2013，33（7）：67-73.

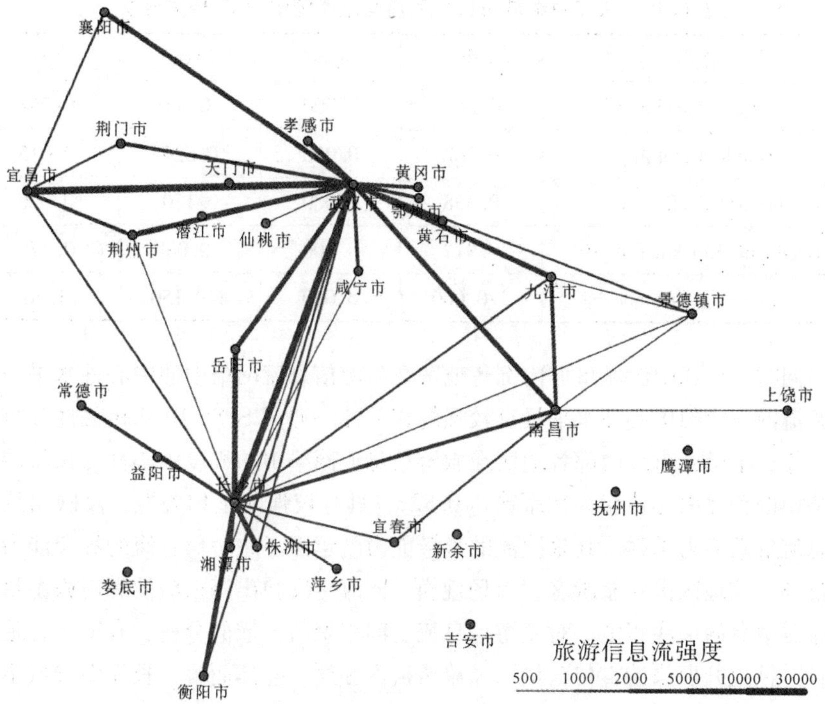

图 6.7 长江中游城市群旅游信息流空间格局

第三，旅游信息流在空间上表现出较强的行政藩篱现象。长江中游城市群旅游信息流联系受行政边界影响较大，旅游信息联系以省区内为主，省际的流动则主要集中在武汉市、长沙市、南昌市之间。这体现了地域界限及行政力量对旅游信息空间流动的影响，同时也反映了中心城市对旅游信息的引领作用。这也印证了王波等（2013）关于网络信息的结论，即信息联系与实际社会经济联系具有相对一致性，信息空间中的地域根植性仍然存在①。

（3）信息流对旅游流的影响。

通过 QAP 相关分析对旅游信息流与旅游流的空间关系进行检验，发现长江中游城市群旅游信息流与旅游流呈正相关，相关性系数为 0.665，且通过显著性检验，这表明旅游信息流对旅游流空间流动格局影响较为明显（见表 6.10）。

① 王波，甄峰，席广亮，等. 基于微博用户关系的网络信息地理研究：以新浪微博为例[J]. 地理研究，2013，32（2）：380-391.

表 6.10 长江中游城市群信息流与旅游流的 QAP 相关分析

指标	Value	Signif	Avg	SD
Pearson Correlation	0.665	0.000	-0.001	0.054
Simple Matching	0.602	0.000	0.526	0.015
Jaccard Coefficient	0.338	0.000	0.120	0.026
Goodman-Kruskal Gamma	0.912	0.000	-0.009	0.179
Hamming Distance	370.000	0.000	440.150	13.562

同时，长江中游城市群内部各地区在旅游信息流网络中的中心性水平与在旅游流网络中的中心性水平具有较强的相关性。通过 SPSS 16.0 相关性分析发现，长江中游城市群内部各地区在旅游信息流网络中的程度中心性与在旅游流网络中的程度中心性相关性系数达 0.822，具有较强的正相关性，反映出旅游信息流集散能力越强，其旅游流的集散能力就越强。旅游信息流的集聚能力往往反映了该地区潜在旅游客源市场规模，同时也反映出潜在旅游者对旅游目的地旅游信息的关注程度。对旅游信息流空间集聚与扩散的分析，有助于各地区有针对性地开展旅游宣传营销以及旅游流的预测。总体而言，长江中游城市群旅游信息流与旅游流具有较强的空间耦合性，旅游目的地通过信息化建设，特别是微博、微信等新媒体与旅游的融合，有力地促进了旅游信息的空间集聚与扩散。随着目的地智慧旅游的不断推进以及在线旅游的不断发展，旅游信息对旅游流的影响将变得更为明显。

6.4 本章小结

本章基于对网络文本数据的深度挖掘，运用扎根理论归纳提炼旅游者流动的成因机理，构建旅游流影响因素理论，并进一步运用共现关系网络分析法揭示影响因素之间的互动关系及其作用机理，最后就主要影响因素对长江中游城市群旅游流空间格局演化的影响机理及其作用过程进行深入研究。

（1）扎根理论作为质性研究领域中的重要研究方法，是研究旅游流规律的新方法。本文以旅游者的亲身经历或事实作为依据，对旅游者发表的网络文本资料进行深度挖掘，采用扎根理论范式从原始资料中挖掘和提炼旅游者流动的影响因素，通过开放性编码、主轴编码、选择性编码以及理论饱和检验，构建出旅游流影响因素理论模型。该理论模型由旅游者出游条件、旅游资源禀赋、服务能力和支持环境4个维度构成，包括出游动机、身体状况、闲暇时间、自然风光、知名度、交通可达性、安全状况等31个基本影响因素。

（2）旅游流空间格局是旅游流影响因素在空间上的综合响应，空间格局的演化是影响因素共同作用的结果。旅游流影响因素之间并不是孤立存在的，而是一个有机整体，处于相互作用、紧密联系的过程中，共同影响旅游流的形成与发展，并作用于旅游流的空间格局及其演化。其中，出游动机、闲暇时间是影响旅游流空间格局形成与发展的核心因素，在旅游流影响因素共现网络中居于核心位置，对旅游流空间格局的形成与发展影响最为关键；交通可达性、目的地知名度、天气气候是影响旅游流空间格局的重要因素，在旅游流影响因素共现网络中居于重要地位。近年来，随着我国经济发展方式的转变、消费需求的转型、休假制度的改革以及“一带一路”倡议、“互联网+”战略、新型城镇化战略、精准扶贫政策等的推进，影响因素的表现形式以及作用强度呈现出新的变化。例如，随着休假制度的改革，带薪休假制度逐步落实以及周末2.5天小短假试行，城镇居民将有更多的闲暇时间；随着交通网络及体系的不断完善，特别是高速铁路的迅速发展，客源地与目的地、目的地之间的时空距离将进一步压缩。这些影响因素的变化，将进一步推动旅游流空间格局的变化。

（3）通过交通可达性、目的地知名度、资源集聚度、旅游信息等影响因素对长江中游城市群旅游流空间格局演化的影响研究，发现交通可达性与旅游流空间分布具有较强的时空耦合性，交通可达性的提升为旅游流空间格局的演化创造了条件；目的地旅游知名度影响该地区在旅游流系统中的地位角色，旅游知名度的提升有力地促进了长江中游城市群旅游流空间格局的变化；长江中游城市群旅游资源的空间分布及其集聚度在很大程度上奠定了旅游流空间的基本格局，并影响旅游流空间格局的演化方向以及旅游流空间的复杂性程度；长江中游城市群旅游信息流与旅游流具有较强的空间耦合性，随着旅游目的地信息化水平的提高以及在线旅游的不断发展，旅游信息对旅游流的影响将更为明显。

7 研究结论与展望

7.1 基本结论

城市群旅游流空间格局及其演化直接关系到城市群旅游一体化建设，影响城市群一体化的发展进程与方向。本研究以长江中游城市群为案例研究，以互联网平台的旅游大数据为基础，对网络文本数据进行挖掘，并运用 GIS 空间分析、社会网络理论、分形理论、扎根理论等理论方法研究了城市群旅游流空间格局及其演化过程。本研究得出以下结论：

（1）基于互联网平台的旅游大数据挖掘，能够有效揭示不同时空尺度下的旅游流规律、成因机理。互联网平台的旅游“大数据”，特别是旅游者发表的网络文本资料包含了大量旅游者在旅游活动过程中的地理空间信息数据，可以挖掘出旅游者在旅游活动过程中的空间流动轨迹，能够真实反映旅游者的流动。根据旅游者在空间上的流动轨迹，便可以构建不同时空尺度下的旅游流空间数据库，为研究不同时间截面、不同空间尺度下的旅游流规律提供了丰富的素材和数据基础。互联网平台的旅游大数据也可以将旅游者发表的网络文本作为原始资料，从原始资料及旅游者的经验事实中挖掘和提炼旅游者流动的成因机理，构建旅游流影响因素理论。可见，互联网平台的旅游大数据能够为不同时空尺度下的旅游流空间格局、影响因素及机理研究提供丰富的材料及数据来源，具有一定的参考、借鉴价值。

（2）长江中游城市群旅游流呈集聚态分布格局，具有较强的行政地域性，空间网络不均衡性较强。从总体上看，长江中游城市群旅游流空间分布特征明显，呈集聚态分布格局，具有向大城市、旅游资源富集区、交通便利等地区集聚的特征。在流动过程中，长江中游城市群旅游流呈现出中心城市之间的流动、中心城市与资源禀赋较好地区之间的流动、资源禀赋较好地区之间的流动、沿主要高速交通轴线流动的特征，形成了以武汉市、长沙市、南昌市为重要支撑的“品”字形格局。在不同时间约束下，长江中游城市群旅游流呈集聚态分布，且具有较强的空间承接性。闲暇时间越长，其旅游流对核心节点的依赖程度就越大，旅游流网络的不均衡性就越强。同时，长江中游城市群旅游流的空间流动具有较强的行政地域性，行政藩篱效应明显，80.84%的旅游流在三大子城市群内部流动，且三大子城市群旅游流空间格局及其发育水平差异明显，体现了行政力量及地区分割所造成的区域差异，说明当前实施长江中游城市群发展战略的迫切性和合理性。此外，长江中游城市群旅游流网络结构发育程度不均衡性强，少数节点掌握着绝对的网络权力，存在明显的核心-边缘结构，且系统内部凝聚性强。

（3）城市是城市群旅游流的重要承载空间，城市内部旅游流存在明显的距离衰减规律，大部分流动集中在 3 km 范围以内的旅游点之间，以核心旅游点为中心的 3 km 空间范围内是城市内部旅游流的活跃地带。武汉、长沙、南昌三大中心城市是长江中游城市群旅游流重要的空间载体，同时三大中心城市内部旅游流遵循距离衰减规律。三大中心城市内部旅游流大部分集中在 3 km 范围以内的旅游点之间，其中武汉、长沙、南昌城市内部旅游流分别有 54.16%、55.75%、83.64%的流动集中在 3 km 范围内的旅游点间。城市内部旅游流大部分发生在 3 km 范围以内的旅游点之间，以核心旅游点为中心的 3 km空间范围是城市内部旅游流的活跃地带，这一结论对于城市内部旅游流空间组织、旅游目的地建设以及旅游空间结构的优化具有重要参考价值。值得一提的是，城市内部旅游流距离衰减趋势与旅游流系统的发育程度紧密相关，旅游流系统的发育程度越好，旅游流距离衰减的趋势越缓。此外，受旅游资源禀赋、旅游业发展水平、社会经济状况以及城市规模等诸多因素的影响，三大中心城市内部旅游流表现出较强的不均衡性以及较大的差异性。

（4）长江中游城市群旅游流空间格局在演化过程中逐渐呈现出“大分散、小集聚”的分布态势，分形结构日趋复杂，“轴-辐”空间组织模式逐步形成和发展，网络结构发育程度进一步提升。长江中游城市群旅游流空间分布范围呈逐渐扩大的趋势，在演化过程中逐渐形成了多个集聚中心，“大分散、小集聚”的态势明显。同时，长江中游城市群旅游流具有分形的特性，在演化过程中所表现出的自组织优化趋势明显，分形结构日趋复杂。在旅游流的空间组织过程中，长江中游城市群旅游流主要以武汉市、长沙市、南昌市等节点为中心呈放射状格局展开，“轴-辐”空间组织模式逐步形成和发展。城市群旅游流遵循距离衰减的规律，但随着交通网络的不断完善以及政府区域发展战略的引导，距离衰减趋势有所弱化。此外，长江中游城市群旅游流网络结构发育程度呈逐步提升的态势，旅游流网络空间联系逐渐增强，核心-边缘结构日趋凸显，旅游流节点在旅游流网络中的中心性水平以及结构洞优势总体上呈现出逐步提升的态势。旅游流空间格局的演化体现了旅游资源和市场的基础性作用，同时政府区域发展战略及政策对旅游流空间格局的作用不可忽视。

（5）城市群旅游流空间演化模式包括多中心集聚模式、延伸扩展模式、链状空间模式等基本类型，空间演化模式在一定程度上反映了城市群旅游流的演化过程及其阶段性特征。城市群旅游流空间演化模式可以从旅游流节点、旅游流路径以及旅游流域面三个方面加以判别，其中旅游流节点的等级规模、旅游流路径的方向性、旅游流域面的空间辐射范围及其结构的紧密程度等可以作为旅游流空间演化模式判别的重要依据。城市群旅游流空间模式是城市群旅游发展及空间组织过程的重要表征，不同空间模式下城市群旅游流空间格局呈现出不同的特征。多中心集聚模式是城市群旅游流空间演化模式的起步阶段，延伸扩展模式是城市群旅游流空间演化模式的发展阶段，链状空间模式是城市群旅游流空间演化模式的成熟阶段。城市群旅游流空间演化模式影响旅游流效益的发挥，旅游流空间模式发育程度越好，旅游流效益越高；重要性程度越高的旅游节点，旅游流效益普遍越高。此外，结合城市群旅游流空间演化模式以及不同演化模式下所表现出的特征，发现长江中游城市群旅游流处于延伸扩展模式阶段，存在多个子嵌套系统。

（6）归纳提炼出旅游流影响因素的 4 个维度以及 31 个基本影响因素，其中出游动机和闲暇时间是影响旅游流空间格局的核心因素，交通可达性、目的地知名度、天气气候是重要影响因素。采用扎根理论研究范式，以旅游者发表的网络文本为原始资料，构建出旅游流影响因素理论模型，该理论模型由旅游者出游条件、旅游资源禀赋、服务能力和支持环境 4 个维度构成，包括出游动机、身体状况、闲暇时间、知名度、交通可达性、安全状况等 31 个基本影响因素。旅游流空间格局是旅游流影响因素在空间上的综合响应，空间格局的演化是影响因素共同作用的结果。旅游流影响因素之间并不是孤立存在的，是处于相互作用、紧密联系的过程中，共同影响旅游流的形成与发展，并作用于旅游流空间格局及其演化的。同时，影响因素在旅游流空间格局的形成与发展过程中扮演不同的角色地位，具有等级层次性。其中，出游动机和闲暇时间是影响旅游流空间格局形成与发展的核心因素，在旅游流影响因素共现网络中居于核心位置；交通可达性、目的地知名度、天气气候是影响旅游流空间格局的重要因素，在旅游流影响因素共现网络中居于重要地位。通过交通可达性、目的的地知名度以及资源集聚度等主要因素对长江中游城市群旅游流空间格局演化的影响机理研究，发现交通可达性与旅游流空间分布具有较强的时空耦合性，交通可达性的提升为旅游流空间格局的演化创造了条件；目的地知名度影响该地区在旅游流系统中的功能角色，知名度的提升有力地促进了旅游流空间格局的变化；旅游资源空间分布及其集聚程度为旅游流空间格局奠定了基础，并影响旅游流空间的复杂性程度。

（7）城市群旅游流具有空间距离衰减、行政地域性等旅游流规律的共性，同时城市群旅游流规律还受制于中心城市之间的空间关联特性，彰显出城市群这一特殊地理单元的个性。通过对长江中游城市群旅游流时空规律的研究，发现城市群旅游流具有旅游流的一般性规律。城市群旅游流遵循空间距离衰减、行政地域性、150 km 处是旅游流的密集地带等旅游流规律的共性。与此同时，城市群旅游流规律也彰显出城市群这一特殊地理单元的个性。长江中游城市群旅游流主要集中于在 150 km 空间范围内流动，250~300 km 是其旅游流的另一个峰值。而 250~300 km 也正是长江中游城市群三大中心城市之间的空间距离，可见城市群旅游流规律还受制于中心城市之间的空间关联特性。中心城市之间的旅游流空间关联及其互动是城市群旅游流区别于其他区域主体旅游流的重要表征，对于城市群旅游一体化起着非常关键的作用，这也与城市群的本质内涵相符。随着城市群旅游一体化建设的推进，旅游流空间关联及其互动在中心城市之间逐步增强，并向重要、一般等旅游节点扩展，进而向链状空间演化模式方向发展。

7.2 主要启示

本研究对长江中游城市群旅游流空间格局及其演化进行研究，揭示城市群旅游流规律。本研究对长江中游城市群旅游发展及其一体化建提供了以下有益的启示：

（1）强化核心节点引领，培育层次合理的等级体系。核心节点对城市群旅游流的形成、发展和完善具有支撑作用。武汉市、长沙市、南昌市是长江中游城市群的核心节点，在很大程度上影响并决定了长江中游城市群旅游流的空间格局，在旅游流演化和发展过程中逐渐形成了以这三个核心节点为中心的“品”字形空间格局；由于这三个核心节点具有非替代优势，高度集聚的旅游流容易导致核心节点交通拥挤、游客爆棚等一系列问题。因此，有必要加强武汉市、长沙市、南昌市三大核心节点的旅游基础设施以及服务设施建设，进一步促进三大核心之间的旅游流互动，强化核心节点对城市群旅游流的引领作用。与此同时，还应充分发挥三大核心节点的旅游流扩散效应，培育层次合理的等级体系。重要旅游节点应注重对核心节点旅游流的承接，疏导核心节点的旅游流压力；一般性旅游节点、边缘性旅游节点除了要加强自身旅游建设之外，还应强化与核心节点、重要节点之间的联系，如与核心节点、重要节点进行旅游资源整合以及开展宣传营销，提升在旅游流系统中的地位和作用，从而构建层次合理的等级体系，发挥城市群旅游流的整合效应。

（2）推进体制机制创新，弱化行政地域的限制。长江中游城市群旅游流具有明显的行政地域性，旅游流跨行政地域的空间关联性弱，受行政区划的影响明显。长江中游城市群作为跨湖北、湖南、江西三省的跨区域城市群，行政藩篱是其旅游一体化的主要障碍之一。因此，长江中游城市群需要推进体制机制创新，弱化行政地域的限制。一方面，以国务院批准实施的《长江中游城市群发展规划》为发展契机，推进跨区域合作体制机制创新，助推长江中游城市群旅游合作主体的多元化，鼓励旅游企业跨区域协同发展，弱化行政界限对旅游的影响；另一方面，打破行政地域的限制，共同制定旅游发展规划，对长江中游城市群旅游资源进行整合，打造一批具有较大影响力的旅游产品。同时致力于打破区域界限，塑造统一的旅游形象，打造跨区域旅游线路，促使城市群旅游流跨区域协调发展。

（3）加快高速交通建设，发挥交通的引导作用。交通可达性的提升为旅游流空间格局及其演化奠定了基础。长江中游城市群旅游流具有沿京广高铁、沪汉蓉高铁以及沪昆高铁等高速交通廊道集散的特征，与交通可达性具有较强的时空耦合性。目前，长江中游城市群旅游流空间演化模式还处于延伸扩展模式的初级阶段，高速交通网络对旅游流具有明显的引导作用。因此，长江中游城市群应加快高速交通网络建设，合理引导旅游流的空间分布及流动；加快长江中游城市群城际铁路建设，特别是在九江-景德镇、景德镇-上饶、武汉-九江、宜昌-襄阳等旅游流空间关联性较强的地区之间的。

（4）树立全方位旅游发展观，促进旅游目的地优化升级。旅游流空间分布及其流动的影响因素并不是孤立存在的，而是一个有机整体，处于相互作用、紧密联系的过程之中。在旅游目的地建设过程中，应该树立全方位的旅游发展观，促进旅游目的地全面优化升级。旅游目的地发展不仅要注重旅游产品吸引力、影响力的提升，而且要注重交通可达性、服务设施、服务水平、旅游信息以及宣传营销等因素，旅游目的地的安全状况、社会氛围、旅游政策等支持环境也值得被重视。

7.3 特色及创新点

（1）在研究内容上：以城市群这一特殊地理单元为研究空间尺度，对城市群旅游流空间格局及其演化进行了系统研究，并揭示城市群旅游流时空规律。本研究在对城市群旅游流空间格局现状进行全面剖析的基础上，进一步对城市群旅游流空间格局的演化过程进行深入研究，分析城市群旅游流空间格局演化特征以及演化模式，并揭示城市群旅游流空间格局的影响机理，探究城市群旅游流规律的共性以及所彰显出的个性，在一定程度上丰富和完善了旅游流、城市群旅游的研究内容。

（2）在研究方法上：将质性研究领域中的扎根理论引入旅游流研究，采用定量研究与质性研究相结合的方法对城市群旅游流进行研究。本研究运用GIS空间分析法、社会网络分析法、分形理论等对旅游流的空间格局及其演化进行定量研究；并将质性研究领域中的扎根理论引入旅游流研究，从旅游者流动这一复杂现象入手，对网络文本原始资料进行挖掘，归纳提炼出旅游流影响因素的4个维度以及31个基本影响因素，不失为一种新的尝试。

（3）在研究材料及数据来源上：以互联网平台的旅游大数据为基础，对网络文本数据进行深度挖掘，为旅游流规律、影响因素及机理研究提供了丰富的素材。本研究采用网络爬虫程序自动采集互联网平台——携程网上记录的旅游者发表的涉及研究区的网络文本作为研究素材，并对所获取的网络文本进行清洗、筛选。然后根据网络文本中旅游者在空间上的流动轨迹，构建不同时间截面的旅游流空间数据库，开展旅游流时空规律研究。同时，本研究运用社会经济统计数据，对区域旅游流空间特征及其规律进行相互验证。此外，本研究还以旅游者发表的网络文本为原始资料，以旅游者的亲身经历及经验事实作为依据构建理论，对网络文本原始资料进行整理和深度挖掘，采用扎根理论研究范式从原始资料中提炼旅游者流动的成因机理，从而为研究旅游流影响因素、形成机制提供新的素材。

7.4 不足及展望

（1）对旅游大数据的挖掘有待进一步拓展。本研究仅对互联网平台——

携程网上的网络文本进行了挖掘，虽然携程网上的旅游大数据具有一定的典型意义，但其代表性仍显不足，研究材料及其数据有待进一步拓展。除携程网外，旅游者还在去哪儿网、穷游网、途牛网、游多多旅行网、驴妈妈旅游网等旅游专业网站上留下了大量文本数据。此外，旅游者也在微博、微信等社交平台上发表、交流、分享了大量旅游信息。因此，在接下来的研究中应进一步加强对旅游大数据的挖掘，开展不同时空尺度的旅游流研究。

（2）对不同等级规模、发育程度城市群的旅游流规律进行探究是进一步研究的重点。城市群作为一种特殊地理单元、旅游目的地，其旅游流时空规律有其自身的特殊性。本研究以长江中游城市群为案例地，尽管长江中游城市群具有城市群的一般性特征，但由于自身的特性，其所彰显出的城市群旅游流规律是否适用于其他城市群，有待进一步研究。由于城市群发育程度的差异性以及城市群旅游发展水平的不同，在接下来的研究中有必要对不同规模等级、发育程度的城市群旅游流规律进行探究，全面总结城市群旅游流规律。

（3）对特定战略背景下旅游流的变化及其响应研究是进一步研究的重要方向。本研究在城市群发展战略背景下，对城市群这一特殊地理单元的旅游流空间格局及其演化过程进行了深入研究。但随着我国经济发展方式的转变、消费需求的转型以及休假制度的改革，特别是在国家“一带一路”倡议、长江经济带战略、京津冀协同发展战略、“互联网+”战略、精准扶贫政策等的推动下，以及国家旅游局“515”战略、全域旅游发展战略等的影响下，旅游流将会在一定程度上发生新的变化。在特定战略背景下，不同区域主体的旅游流演化具有哪些共性、存在哪些差异及其个性？这些战略及政策如何作用于旅游流，如何测度其对旅游流的影响？旅游流空间格局的演化对这些战略有何响应？这些问题均值得进一步研究。

参考文献

[1] 埃比尼泽·霍华德. 明日的田园城市 [M]. 金经元，译. 北京：商务印书馆，2000.

[2] 保继刚，楚义芳. 旅游地理学 [M]. 北京：高等教育出版社，1999.

[3] 卞显红，金霞，秦萍，等. 中韩相关事件对双向旅游流流动的影响 [J]. 商业研究，2011，(12)：187-192.

[4] 蔡东，朱华友. 区域旅游景点的互动与整合：以浙中城市群为例 [J]. 社会科学家，2009 (3)：105-108.

[5] 曹芳东，黄震方，吴江，等. 城市旅游竞争潜力时空格局演化及其结构合理性评价：以长江三角洲地区为例 [J]. 地理科学，2012，32 (8)：944-950.

[6] 曹芳东，黄震方，吴丽敏，等. 基于时间距离视域下城市旅游经济联系测度与空间整合：以长江三角洲地区为例 [J]. 经济地理，2012，32 (12)：157-162.

[7] 曹芳东，吴江，徐敏，等. 长江三角洲城市一日游的旅游经济空间联系测度与分析 [J]. 人文地理，2010，25 (4)：109-114.

[8] 曾菊新. 空间经济：系统与结构 [M]. 武汉：武汉出版社，1996.

[9] 陈超，刘家明，马海涛，等. 中国农民跨省旅游网络空间结构研究 [J]. 地理学报，2013，68 (4)：547-558.

[10] 陈浩，陆林，章锦河，等. 珠江三角洲城市群旅游空间结构与优化分析 [J]. 地理科学，2008，28 (1)：113-118.

[11] 陈浩，陆林，郑嫱婷. 基于旅游流的城市群旅游地旅游空间网络结构分析：以珠江三角洲城市群为例 [J]. 地理学报，2011，66 (2)：257-266.

[12] 陈浩，陆林，郑嫱婷. 珠江三角洲城市群旅游空间格局演化 [J]. 地理学报，2011，66 (10)：1427-1437.

[13] 陈君子，刘大均，谢双玉. 武汉市旅游景区空间结构演化 [J]. 热带地理，2013，33 (3)：349-355.

[14] 陈向明. 扎根理论的思路和方法 [J]. 教育研究与实验，1999 (4): 58-63.

[15] 陈向明. 质的研究方法与社会科学研究 [M]. 北京：教育科学出版社，2000.

[16] 陈秀琼，黄福才. 基于社会网络理论的旅游系统空间结构优化研究 [J]. 地理与地理信息科学，2006，22 (5)：75-80.

[17] 陈雪琼，吴水芳. 中国出境旅游流流向的空间结构优化研究 [J]. 华侨大学学报（哲学社会科学版），2010 (1)：30-36.

[18] 程海峰，胡文海. 池州市 A 级旅游景区空间结构 [J]. 地理科学，2014，34 (10)：1275-1280.

[19] 程金龙. 中原城市群旅游发展战略研究 [J]. 生态经济，2012 (1)：171-175.

[20] 程励，张同颢，付阳. 城市居民雾霾天气认知及其对城市旅游目的地选择倾向的影响 [J]. 旅游学刊，2015，30 (10)：37-47.

[21] 楚义芳. 旅游的空间经济分析 [M]. 西安：陕西人民出版社，1992.

[22] 戴学军，丁登山，林岚. 长三角地区旅游圈吸引物体系空间结构聚集分形特征 [J]. 地理研究，2010，29 (12)：12.

[23] 戴学军，庄大昌，丁登山. 旅游景区（点）系统空间结构网格分形维数研究 [J]. 人文地理，2009，24 (4)：37，120-123.

[24] 党宁. 环城游憩带空间结构研究 [D]. 北京：北京大学，2007.

[25] 丁四保. "增长极" 模式与不发达地区经济发展：意大利南部的教训及启示 [J]. 经济地理，1989，9 (4)：297-301.

[26] 丁正山. 南京国内旅游流时空演变研究 [J]. 旅游学刊，2004，19 (2)：37-40.

[27] 董锁成，李雪，张广海，等. 城市群旅游竞争力评价指标体系与测度方法探讨 [J]. 旅游学刊，2009，24 (2)：30-36.

[28] 董亚娟，马耀峰，李振亭，等. 西安入境旅游流与城市旅游环境耦合协调关系研究 [J]. 地域研究与开发，2013，23 (1)：98-101.

[29] 方创琳，毛其智，倪鹏飞. 中国城市群科学选择与分级发展的争鸣及探索 [J]. 地理学报，2015，70 (4)：515-527.

[30] 方创琳，周成虎，王振波. 长江经济带城市群可持续发展战略问题与分级梯度发展重点 [J]. 地理科学进展，2015，34 (11)：1398-1408.

[31] 方创琳. 中国城市群研究取得的重要进展与未来发展方向 [J]. 地理

学报，2014，69（8）：1130-1144.

［32］方叶林，黄震方，王坤，等．基于 PCA-ESDA 的中国省域旅游经济时空差异分析［J］．经济地理，2012，32（8）：149-154.

［33］冯娜，李君轶．外向在线旅游信息流与入境旅游流的耦合分析：以美加入境旅游流为例［J］．旅游学刊，2014，29（4）：79-86.

［34］冯兴华，钟业喜，徐羽，等．长江经济带区域空间结构演化研究［J］．长江流域资源与环境，2015，24（10）：1711-1720.

［35］付琼鸽，刘大均，胡静，等．湖北省旅游流网络结构的特征与优化［J］．经济地理，2015，35（3）：191-196.

［36］高洪涛．许昌三国文化旅游线路的整合开发［J］．河南科技大学学报（社会科学版），2010，28（1）：78-81.

［37］龚胜生，林月辉，戈大专．三峡地区城市与河流关系的时空演化研究［J］．地理学报，2013，68（12）：1619-1631.

［38］郭风华，王琨，张建立，等．成都“五朵金花”乡村旅游地形象认知：基于博客游记文本的分析［J］．旅游学刊，2015，30（4）：84-94.

［39］郭晓东，肖星，房亮．新休假制度对国内旅游流时空结构及旅游开发的影响分析［J］．旅游学刊，2008，23（5）：38-41.

［40］贺晓慧，白凯，卫海燕，等．西安特殊时段旅游流规模分形结构特征研究：以“十一”黄金周为例［J］．干旱区地理，2011，34（5）：858-865.

［41］胡静，谢双玉．2014 中国旅游业发展报告（下）［M］．北京：中国旅游出版社，2014.

［42］黄金火，吴必虎．区域旅游系统空间结构的模式与优化：以西安地区为例［J］．地理科学进展，2005，24（1）：116-126.

［43］黄泰，保继刚，刘艳艳，等．城市游憩场点系统结构分形及优化：以苏州市区为例［J］．地理研究，2010，29（1）：79-92.

［44］黄泰．长三角城市群旅游流潜力格局演变及其影响因素［J］．资源科学，2016，38（2）：364-376.

［45］黄毅，马耀峰，薛华菊．环渤海港口城市群旅游合作时空演变研究［J］．地理与地理信息科学，2014，30（2）：92-96.

［46］黄毅，马耀峰，薛华菊．中国入境旅游服务质量时空态势演变与区域影响因素［J］．地理学报，2013，68（12）：1689-1701.

［47］黄震方，袁林旺，俞肇元，等．生态旅游区旅游流的时空演变与特征：以盐城麋鹿生态旅游区为例［J］．地理研究，2008，27（1）：55-64.

[48] 蒋大亮，孙烨，任航，等. 基于百度指数的长江中游城市群城市网络特征研究 [J]. 长江流域资源与环境，2015，24 (10)：1654-1664.

[49] 靳诚，陆玉麒，张莉，等. 基于路网结构的旅游景点可达性分析：以南京市区为例 [J]. 地理研究，2009，28 (1)：246-258.

[50] 靳诚，徐菁，黄震方，等. 南京城市内部景点间游客流动特征分析 [J]. 地理学报，2014，69 (12)：1858-1870.

[51] 靳诚，徐菁，陆玉麒. 长三角区域旅游合作演化动力机制探讨 [J]. 旅游学刊，2006，21 (12)：43-47.

[52] 凯西·卡麦兹. 建构扎根理论：质性研究实践指南 [M]. 重庆：重庆大学出版社，2009.

[53] 黎霞，雷丽. 西部地区入境旅游流流量与流质的时空差异分析 [J]. 西南大学学报 (自然科学版)，2014，36 (12)：107-114.

[54] 李创新，马耀峰，张颖. 时空二元视角的入境旅游流集散空间场效应与地域结构：以丝路东段典型区为例 [J]. 地理科学，2012，32 (2)：176-158.

[55] 李创新，马耀峰，郑鹏，等. 基于STMS的入境旅游流集散地域结构特征分析：以中国入境旅游六大典型区域为例 [J]. 地理科学，2011，31 (5)：620-626.

[56] 李飞，黄耀丽，郑坚强，等. 区域旅游合作中感知形象的差异性与可整合性分析：以大珠三角城市群为例 [J]. 旅游学刊，2007，22 (1)：30-35.

[57] 李飞. 新休假制度对“黄金周”旅游客流的影响及其政策意义：来自国家假日办重点监测景区的证据 [J]. 旅游学刊，2009，24 (6)：12-18.

[58] 李馥利，吴晋峰，马耀峰. 基于旅游流转移的陕西省入境旅游时空动态分析 [J]. 干旱区资源与环境，2009，23 (11)：156-160.

[59] 李君轶，杨敏. 西安国内游客旅游网络信息搜索行为研究 [J]. 经济地理，2010，30 (7)：1212-1216，1220.

[60] 李平华，陆玉麒. 可达性研究的回顾与展望 [J]. 地理科学进展，2005，24 (3)：69-78.

[61] 李山，王铮，钟章奇. 旅游空间相互作用的引力模型及其应用 [J]. 地理学报，2012. 67 (4)：526-544.

[62] 李小建，苗长虹. 增长极理论分析及选择研究 [J]. 地理研究，1993，12 (3)：45-55.

[63] 李小建. 经济地理学 [M]. 北京：高等教育出版社，2006.

[64] 李雪，董锁成，张广海，等. 山东半岛城市群旅游竞争力动态仿真与

评价［J］. 地理研究，2008，27（6）：1466-1477.

［65］李振亭，马耀峰，李创新，等. 近20年来中国入境旅游流流量与流质的变化分析［J］. 陕西师范大学学报（自然科学版），2012，40（1）：94-99.

［66］李志飞，夏磊. 中国特殊时段旅游流时空分布特征研究：以“十一”黄金周为例［J］. 旅游学刊，2013，28（10）：37-46.

［67］梁明珠，张欣欣. 泛珠三角旅游合作与资源整合模式探究［J］. 经济地理，2006，26（2）：335-339.

［68］林聚任. 社会网络分析：理论、方法与应用［M］. 北京：北京师范大学出版社，2009.

［69］刘法建，张捷，陈冬冬. 中国入境旅游流网络结构特征及动因研究［J］. 地理学报，2010，65（8）：1013-1024.

［70］刘法建，张捷，章锦河，等. 中国入境旅游流网络省级旅游地角色研究［J］. 地理研究，2010，29（6）：1141-1152.

［71］刘宏盈，马耀峰，白凯，等. 口岸入境旅游流扩散转移特征研究：以上海为例［J］. 社会科学家，2008（1）：99-103.

［72］刘宏盈，马耀峰. 北京入境旅游流西向梯度转移特征研究［J］. 城市问题，2008（5）：59-63.

［73］刘宏盈，马耀峰. 基于旅游流转移视角的云南入境旅游发展历程分析［J］. 旅游学刊，2008，23（7）：23-27.

［74］刘宏盈，马耀峰. 入境旅游流空间转移与省域旅游经济联系强度耦合分析：以上海入境旅游流西向扩散为例［J］. 资源科学，2008，30（8）：1162-1168.

［75］刘继生，陈彦光. 城镇体系空间结构的分形维数及其测算方法［J］. 地理研究，1999，18（2）：171-178.

［76］刘嘉毅，赵磊. 中国五星级酒店区位布局：特征与影响因素［J］. 旅游学刊，2013，28（8）：87-93.

［77］刘军. 社会网络分析导论［M］. 北京：社会科学文献出版社，2004.

［78］刘军胜，马耀峰，李振亭. 1997~2010年中部六省入境旅游流集散时空动态分析［J］. 地理科学，2013，33（4）：450-456.

［79］刘辛田，肖华茂. 论长株潭城市群“两型旅游”发展战略［J］. 社会科学家，2012（5）：76-79.

［80］刘燕婷，甘巧林. 东部3大区域旅游业发展的竞争力研究：主要旅游城市群的比较［J］. 华南师范大学学报（自然科学版），2010（4）：122-126.

[81] 刘泽华，李海涛，史春云，等. 短期旅游流时间分布对区域旅游空间结构的响应：以云南省黄金周旅游客流为例 [J]. 地理学报，2010，65 (12)：1624-1632.

[82] 刘泽华，顾宗欣，王楠楠，等. 闲暇时间约束对中山陵景区国内客源市场空间结构的影响 [J]. 地理研究，2013，32 (9)：1737-1746.

[83] 柳坤，申玉铭. 国内外区域空间相互作用研究进展 [J]. 世界地理研究，2014，23 (1)：73-83.

[84] 龙茂兴，孙根年，马丽君，等. 区域旅游"点-轴系统"演进研究：以陕南为例 [J]. 经济地理，2010，30 (8)：1383-1388.

[85] 卢松，陆林，王莉，等. 古村落旅游客流时间分布特征及其影响因素研究：以世界文化遗产西递、宏村为例 [J]. 地理科学，2004，24 (2)：250-256.

[86] 陆大道. 论区域的最佳结构与最佳发展：提出"点-轴系统"和"T"型结构以来的回顾与再分析 [J]. 地理学报，2001，56 (2)：127-135.

[87] 陆林，宣国富，章锦河，等. 海滨型与山岳型旅游地客流季节性比较：以三亚、北海、普陀山、黄山、九华山为例 [J]. 地理学报，2002，57 (6)：731-740.

[88] 陆林. 山岳风景区客流研究：以安徽黄山为例 [J]. 地理学报，1994，49 (3)：236-246.

[89] 罗中华，洪京. 打造长株潭城市群旅游圈研究 [J]. 国土与自然资源研究，2009 (3)：74-75.

[90] 骆培聪，张明锋. 福建丹霞地貌旅游景区客流时间分布特性及其影响因素 [J]. 地理科学. 2010，30 (3)：377-383.

[91] 吕丽，陆林，凌善金. 上海世博会旅游者空间扩散网络分析 [J]. 旅游学刊，2013，28 (6)：111-119.

[92] 马丽君，孙根年，马耀峰，等. 气候舒适度对热点城市入境游客时空变化的影响 [J]. 旅游学刊，2011，26 (1)：45-50.

[93] 马耀峰，李天顺，等. 中国入境旅游研究 [M]. 北京：科学出版社，1999.

[94] 马耀峰，李永军. 中国入境后旅游流的空间分布研究 [J]. 人文地理，2001，16 (6)：44-46，35.

[95] 马耀峰，宋保平，赵振斌. 旅游资源开发 [M]. 北京：科学出版社，2005.

[96] 马耀峰，王冠孝，张佑印. 中国典型区域入境旅游流空间场效应实证研究：以四川省为例 [J]. 资源科学，2008，30（11）：1747-1753.

[97] 聂献忠，张捷，吕菽菲，等. 九寨沟国内旅游者行为特征初步研究及其意义 [J]. 自然资源学报，1998，13（3）：249-255.

[98] 牛亚菲. 旅游供给与需求的空间关系研究 [J]. 地理学报，1996，51（1）：80-87.

[99] 潘竟虎，从忆波. 中国4A级及以上旅游景点（区）空间可达性测度 [J]. 地理科学，2012，32（11）：1321-1327.

[100] 庞世明. 中国旅游消费函数实证研究：兼与周文丽、李世平商榷 [J]. 旅游学刊，2014，29（3）：31-39.

[101] 庞闻，马耀峰，郑鹏. 五种旅游信息传播模式的比较与整合 [J]. 旅游学刊，2012，27（5）：74-79.

[102] 庞闻，马耀峰. 旅游流规模分布的分形与分维：以我国入境旅游为例 [J]. 西北大学学报（自然科学版），2010，40（5）：905-909.

[103] 裴博，马耀峰，李天顺，等. 供需视角下入境旅游流与星级饭店系统耦合协调及其影响因素分析：以北京市为例 [J]. 陕西师范大学学报（自然科学版），2014，42（5）：97-102.

[104] 裴博，马耀峰，李天顺，等. 陕西省旅游流与旅游资源开发协调发展研究 [J]. 西北大学学报（自然科学版），2014，44（6）：1001-1004.

[105] 彭红松，陆林，路幸福，等. 基于旅游客流的跨界旅游区空间网络结构优化：以泸沽湖为例 [J]. 地理科学进展，2014，33（3）：422-431.

[106] 彭红松，陆林，路幸福，等. 基于社会网络方法的跨界旅游客流网络结构研究：以泸沽湖为例 [J]. 地理科学，2014，34（9）：1041-1050.

[107] 齐莉娜，张毅，吴必虎，等. 重大事件对举办地景区知名度影响测量研究 [J]. 北京大学学报（自然科学版），2009，45（6）：1061-1067.

[108] 秦尊文. 第四增长极：崛起的长江中游城市群 [M]. 北京：社会科学文献出版社，2012.

[109] 秦尊文. 从国家战略层面研究长江中游城市集群建设 [J]. 湖北社会科学，2012（7）：45-47.

[110] 全国旅游标准化技术委员会. 旅游景区质量等级的划分与评定（修订）（GB/T17775-2003）[S]. 2003.

[111] 中国地图出版社. 中国交通地图册 [M]. 北京：中国地图出版社，2005.

[112] 任瑞萍，吴晋峰，王奕祺，等. 旅华美国旅游流地理分布和网络结构特征研究［J］. 地域研究与开发，2013，32（5）：144-150.

[113] 沈惊宏，陆玉麒，韩立钦，等. 基于“点—轴”理论的皖江城市带旅游空间布局整合［J］. 经济地理，2012，32（7）：43-49.

[114] 沈惊宏，陆玉麒，周玉翠，等. 皖江城市群旅游经济空间联系格局［J］. 长江流域资源与环境，2012，21（12）：1434-1441.

[115] 史春云，张捷，尤海梅，等. 四川省旅游区域核心-边缘空间格局演变［J］. 地理学报，2007，62（6）：631-639.

[116] 宋家泰. 城市-区域与城市区域调查研究：城市发展的区域经济基础调查研究［J］. 地理学报，1980，35（4）：277-287.

[117] 孙根年，张毓，薛佳. 资源-区位-贸易三大因素对日本游客入境旅游目的地选择的影响［J］. 地理研究，2011，30（6）：1032-1043.

[118] 孙根年，周瑞娜，马丽君，等. 2008 年五大事件对中国入境旅游的影响：基于本底趋势线模型高分辨率的分析［J］. 地理科学，2011，31（12）：1437-1446.

[119] 孙根年. 论旅游业的区位开发与区域联合开发［J］. 人文地理，2001，16（4）：1-5.

[120] 汤放华，汤慧，孙倩，等. 长江中游城市集群经济网络结构分析［J］. 地理学报，2013，68（10）：1357-1366.

[121] 汤国安，杨昕. ArcGIS 地理信息系统空间分析实验教程［M］. 北京：科学出版社，2006.

[122] 唐澜，吴晋峰，王金莹，等. 中国入境商务旅游流空间分布特征及流动规律研究［J］. 经济地理，2012，32（9）：149-155.

[123] 唐澜，吴晋峰. 中国入境观光休闲旅游流空间结构与流动特征［J］. 经济管理，2013，35（10）：130-142.

[124] 唐顺铁，郭来喜. 旅游流体系研究［J］. 旅游学刊，1998，18（3）：35-41.

[125] 滕茜，杨勇，布倩楠，等. 基于网络文本的景区感知及互动研究：以上海为例［J］. 旅游学刊，2015，30（2）：33-41.

[126] 天域北斗数码科技有限公司. 中国交通地图册［M］. 北京：中国地图出版社，2015.

[127] 田霖. 扎根理论评述及其实际应用［J］. 经济研究导刊，2012，（10）：224-231.

[128] 田祥利，白凯. 旅游目的地突发事件对西藏入境旅游市场规模影响与政策响应 [J]. 旅游学刊，2013，28 (3)：38-46.

[129] 汪德根，陈田，陆林，等. 区域旅游流空间结构的高铁效应及机理：以中国京沪高铁为例 [J]. 地理学报，2015，70 (2)：214-233.

[130] 汪德根，陆林，陈田，等. 基于点—轴理论的旅游地系统空间结构演变研究：以呼伦贝尔—阿尔山旅游区为例 [J]. 经济地理，2005，25 (6)：904-909.

[131] 汪德根，牛玉，王莉. 高铁对旅游者目的地选择的影响：以京沪高铁为例 [J]. 地理研究，2015，34 (9)：1770-1780.

[132] 汪德根. 京沪高铁对主要站点旅游流时空分布影响 [J]. 旅游学刊，2014，29 (1)：75-82.

[133] 汪小帆，李翔，陈关荣. 复杂网络理论及其应用 [M]. 北京：清华大学出版社，2006.

[134] 汪宇明. 核心-边缘理论在区域旅游规划中的运用 [J]. 经济地理，2002，22 (3)：372-375.

[135] 汪宇明. 旅游合作与区域创新 [M]. 北京：科学出版社，2009.

[136] 王波，甄峰，席广亮，等. 基于微博用户关系的网络信息地理研究：以新浪微博为例 [J]. 地理研究，2013，32 (2)：380-391.

[137] 王洁洁，孙根年，舒镜镜. 20 年来中美关系及危机事件对旅游流双向互动的影响 [J]. 旅游学刊，2009，24 (5)：12-19.

[138] 王金莹，吴晋峰，唐澜，等. 基于 SNA 的中国入境欧洲旅游流网络性质和结构特征研究 [J]. 人文地理，2013，28 (6)：147-153.

[139] 王金莹，吴晋峰，唐澜，等. 亚洲入境旅游流地理分布及网络结构特征分析 [J]. 资源科学，2013，35 (8)：1701-1709.

[140] 王丽，邓羽，牛文元. 城市群的界定与识别研究 [J]. 地理学报，2013，68 (8)：1059-1070.

[141] 王奕祺，吴晋峰，韩立宁，等. 北京入境旅游流地理分布与网络特征研究 [J]. 干旱区资源与环境，2014，28 (6)：202-208.

[142] 王奕祺，吴晋峰，任瑞萍，等. 广州入境旅游流地理分布与网络特征 [J]. 陕西师范大学学报（自然科学版），2013，41 (5)：91-97.

[143] 王永明，马耀峰，李创新. 中国典型区域入境旅游流扩散转移研究：以东部三大旅游区向川流为例 [J]. 干旱区资源与环境，2010，24 (9)：156-160.

[144] 王永明，马耀峰，王美霞. 北京入境旅游流空间扩散特征及路径［J］. 经济地理，2011，31（6）：1019-1024.

[145] 王永明，马耀峰，王美霞. 上海入境旅游流对长江流域各省区空间场效应研究［J］. 经济地理，2010，30（5）：854-858.

[146] 王永明，马耀峰，王美霞. 中国入境游客多城市旅游空间网络结构［J］. 地理科学进展，2012，31（4）：518-526.

[147] 王玉海. “旅游”概念新探：兼与谢彦君、张凌云两位教授商榷［J］. 旅游学刊，2010，25（12）：12-17.

[148] 王兆峰. 入境旅游流与航空运输网络协同演化及差异分析：以西南地区为例［J］. 地理研究，2012，31（7）：1328-1338.

[149] 王铮，袁宇杰，熊文. 重大事件对上海市入境旅游需求的影响：基于ADL模型的分析［J］. 旅游学刊，2010，25（10）：44-49.

[150] 文军，蒋逸民. 质性研究概论［M］. 北京：北京师范大学出版社，2010.

[151] 翁钢民，李凌雁. 区域旅游流网络结构与环境响应研究：以京津冀地区为例［J］. 地理与地理信息科学，2015，31（1）：59-63.

[152] 沃瑟曼，等. 社会网络分析：方法与应用［M］. 陈禹，等译. 北京：中国人民大学出版社，2011.

[153] 吴必虎，唐俊雅，黄安民，等. 中国城市居民旅游目的地选择行为研究［J］. 地理学报，1997，52（2）：97-103.

[154] 吴必虎，俞曦. 旅游规划原理［M］. 北京：中国旅游出版社，2010.

[155] 吴必虎. 泛旅游需要更完善的旅游公共服务体系支持［J］. 旅游学刊，2012，27（3）：3-4.

[156] 吴国琴. 基于中部崛起的中部地区旅游合作开发研究［J］. 信阳师范学院学报（哲学社会科学版），2009，29（6）：85-88.

[157] 吴晋峰，潘旭莉. 京沪入境旅游流网络结构特征分析［J］. 地理科学，2010，30（3）：370-376.

[158] 吴晋峰，潘旭莉. 入境旅游流网络与航空网络的关系研究［J］. 旅游学刊，2010，25（11）：39-43.

[159] 吴晋峰，王赛，郭峰，等. 我国旅游流研究进展与展望［J］. 人文地理，2013，28（4）：20-26.

[160] 吴晋峰. 旅游系统理论与空间结构模式研究［D］. 南京：南京大学，2001.

[161] 吴晋峰. 入境外国旅游流网络分布、性质和结构特征研究 [J]. 干旱区资源与环境, 2014, 28 (7): 177-182.

[162] 吴志峰, 柴彦威, 党安荣, 等. 地理学碰上"大数据": 热反应与冷思考 [J]. 地理研究, 2015, 34 (2): 2207-2221.

[163] 肖鸿. 试析当代社会网研究的若干进展 [J]. 社会学研究, 1999 (3): 1-11.

[164] 谢双玉, 胡静. 旅游地理学 [M]. 大连: 东北财经大学出版社, 2012.

[165] 谢彦君. 基础旅游学 [M]. 北京: 中国旅游出版社, 2011.

[166] 熊丽芳, 甄峰, 王波, 等. 基于百度指数的长三角核心区城市网络特征研究 [J]. 经济地理, 2013, 33 (7): 67-73.

[167] 熊丽芳, 甄峰, 席广亮, 等. 我国三大经济区城市网络变化特征: 基于百度信息流的实证研究 [J]. 热带地理, 2013, 34 (1): 34-43.

[168] 徐清. 基于"点-轴系统"理论的乡村旅游空间集聚研究: 以浙江江山市为例 [J]. 经济地理, 2013, 33 (4): 174-178.

[169] 许学强, 周一星, 宁越敏. 城市地理学 [M]. 北京: 高等教育出版社, 1997.

[170] 许志晖, 戴学军, 庄大昌, 等. 南京市旅游景区景点系统空间结构分形研究 [J]. 地理研究, 2007, 26 (1): 132-140.

[171] 薛华菊, 马耀峰, 黄毅, 等. 区域入境旅游流质量时空演变及特征研究 [J]. 干旱区资源与环境, 2014, 28 (6): 171-176.

[172] 阎友兵, 贺文娟. 国内旅游流流量与流质的时空演化分析 [J]. 经济地理, 2013, 33 (4): 179-185.

[173] 杨国良, 张捷, 艾南山, 等. 旅游流齐夫结构及空间差异化特征 [J]. 地理学报, 2006, 61 (12): 1281-1289.

[174] 杨国良, 张捷, 刘波, 等. 旅游景区分布约束下的四川旅游流齐夫 (Zipf) 结构发育特征 [J]. 旅游学刊, 2007, 22 (8): 17-23.

[175] 杨国良, 张捷, 刘波, 等. 旅游流流量位序—规模分布变化及其机理: 以四川省为例 [J]. 地理研究, 2007, 26 (4): 662-672.

[176] 杨国良, 张捷, 刘波. 旅游流规模结构的 Zipf 特征与差异度对比研究: 以四川省为例 [J]. 南京大学学报 (自然科学), 2007, 43 (3): 318-328.

[177] 杨敏, 马耀峰, 李天顺, 等. 网络信息与入境旅游流的 V-R 耦合

关系分析：以澳大利亚入境旅游流为例［J］. 干旱区资源与环境，2012，26（6）：214-219.

［178］杨效忠，刘国明，冯立新，等. 基于网络分析法的跨界旅游区空间经济联系：以壶口瀑布风景名胜区为例［J］. 地理研究，2011，30（7）：1319-1330.

［179］杨效忠，张捷，乌铁红. 跨界旅游区的组织网络结构与合作模型：以大别山天堂寨为例［J］. 2009，64（8）：978-988.

［180］杨新菊，吴晋峰，唐澜，等. 旅华外国散客旅游流地理分布和网络结构研究［J］. 旅游学刊，2014，29（5）：87-96.

［181］杨新菊，吴晋峰，王金莹，等. 旅华外国团队旅游流地理分布和网络结构特征研究［J］. 资源科学，2013，35（4）：839-847.

［182］杨新菊，吴晋峰，王奕祺. 上海口岸入境外国旅游流的空间扩散和网络结构研究［J］. 浙江大学学报（理学版），2014，41（6）：696-702.

［183］杨新军，马晓龙，霍云霈. 旅游目的地区域（TDD）及其空间结构研究：以西安为例［J］. 地理科学，2004，24（5）：620-626.

［184］杨新军，牛栋，吴必虎. 旅游行为空间模式及其评价［J］. 经济地理，2000，20（4）：105-108，117.

［185］杨兴柱，顾朝林，王群. 旅游流驱动力系统分析［J］. 地理研究，2011，30（1）：23-36.

［186］杨兴柱，顾朝林，王群. 南京市旅游流网络结构构建［J］. 地理学报，2007，62（6）：609-620.

［187］姚鲁烽，何书金，赵歆. 地理学时空变化类论文的写作［J］. 地理学报，2013，68（7）：1007-1011.

［188］姚士谋，陈振光，王书国. 城市群发育机制及其创新空间［J］. 科学,2007，59（2）：23-27.

［189］姚士谋，李青，武清华，等. 我国城市群总体发展趋势与方向初探［J］. 地理研究，2010，29（8）：1345-1354.

［190］殷沈琴，张计龙，任磊. 基于关键词共现和社会网络分析法的数字图书馆研究热点分析［J］. 大学图书馆学报，2011，（4）：25-30，38.

［191］虞虎，陈田，陆林，等. 江淮城市群旅游经济网络空间结构与空间发展模式［J］. 地理科学进展，2014，33（2）：169-180.

［192］苑炳慧，辜应康. 基于顾客的旅游目的地品牌资产结构维度：扎根理论的探索性研究［J］. 旅游学刊，2015，30（11）：87-98.

［193］约翰斯顿. 人文地理学词典［M］. 柴彦威，等译. 北京：商务印书

馆，2004.

［194］张爱儒. 青藏铁路沿线旅游资源“点—轴”开发模式研究［J］. 经济地理，2009，29（4）：698-702.

［195］张朝枝，保继刚. 休假制度对遗产旅游地客流的影响：以武陵源为例［J］. 地理研究，2007，26（6）：1295-1303.

［196］张春晖，马耀峰，吴晶，等. 供需视角下西部入境旅游流与目的地耦合协调度及其时空分异研究［J］. 经济地理，2013，33（10）：174-181.

［197］张河清，成红波.“核心-边缘”理论在南岳衡山区域旅游产品开发中的运用［J］. 地域研究与开发，2005，24（3）：68-71.

［198］张红. 我国旅游热点城市境外游客旅游流空间分布特征分析［J］. 人文地理，2000，15（2）：56-57，14.

［199］张宏梅，陆林. 入境旅游者旅游动机及其跨文化比较：以桂林、阳朔入境旅游者为例［J］. 地理学报，2009，64（8）：989-998.

［200］张捷，都金康，周寅康，等. 观光旅游地客流时间分布特性的比较研究：以九寨沟、黄山及福建永安桃源洞鳞隐石林国家风景名胜区为例［J］. 地理科学，1999，19（1）：49-54.

［201］张序强，董雪旺，李华. 旅游地间生态关系分析［J］. 人文地理，2003，18（1）：14-18.

［202］张妍妍，李君轶，杨敏. 基于旅游数字足迹的西安旅游流网络结构研究［J］. 人文地理，2014，29（4）：111-118.

［203］张琰飞，朱海英. 西南地区文化演艺与旅游流耦合协调度实证研究［J］. 经济地理，2014，34（7）：182-187.

［204］张佑印，顾静，马耀峰，等. 北京入境旅游流分级扩散模式及动力机制分析［J］. 人文地理，2012，27（5）：120-127.

［205］张佑印，马耀峰，马红丽，等. 北京入境集聚扩散旅游流平衡点转移规律研究［J］. 旅游学刊，2009，24（12）：31-35.

［206］张佑印，马耀峰，王春，等. 入境旅游流西向扩散特征及机理：以中国典型旅游区为例［J］. 社会科学家，2008（11）：88-92.

［207］章锦河，张捷，李娜，等. 中国国内旅游流空间场效应分析［J］. 地理研究，2005，24（2）：293-303.

［208］章锦河，张捷，刘泽华. 基于场理论的区域旅游空间竞争研究［J］. 地理科学，2005，25（2）：249-256.

［209］赵现红. 中国典型区域入境旅游流空间扩散驱动机制研究［D］. 西

安：陕西师范大学，2009.

[210] 赵映慧，高鑫，姜博. 东北三省城市百度指数的网络联系层级结构 [J]. 经济地理，2015，33 (5)：32-37.

[211] 甄峰，王波. “大数据”热潮下人文地理学研究的再思考 [J]. 地理研究，2015，34 (5)：803-811.

[212] 郑鹏，马耀峰，王洁洁，等. 基于“推-拉”理论的美国旅游者旅华流动影响因素研究 [J]. 人文地理，2010，25 (5)：112-117.

[213] 郑鹏. 基于社会宏观与个体微观视角的入境旅游流驱动模式 [J]. 地理科学进展，2013，32 (10)：1501-1510.

[214] 郑嬗婷，陆林，陈浩. 长江三角洲团队旅游者区内游空间网络结构研究：基于旅行社推荐线路 [J]. 资源科学，2015，37 (12)：2371-2380.

[215] 天域北斗数码科技有限公司. 中国交通地图册 [M]. 北京：中国地图出版社，2010.

[216] 中国互联网络信息中心 (CNNIC). 2014 年中国在线旅行预订市场研究报告 [R]. 2015.

[217] 中国互联网络信息中心 (CNNIC). 第 37 次中国互联网络发展状况统计报告 [R]. 2016.

[218] 中华人民共和国交通部. 公路工程技术标准：JTG B01-2003 [S]. 北京：另标准出版社，2004.

[219] 中华人民共和国国家发展和改革委员会. 长江中游城市群发展规划 [EB/OL].(2015-04-05)[2021-11-21].http://www.sdpc.gov.cn/zcfb/zcfbtz/201504/t20150416_688229.html.

[220] 中华人民共和国国家旅游局. 国家旅游局“515”战略[EB/OL].(2015-01-16)[2021-11-20].http://www.cnta.gov.cn/ztwz/515zl/52xjc/201505/t20150513_644.html.

[221] 钟士恩，张捷，任黎秀，等. 旅游流空间模式的基本理论及问题辨析 [J]. 地理科学进展，2009，28 (5)：705-712.

[222] 钟士恩，张捷，周强，等. 农村居民国内旅游流空间集中性 [J]. 地理研究，2009，28 (6)：1562-1571.

[223] 钟业喜，陆玉麒. 基于可达性角度的区域发展机会公平性评价 [J]. 地理科学，2009，29 (6)：809-816.

[224] 朱竑，陈晓亮. 中国 A 级旅游景区空间分布结构研究 [J]. 地理科学，2008，28 (5)：607-615.

[225] 朱竑，吴旗韬. 中国省际及主要旅游城市旅游规模 [J]. 地理学报，2005，60 (6)：919-927.

[226] 朱丽叶·M. 科宾，安塞尔姆·L. 施特劳斯. 质性研究的基础：形成扎根理论的程序与方法 [M]. 朱光明，译. 重庆：重庆大学出版社，2015.

[227] AMELUNG B, NICHOLLS S, VINER D. Implications of global climate change for tourism flows and seasonality [J]. Journal of Travel Research, 2007, 45 (3): 285-296.

[228] BALÁZ V, MITSUTAKE M. Japanese tourists in transition countries of Central Europe: present behaviour and future trends [J]. Tourism Management, 1998, 19 (5): 433-443.

[229] BORDUN O, KOMAR R. Current state and prospects of dark tourism flows organization in Ukraine [J]. Current Issues of Tourism Research, 2015, 4 (2): 4-12.

[230] BOYATZIS R E. Transforming qualitative information: thematic analysis and code development [M]. Thousand Oaks, CA: Sage Publications, 1998.

[231] BRAMWELL B. User satisfaction and product development in urban tourism [J]. Tourism Management, 1998, 19 (1): 35-47.

[232] CAMPBELL C K. An approach to research in recreational geography [M]. Vancouver: Department of Geography, University of British Columbia, 1967.

[233] COSHALL J. Spectral analysis of international tourism flows [J]. Annals of Tourism Research, 2000, 27 (3): 577-589.

[234] CRAMPON L J. A new technique to analyze tourist markets [J]. The Journal of Marketing, 1966, 30 (2): 27-31.

[235] DREDGE D. Destination place planning and design [J]. Annals of Tourism Research, 1999, 26 (4): 772-791.

[236] FURMANOV K, BALAEVA O, PREDVODITELEVA M. Tourism flows from the Russian Federation to the European Union [J]. Anatolia An International Journal of Tourism and Hospitality Research, 2012, 23 (1): 17-31.

[237] GARIN-MUNOZ T, AMARAL T P. An econometric model for international tourism flows to Spain [J]. Applied Economics Letters, 2000, 7 (8): 525-529.

[238] GARTNER W, HUNT J D. A method to collect detailed tourist flow information [J]. Annals of Tourism Research, 1988, 15 (1): 159-165.

[239] GEORGE A, DIMITRIOS S, NICHOLAS T. Effects of exchange rate volatility on tourist flows into Iceland [J]. Procedia Economics and Finance, 2015, 24: 25-34.

[240] GHOSH S. Tourism infrastructure: forecasting of international tourist flows to India [J]. ICFAI Journal of Infrastructure, 2008, 6 (3): 34-41.

[241] GöSSLING S, HALL C M. Uncertainties in predicting tourist flows under scenarios of climate change [J]. Climatic Change, 2006, 79 (3-4): 163-173.

[242] KASSARJIAN H H. Content analysis in consumer research [J]. Journalof Consumer Research, 1997, 4 (1): 8-18.

[243] KIM J H, MOOSA I A. Forecasting international tourist flows to Australia: a comparison between the direct and indirect methods [J]. Tourism Management, 2005, 26 (1): 69-78.

[244] KIM S S, AGRUSA J, LEE H, et al. Effects of Korean television dramas on the flow of Japanese tourists [J]. Tourism Management, 2007, 28 (5): 1340-1353.

[245] KIM S, PRIDEAUX B. A post-colonial analysis of bilateral tourism flows: the case of Korea and Japan [J]. International Journal of Tourism Research, 2012, 14 (6): 586-600.

[246] KNETSCH J L. Outdoor recreation demands and benefits [J]. Land Economics, 1963, 39 (4): 387-396.

[247] KULENDRAN N, KING M L. Forecasting international quarterly tourist flows using error-correction and time-series models [J]. International Journal of Forecasting, 1997, 13 (3): 319-327.

[248] LEIPER N. Main destination ratios: analyses of tourist flows [J]. Annals of Tourism Research, 1989, 16 (4): 530-541.

[249] LEW A A, MCKERCHER B. Trip destinations, gateways and itineraries: the example of Hong Kong [J]. Tourism Management, 2002, 23 (6): 609-621.

[250] LEW A, MCKERCHER B. Modeling tourist movements: a local destination analysis [J]. Annals of Tourism Research, 2006, 33 (2): 403-423.

[251] LIM C. The major determinants of Korean outbound travel to Australia [J]. Mathematics and Computers in Simulation, 2004, 64 (3-4): 477-485.

[252] LUNDGREN J O J. The tourist frontier of Nouveau Quebec: functions and regional linkages [J]. Tourism Review, 1982, 37 (2): 10-16.

[253] LUNT N T, MANNION R, EXWORTHY M. A framework for exploring

the policy implications of UK medical tourism and international patient flows [J]. Social Policy & Administration, 2012, 47 (1): 1-25.

[254] MIGUÉNS J I L, MENDES J F F. Travel and tourism: into a complex network [J]. Physica A Statistical Mechanicss & Its Applications, 2008, 387 (12): 2963-2971.

[255] OPPERMANN M. Intranational tourist flows in Malaysia [J]. Annals of Tourism Research, 1992, 19 (3): 482-500.

[256] PAVLOVICH K. The evolution and transformation of a tourism destination network: the Waitomo Caves, New Zealand [J]. Tourism Management, 2003, 24 (2): 203-216.

[257] PEARCE D G. Tourism development in Paris: public intervention [J]. Annals of Tourism Research, 1998, 25 (2): 457-476.

[258] PRIDEAUX B. Factors affecting bilateral tourism flows [J]. Annals of Tourism Research, 2005, 32 (3): 780-801.

[259] ROGERSON C M, VISSER G. International tourist flows and urban tourism in South Africa [C]. Urban Forum. Springer Netherlands, 2006, 17 (2): 199-213.

[260] SCOTT N, COOPER C, BAGGIO R. Destination networks: four Australian cases [J]. Annals of Tourism Research, 2008, 35 (1): 169-188.

[261] SHIH H Y. Network characteristics of drive tourism destinations: an application of network analysis in tourism [J]. Tourism Management, 2006, 27 (5): 1029-1039.

[262] SINGH S. Urban tourism: the visitor economy and the growth of large cities [J]. Tourism Recreation Research, 2005, 30 (1): 93-94.

[263] SONG H, WITT S F. Forecasting international tourist flows to Macau [J]. Tourism Management, 2006, 27 (2): 214-224.

[264] STEWART S I, VOGT C A. Multi-destination trip patterns [J]. Annals of Tourism Research, 1997, 24 (2): 458-461.

[265] TAN A Y F, MCCAHON C, MILLER J. Modeling tourist flows to Indonesia and Malaysia [J]. Journal of Travel & Tourism Marketing, 2002, 13 (1-2): 61-82.

[266] TAO H, TAO M, HUAN T C. Network behavior as driving forces for tourism flows [J]. Journal of Business Research, 2015, 68 (1): 146-156.

[267] TAYLOR P J. World city network: a global urban analysis [M]. New York: Routledge, 2004.

[268] ULLMAN E L, Geography as spatial interaction [M]. Seattle, W A: University of Washington Press, 1980.

[269] UYSAL M, CROMPTON J L. Determinants of demand for international tourist flows to Turkey [J]. Tourism Management, 1984, 5 (4): 288-297.

[270] VERBEKE M J, SPEE R. A regional analysis of tourist flows within Europe [J]. Tourism Management, 1995, 16 (1): 73-80.

[271] WEAVER D. Peripheries of the periphery: Tourism in Tobago and Barbuda [J]. Annals of Tourism Research, 1998, 25 (2): 292-313.

[272] WEBSTER C, IVANOV S. Geopolitical drivers of future tourist flows [J]. Journal of Tourism Futures, 2015, 1 (1): 58-68.

[273] YAHYA F. Tourism flows between India and Singapore [J]. International Journal of Tourism Research, 2003, 5 (5): 347-367.

[274] YERMACHENKO V Y. Inequality of regional development as a factor of formation of the tourist flows in Ukraine [J]. Business Inform, 2015, (1): 97-103.

[275] ZHANG J, JENSEN C. Comparative advantage: explaining tourism flows [J]. Annals of Tourism Research, 2007, 34 (1): 223-243.

[276] ZHANG Y, FINDLAY C. Air transport policy and its impacts on passenger traffic and tourist flows [J]. Journal of Air Transport Management, 2014, 34 (1): 42-48.

[277] ZURICK D N. Adventure travel and sustainable tourism in the peripheral economy of Nepal [J]. Annals of the Association of American Geographers, 1992, 82 (4): 608-628.